シードブック

新版 子ども家庭福祉

第2版

SEED

山田勝美・艮　香織　編著

所　貞之・大澤亜里・岡　桃子・堀千鶴子・小西祐馬
小木曽宏・谷口純世・髙山由美子・新藤こずえ
尾里育士・村田一昭・林　知然・大澤朋子　共著

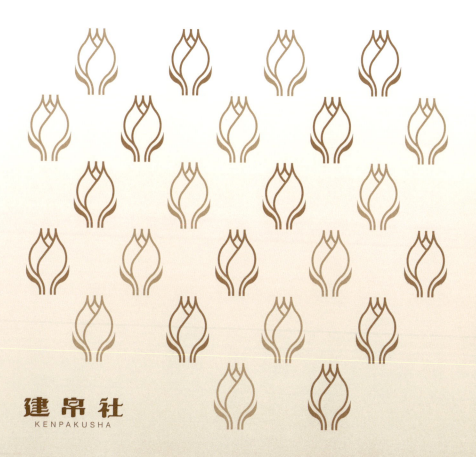

建帛社
KENPAKUSHA

はしがき

　わが国の子どもたちの置かれている状況は，危機的ではないかと考えます。子ども虐待は増え続け，広がりをみせています。また，子どもたちの貧困の格差は依然として厳しい状態にあります。若者の自殺も増えています。そしてこれが，一部の子どもたちの問題とは言い切れない状況にあります。子ども家庭福祉に関する制度は存在するのに，なぜこのような状況が抜本的に改善されていかないのでしょうか。

　本書のねらいのひとつは，皆さんに子どもの問題状況が深刻化している状況がなぜ変わっていかないのか，そのためには何が必要なのかなどの「問題意識」を明確にしていただきたいことがあります。

　そのために，まずは現状を把握していただきたい。そのうえで，問題状況に対応する制度の理解とその課題を考察してもらいたい。

　そして，ここで肝要なのが，各章の執筆者は，自らの問題意識を論じていることです。その論考を参考にして，読者自身が問題点を整理していただき，具体的に思考してもらうことを願っています。そのために，各章の末尾にある「討論のテーマと視点」や「基本的文献」を基に考察を深めていただきたい。

　本書の二つ目のねらいは，子どもの人権に関する基本的視点を獲得していただきたいことです。本書は子どもの人権を基盤に据えるということで一貫しています。「子ども期」を保障されることの大切さ，そのために求められている視点とは何か。子どもと家庭の福祉・保育に携わる専門職になろうと思われている方々は，その視点を自らのものとしていただきたいのです。

　皆さんが子ども家庭福祉に携わる専門職としての成長に本書が役立つことを期待しています。

2019 年 10 月

編著者　山田　勝美
艮　香織

第 2 版にあたって

　本書の新版刊行から 5 年が経ちました。その間，子ども家庭福祉に関する状況は大きく変化しました。2023（令和 5）年には，こども家庭庁が内閣府の外局として設立され，それまで主に厚生労働省が担っていた子ども家庭福祉に関する所管業務はこども家庭庁に移管されることとなりました。こども家庭庁の発足に伴い「こども基本法」が施行され，児童福祉法も改正されました。本書各章で述べられている現状や制度，それを取り巻く環境も大きく変わっています。子どもをめぐる問題は，ますます複雑多様化し，深刻さを増しています。

　そのため，今般，一部の著者をあらため「新版〔第 2 版〕」を刊行することといたします。今回の改訂にあたっては，各章に時代に即した項目をピックアップした「コラム」を設けました。子ども家庭福祉の「今」をより感じ取ってもらえれば幸いです。

　本書が，前版にも増して，皆さんに役立つものとなることを願っています。

2025 年 1 月

編著者　山田　勝美
　　　　艮　　香織

もくじ

序章　今，子どもたちは　………………………………………… 1
　コラム　ヤングケアラーについて考える ………………………… 7

第Ⅰ部　現代社会における子ども家庭福祉の意義と歴史的変遷
　　　　　―子どもの人権を基盤に据えて―

第1章　子どもの人権と子ども家庭福祉―理念と概念―………… 8
　1．人権の現状をどうみるか ………………………………………… 8
　2．人権とは何か ……………………………………………………… 10
　3．国際法，国内法に描かれる子どもの人権とは ………………… 11
　4．人権は拡大していくものである ………………………………… 14
　5．子ども家庭福祉を学ぶ意義を確認する ………………………… 16
　コラム　アドボカシー（advocacy）とは何か …………………… 18

第2章　子ども家庭福祉の歴史的変遷 ……………………………… 19
　1．海外の子ども家庭福祉の歴史と子どもの「人権」……………… 19
　2．わが国の第二次世界大戦前の子ども家庭福祉 ………………… 23
　3．第二次世界大戦後の子ども家庭福祉 …………………………… 27
　4．平成期以降の子ども家庭福祉 …………………………………… 31
　コラム　コルチャックの教育実践と子どもの権利 ……………… 33

第Ⅱ部 子ども家庭福祉の現状と社会的課題

第3章 子育て不安 …………………………………………… *34*
1. 子育て不安とは何か ………………………………………… *34*
2. 子育て不安を感じる具体的状況 …………………………… *37*
3. これからの子育てのあり方 ………………………………… *42*
コラム　0〜18歳まで，世代を超えて見守り続けてくれる親子の居場所
「児童館」 ………………………………………………………… *47*

第4章 子ども虐待，ドメスティック・バイオレンス ………… *48*
1. 容認されてきた子ども虐待とドメスティック・バイオレンス … *48*
2. 子ども虐待・DVとは何か ………………………………… *50*
3. 子ども虐待とDVの実情 …………………………………… *57*
4. 「見過ごされた被害者」から「支援対象者」へ …………… *60*
コラム　特定妊婦とその支援 ……………………………………… *64*

第5章 子どもの貧困 ……………………………………………… *65*
1. 子どもの貧困率 ……………………………………………… *66*
2. 「子どもの貧困」とは何か ………………………………… *68*
3. 「子どもの貧困」に関する政策・制度 …………………… *71*
4. 「子どもの貧困」のこれから ……………………………… *76*
コラム　子ども食堂にできないこと・できること ……………… *79*

第6章 子どもの非行 ……………………………………………… *80*
1. 「少年非行」の理解 ………………………………………… *80*
2. 「少年非行」の定義と法律 ………………………………… *84*
3. 「非行少年」の自立のために ……………………………… *90*
4. 「厳罰化」に抗するために ………………………………… *93*
コラム　「トー横キッズ問題」と現代の「少年非行」 ………… *96*

第7章 社会的養護 …… 97
1. 社会的養護の体系 …… 97
2. 社会的養護の現状 …… 103
3. 社会的養護の課題 …… 106
コラム 当事者の声を聴く— Active listening …… 112

第8章 障がいを抱える子ども …… 113
1. 「障がいがある」とはどのようなことか …… 113
2. 障がいのある子どもと家族を支えるしくみ …… 116
3. 障がいのある子ども支援をめぐる現状と課題 …… 122
コラム 投薬：医療化の問題—特に発達障がいの子ども …… 127

第Ⅲ部 子ども家庭福祉の制度と実施体系

第9章 子ども家庭福祉の制度と法体系 …… 128
1. 子ども家庭福祉の制度 …… 128
2. 子どもの福祉と子育て家庭を支援する法律 …… 133
コラム 「こども」と「児童」—こども基本法と児童福祉法とのかかわり …… 142

第10章 子ども家庭福祉実施体系 …… 143
1. 子ども家庭福祉行政のしくみ …… 143
2. 子どもの育ちと家庭・地域における子育てを支える子ども家庭福祉の実践機関 …… 149
3. ネットワークによる子ども家庭福祉の支援体制 …… 155
コラム 児童相談所の現状と今後 …… 159

第11章 児童福祉施設 …… 160
1. 児童福祉施設の役割と機能 …… 160
2. 児童福祉施設が果たすべき地域における役割と関係機関連携 …… 169
3. 児童福祉施設の社会的責任 …… 173
コラム 子どもの権利—多角的な視点 …… 175

第12章　子ども家庭福祉の専門職 ……………………………… *176*
　1．福祉専門職とは何か ………………………………………… *176*
　2．子ども家庭福祉を担う専門職 ……………………………… *177*
　3．子ども家庭福祉の専門職の専門性 ………………………… *182*
　4．子ども家庭福祉の専門職の課題 …………………………… *187*
　コラム　子どもの専門家と子どもの味方 …………………… *191*

第Ⅳ部　子ども家庭福祉と実践

第13章　子ども家庭福祉実践の基本的視点 ………………… *192*
　1．実践の特質を認識し，その特質と向き合うということ ………… *192*
　2．子どもという存在をいかに捉えるか ……………………… *195*
　3．実践のもつ力 ………………………………………………… *196*
　4．目指すべき実践の方向性 …………………………………… *199*

終章　子ども家庭福祉のこれから―明日への提言― ……………… *203*
　1．私たちが生きている社会のすがた ………………………… *203*
　2．子どもをどのように捉えるか ……………………………… *204*
　3．子どもの人権を保障するとはどういうことなのか ……… *205*
　4．家庭，家族をどのように捉えるか ………………………… *206*
　5．「誰のために」「何のために」この実践があるのか―省察と共有を
　　 ……………………………………………………………………… *208*

付録：こども基本法 …………………………………………………… *210*
さくいん ………………………………………………………………… *213*

序章
今，子どもたちは

今日を生きる子どもたちの問題現象が様々なかたちで取り上げられている。そもそも子どもたちが育つ基盤である家族や地域，そして，私たちが生きるこの社会で，今どのようなことが起き，何が進行しているのだろうか。そして，その中で子どもたちは今どのような状況に置かれているのだろうか。

本書の冒頭で，子どもの問題現象が示す特質を検討してみたい。

皆さんには，個別の事象に捉われず，問題現象の背後に何があるのか，そうした思考を身につけていただきたい。そして，子どもの問題現象が示すその特質とそれらの関連から，何が私たちに問われているのかを考える契機にしていただきたい。併せて，次章から取り上げられる子ども問題とその対策についての論考と重ね合わせながら，自らの意見をもてるようになっていただきたい。そうした課題提起として，本章を読んでいただきたい。

(1) 暴力の深化

今日の社会で進行していると考えられることのひとつに「暴力」がある。代表的なものに，大人から大人，例えば，「DV（ドメスティック・バイオレンス）」がある。むろん，大人から子どもに対する暴力が，「子ども虐待」である。そして，子どもから子どもへの暴力のひとつが「いじめ」である。こうした暴力が確かに広がりをみせている。

いじめは「基本的に強いものが弱い者に対して行う暴力」と考えてよいのであろう。いじめられているものは，自らへの不当な行為を受け入れざるを得ない状況があり，そこには力による支配が存在していると考えられるからだ。

文部科学省が行っている「児童生徒の問題行動・不登校等生徒指導上の諸課題に関する調査」がある。これによると，小・中学校，高等学校，特別支援学

校で2023（令和5）年度に報告されたいじめの件数は732,568件であった。この数字は，本書新版初版記載の2017(平成29)年度統計では41万5千件弱であったゆえに，6年で32万件弱増えていることになる。

もうひとつ指摘したい暴力に関連した問題現象がある。詳細は，第4章で検討がなされるが，子ども虐待である。2022（令和4）年度の児童相談所における児童虐待相談対応件数は，219,170件となっている（こども家庭庁）。この数字も，5年前に比べると，9万件増加していることとなる。

最後に指摘したいのがDVである。内閣府によると2023年度に配偶者暴力相談支援センターに相談された件数は，126,743件である。DVは，2020（令和2）年度に過去最高になり，いまだほぼ横ばい傾向にある。

こうした暴力は，私たちの日々の暮らしに深く入り込んで，あたり前に存在するような状況になってはいないだろうか。

（2）つながりの希薄さから居場所のなさへ

「つながりの希薄さ」が進行しているのではないかと本書の新版初版で述べた。人は誰かとのつながりの中で生きていく。子どもにとっての基本的なつながりは家族である。また，子どもたちは学校で多くの時間を過ごし，そこで教師や友人等とつながることとなる。だが，そうした家族や学校が居場所となっていない子どもが増えてはいないだろうか。

ヤングケアラーという言葉がある。子ども・若者育成支援推進法では，「家族の介護その他の日常生活上の世話を過度に行っていると認められる子ども・若者」とされる。こうした状況の中にいる子どもたちは，友人と遊ぶ時間がない等，本来子ども時代にできる体験をたくさん喪失しているといえるのかもしれない。そう考えたとき，家庭は彼らの居場所になりえているのだろうか。こうした問題が社会問題化する背景にも，家庭が居場所になり得ていない子どもが増えていることをうかがわせるひとつの事実があるように思う。

では，学校はどうだろう。不登校の子どもにとって，学校が居場所になり得ていないとは言い切れないが，学校が居場所になり得ていないゆえに登校しないという選択をしているといえるのではないだろうか。その数字であるが，文部科学省の2023（令和5）年の調査によると小・中学校の不登校児童数は

346,482人で過去最多になったとされる。
　以上の状況をふまえると，家庭や学校が居場所となっていない子どもたちは確実に増えているといえるのかもしれない。

(3) 子どもの貧困と教育の機会の制限

　居場所のなさとともにふれておきたいのは，子どもの貧困である。子どもは未来に希望をもてているのだろうか。詳細な検討は第5章で行われているので，ここでは指摘にとどめておきたいが，子どもの貧困と教育の機会の剥奪はよく指摘されているところであり，貧困家庭においても，教育の機会はできるだけ与えられる必要がある。
　その一例として，生活保護世帯の大学進学率の低さが指摘できる。厚生労働省社会援護局によれば，2022（令和4）年度における子どもの大学等への進学率76.2％に対し，生活保護世帯は42.4％となっている。明らかに格差がある。
　むろん大学に行くことだけが人生ではないだろう。ただ，子どもたちが自分の家族の所得によって未来を制限されているとするならば，そうした子どもはどう自分の置かれている現実を引き受ければよいのだろうか。

(4) 暴力の進行と居場所のなさの中で起きていること

　こうした暴力の進行と居場所のなさ，そして，未来を描きづらい状況は何をもたらすのだろうか。むろん，因果関係で結びつけるには無理はあるが，希望を見いだせず，自らの命を絶つことや，逆に，複合的な困難を抱えながらも自分が得られなかった温かい家族という幻想を求め，若年で母になることとのつながりを考えざるを得ない。そこで少しその実態をみておきたい。

1) 若者の自殺

　2024（令和6）年に文部科学省から出された「児童生徒の自殺予防に係る取組について」（通知）がある。そこには，これまでも自殺対策基本法等に基づき対策を講じてきたが，2023（令和5）年度の児童生徒の自殺者は513人と過去2番目に多い件数となり，「極めて憂慮すべき状況にあります」と書かれている。その理由としては，学校問題がその半数となっている。そこまで追い込まれている子どもがいるということとなる。

2）特定妊婦

　特定妊婦とは，児童福祉法で，「出産後の養育について，出産前において支援を行うことが特に必要と認められる妊婦」と定義されている。こうした女性たちのニーズが増えているように思う。その一例として考えたいのが，虐待死の問題である。2024（令和6）年9月にこども家庭庁から報告された「こども虐待による死亡事例等の検証結果等について　第20次報告」によれば，2022（令和4）年4月から2023（令和5）年3月までに虐待によって死亡した事例は65例であった。国は様々な対策を講じているが，減少傾向にはない。この中で，死亡した子どもの年齢は0歳が最も多く25人であり，ここで注目したいのは，「妊娠期・周産期の問題」を抱えている割合が高いということである。予期しない妊娠／計画していない妊娠は25％，妊婦健康診査未受診は約29％である。虐待死に，特定妊婦の問題が絡んでいることを推察させるのである。

(5) この社会にはびこるもの

　最後に，現在の社会にはびこっていると考えられる風潮や社会の雰囲気について考えたい。そう思ったとき，まず浮かぶのは，自己責任の強化である。

1) 自己責任の強化

　「自分のことはきちんと自分でしなければいけない」といった自己責任という感覚は子どもたちの中にどのような広がりをみせているのだろうか。

　少し古いがここにひとつ興味深いデータがある。ベネッセと東京大学社会科学研究所が行った調査（2017（平成29）年）である[1]。ここで「社会に対する意識」という項目があり，「人生で起こったことは本人の責任だ」と答えている中高生が約7割となっている。さらに興味深いのは「競争に負けた人が幸せになれないのは仕方ない」と答えている中高生は，4人に1人程度の割合なのであるが，特に，男子は女子に比べ，よりそのように認識しているのである。

　筆者はある大学の講義で，「自立をどのように考えていますか」と聞いたことがある。その際，「自分のことはちゃんと自分でできなければいけない」，それが自立だと思っている人に挙手を求めたところ，ほぼ全員が手を挙げた。

　以上の結果のみで，自己責任感が若者に浸透しているとは言い難い。しかし，そうした感覚が広がりをみせているのならば，それはとても生きづらいことと

なる。自分のことをどうしようもできないときに自分を追い込む可能性があるからだ。「悪いのは自分である」「人に頼るのはみじめである」「人に頼るのは申し訳ない」という感覚となるからである。

　また講義の際，自立とは，「人に困ったときに助けてと言えることだ」と伝えた。困ったときに助けてと言えることは自分をより生きやすくするために必要なことであり，そうできる人がより自立的であると。その講義の後のリアクションペーパーに，「そういう価値観に出会ったことがなかった」と答えた学生がほとんどであったことにさらに驚いたことを記憶している。

2）他者への過剰なまでの気遣いと寛容のなさ

　学生をみていて感じることは，「自分がどうあるか」の前に「他者の評価」や「視線」を気にすることだ。それはときに過剰であるとすら感じる。他者と「同じ」であることを求め，異質であることを避ける。それは，異質であることが，攻撃や疎外の対象になりやすいからだと思う。弱さをさらすとそこにつけこまれるから，他人との関係に一線を引く。相手の懐に入り込むことができない。

　なぜそこまでの同質性を求めるのだろうか。それは前述した格差の広がりをみんな実感しており，それゆえに「建前としての同質性」を希求してしまうからなのだろうか。いずれにせよ，「ありのままの自分でよい」という感覚をもちにくい時代だと思う。人の評価で自らを評価し，弱さを受けとめられることなく，殻をつくる。とても生きづらい時代に子どもたちは置かれてはいないだろうか。多様性と言いつつ同質性を求めるこの社会。いつから寛容を私たちは失ってきたのだろうか。

(6) ま と め

　子どもは親を選べない。主体的に選択したわけではないのである。そして，その家族もまた貧困にあえいでいる場合がある。親も頼るあてもなく，生活の厳しさを自分の責任として受けとめなければならない現実の中で，生活を好転させる機会すらみつからない。

　そうした家族の中で生まれ育ち，自らの置かれている現実に抗えない，そのしんどさや怒りを受けとめてくれる場や人がいればよいが，そうでない場合，

それらの感情は，より弱い者へと向かっていく可能性がある。そのどうしようもなさすらも本人の自己責任とされ，誰からも受けとめられないまま大人になり，そのしんどさや怒りが「沸点」に達したとき，激しい暴力として発露される。それが虐待へつながるのかもしれない。

他方で，暴力を発露した者を激しくバッシングする。そのバッシングの背景にあるものは，自分自身もそうなることへのおそれが潜んでいるのではないかと思われる。そうやって，互いが，どこかで警戒し合う。ゆえに，つながりにくい社会となる。

国は様々な施策を講じている。だが，国民は，それが本当の意味で解決に至るとは思えない「無力感」を抱えてはいないだろうか。制度が自分たちの困難を解決するものにはなっておらず，自己責任としてふるまうことを期待されている。こうした無力感や強迫感がつながりを分断しているとも考えられる。

2016（平成28）年に児童福祉法が改正され，子どもの権利が明文化された。2022（令和4）年に公布されたこども基本法においても，子どもの基本的人権への配慮が示された。そして，その法定化に伴い，様々なことが動き出し，子どもの声を聴くことの重要さ，つまり，子どもアドボカシーの重要さも主張され，そうした取り組みも始まっている。

こうした高邁（こうまい）な理想が進展していくことに「希望」をもちながらも，あらためて，子どもたちが示す問題現象の深刻さに，そのギャップの大きさに，私たちはどうあたったらよいのかと考えさせられる。皆さんも，本書を通して，自らの考えをまとめあげられることを期待したい。

基本文献の紹介

杉山春『ルポ　虐待―大阪二児置き去り死事件』ちくま新書，2013
中島岳志『秋葉原事件―加藤智大の軌跡』朝日文庫，2013

■引用文献

1) 東京大学社会科学研究所，ベネッセ教育総合研究所共同研究「子どもの生活と学びに関する親子調査2017」，2018

コラム　ヤングケアラーについて考える

　本章でふれたヤングケアラーだが、今なぜヤングケアラーなのか、ヤングケアラーという社会課題は、私たちに何を訴えているのか、そのことを考えなければならないのであろう。

　子どもが親の介護等を過度に行わなければならない状態はなぜ起こるのだろうか。家族がそれだけ「脆(もろ)く」なったということなのだろうか。

　筆者は、多重な課題が背景にあると考えている。ひとつは貧困である。福祉制度を利用できない、もしくは、その資格（介護保険料を支払えていない等）の問題である。加えて、親の面倒をみる人が家族そのものにもいない、つまり、ひとり親である、もしくは、親自身も孤立している状況があるのではないかという点である。さらにいえば、家族のことは家族ですべきという支配的な家族観もその背景のひとつにあるのではないだろうか。

　また、ヤングケアラーと虐待の問題も検討される必要があると考える。程度の問題なのかもしれないが、子どもが子どもらしくあることが疎外される状態は虐待といえるように思う。こうしたある意味、いのちや重篤な発達の危機にさらされることはないが、遊ぶことや学ぶこと等、こられの機会が制限されることは長い目でみれば子ども自身に何らかの影響を与える可能性はないとはいえない。いわばこうした「やさしい虐待」という現象がヤングケアラーだけではなく、広がっているといってもよいのかもしれない。

　私たちは、こうした社会課題が何を物語っているのか、何を考えていく必要があるのか、そうして視点をもつことが求められているように思う。皆さんは何を思うだろうか。ぜひ考えていただきたい。

（山田勝美）

第I部 現代社会における子ども家庭福祉の意義と歴史的変遷―子どもの人権を基盤に据えて―

第1章 子どもの人権と 子ども家庭福祉―理念と概念―

1. 人権の現状をどうみるか

　日本において、子どもの人権は保障されているだろうか。ユニセフのイノチェンティ研究所のレポート（2020年）では、日本の子どもの幸福度は38か国中20位であり、身体的健康が1位でありながら精神的幸福度は37位であった。また、いじめの認知（発生）件数や、児童ポルノおよび児童買春事犯が増加傾向にある。そして15歳から19歳の死亡原因の1位は自殺である。

　大人の人権はどうだろうか。国際連合（国連）の持続可能な開発ソリューションネットワーク（SDSN）による幸福度の調査では、2024年日本は51位（2023年は47位）という結果であった。平均健康寿命は3位だが社会的自由（人生の選択の自由度）では65位、他者への寛容性は144位であった。厚生労働省の国民生活基礎調査によれば相対的貧困率は15.4％と高く（2021（令和3）年）、2023（令和5）年に国税庁が実施した民間給与実態統計調査では年収200万以下のワーキングプア層が1,036万2,000人、2,500万円以上は16万2,000人となっている。こうした経済状況はライフプランニングにも直接的に影響を及ぼしている。内閣府の調査（2021年）によると61.1％が子どもを「生み育てやすいとは思わない」と回答しており、子育てにおける「精神的疲れ」や「身体の疲れ」があげられている。

　ここで図1-1を参照しながら、子ども家庭福祉の中心課題である児童養護問題を説明しつつ人権の現状を確認したい。

　一番下の層は①生活の不安定化と生活不安の増加であり、失業率や非正規雇用率の増加等の勤労者の生活状況の悪化とともに社会保障制度の改悪が生活

第1章　子どもの人権と子ども家庭福祉—理念と概念—　9

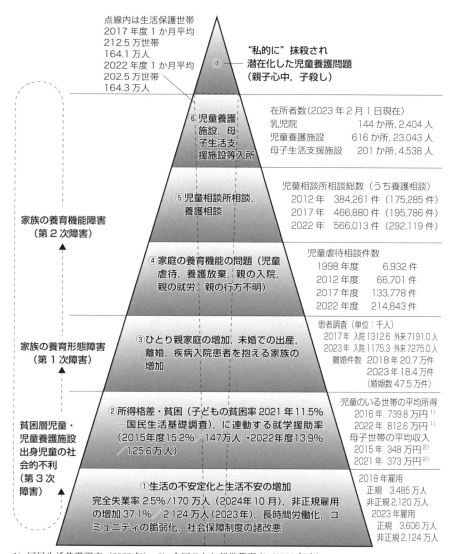

1）国民生活基礎調査（2023年）　2）全国ひとり親世帯調査（2021年度）
参考文献　政府統計の総合窓口 e-stat.go.jp/

図1-1　子どもの貧困としての児童養護問題の構造
（浅井春夫『シードブック子ども家庭福祉 第3版』建帛社，2017, p.7を改変）

を直撃し，不安定化している実態がある。その上に②所得格差・貧困の拡大に伴って就学援助率の増加が広がっており，保護者の経済状況が子どもの貧困を規定している。さらに，その内実として，家族形態の多様化やライフステージにおける家族の様々な変化が家族責任による対応を強いられているということがあげられ，③ひとり親家庭の増加，未婚での出産，離婚，疾病入院患者を抱える家族の増加の層がある。①～③層により家族の養育の困難さが顕在化し，かつ社会における支援が十分でないことと相まって④家庭の養育機能の問題が広がり，深刻化している。その後，⑤の児童相談所への相談が行われ，子ども虐待の増加のもとで「養護相談」は確実に広がっている。主に，養護相談から⑥児童養護施設等への入所となる。最後に，⑦私的に抹殺され，潜在化した児童養護問題として，親子心中，子殺しがある。この層のいのちを奪われた子どもたちは，本来であれば児童福祉施設あるいは里親のもとで子ども期を生きていくことができた子どもたちである。

　こうした状況から，大人の人権状況や社会における人権の取り組みが，子どもの人権に影響していることがわかる。子ども家庭福祉の現実を読み解き，課題を整理し，方向性を確かなものにしていくにあたって，拠り所となる理念が「人権」である。

2．人権とは何か

　ところで「人権」とは何だろう。あなた自身と人権はどのようにかかわるのだろうか。人権は大事な概念であることは何となく理解していても，どこか抽象的な概念として捉えられたり，困難を抱えた人のみにかかわる用語とされたり，法律の難しい議論で使われるものと思われがちである。

　「人権」とは，人間が人間であるだけで保障される，人間らしく生きるための権利の総称である。この定義でもやや抽象的な印象があるかもしれない。「人間らしく生きる」とは，端的にいえば「自分で人生を選択すること」である。選択するにあたって，選択肢が保障されなければならないし，どのような選択肢があるのかについては，幅広い情報や教育が保障される権利がある。大人や社会から期待される「こうあるべき」という選択を押しつけられることなく，

自分で考え，決定できる権利である。また，前提として住まいや食事，労働などの日常生活の基盤が安定するための権利が保障されなければならない。決定は，迷いや変更は当然あり得ることで，何か困難な状況があったときには意見を言ったり話し合ったりできる権利も必要である。いくつかの権利をあげたが，英語表記で Human Rights と複数形であるように，「人間らしく生きる」うえでの権利は，私たちの生き方に直接的にかかわる具体的なものであることがわかる。また，何か責務を果たしたから保障されるというものではなく，人間であるという一点のみで保障されるものである。

　ここで「人間らしく生きる」とはどういうことかをより深く考えてみよう。人間は多面的で複雑な存在である。多様な特徴つまりは個人的属性，例えば年齢，国籍，民族，信条，人種，職業，性別自認や性指向，身体的状況，出身地，家族関係等がある。また，習慣や価値観も多様である。

　そうすると「人間らしく生きる」うえで大切にしたいことは個々人によって異なり，この社会で少数派になることで，弱い存在に位置づけられてしまうことは誰にでも起こり得る。人権は誰もがその主体であって普遍的なものであるが，同時に様々な条件や，個人的特性によって課題を抱えやすい場合は，より手厚い人権擁護や支援が保障されるべきであり，アファーマティブアクション（Affirmative Action）[*1]の観点とも通じる。

3. 国際法，国内法に描かれる子どもの人権とは

　人権は，子どもを含むすべての人間を前提としている。しかし，子どもに人権を教えると「早すぎる」とか「わがままになる」，「義務や責任を果たさないと権利を主張してはいけない（クリーンハンズの法則）」といった捉え方をする大人は少なくない。これは人権概念の理解不足と，その社会において子どもがどのような存在とされているかという「子ども観」がかかわっている。なぜ，子どもの人権を重視すべきなのだろうか。子どもであるということは，その個人を形づくる特徴のひとつであるにもかかわらず，子どもは何かを理解したり，

＊1　アファーマティブアクション：積極的差別是正措置。

考えたことを発信する方法は制限されている。このことによって，力を奪われたり支配されたりする存在になりやすい。そのため，大人たちは，より手厚く子どもの発達の可能性を十分に保障し，社会的に保護する責任がある。

それでは，子どもをどのような存在として捉えればよいのだろうか。大人が子どもをみるときに，よい成績をとる等，できることや，社会の役に立つことというようなものさしで計るのではなく，子ども期を生きる人間として，あらゆる発達の可能性がある存在としてみることができるかが問われる。これは子どもの人権の現状をみたり，かかわっていくにあたって大きな違いとなる。

国際法では，1924年に国際連盟によって出された「児童の権利に関するジュネーブ宣言」で「児童の最善の利益」との規定がされている。また国別の先駆的な取り組みとしては，アメリカの「児童憲章」（1930年）がある。「子どもの権利を市民の第一の権利として認識する」と規定しており，20世紀の子どもの権利思想の出発点とされる。

しかし，いずれも第二次世界大戦によって大きく後退し，多くの子どもが犠牲となった。その後，国際的な人権条約の個別のテーマの条約化が進むのは国連によって「児童の権利に関する宣言」（1959年）が出されるまで待たなければならなかった。条約になるまではさらに多くの時間を要し，1989年「児童の権利に関する条約（子どもの権利条約）」（日本は1994（平成6）年批准）になり，ようやく子どもの人権保障のための包括的な条約が採択された。同条約では子どもを権利行使の主体と位置づけ，大人と同様に一人の人間としての人権を認めるとともに，「子どもの最善の利益が第一次的に考慮される」（国際教育法研究会訳）と明記されている。また，成長の過程で特別な保護や配慮が必要な子どもならではの権利も定めており，子どもの最善の利益（第3条），差別の禁止（第2条），生命の権利，生存・発達の確保（第6条），意見表明権（第12条）が基本原理である。

一方，国内法では，子どもはどのように描かれているのだろうか。戦禍の反省のもと，日本国憲法（1947（昭和22）年，以下本章で「憲法」とする）が制定された。憲法では「すべて国民」が人権の主体であるが，これは子どもを含むあらゆる国民を意味している。憲法第13条は「自由」保障の基本権利であり，「個人の尊厳」と「幸福追求」の権利を規定しており，成長過程にある子ども

第1章　子どもの人権と子ども家庭福祉―理念と概念―

にとって，自由をどのように大切に使うかは重要な意味をもつ。第14条では平等と差別されない権利であり，子どもがどのような環境に生まれようと，子どもの発達する可能性を保障すると規定している。また第25条の生存権は単に生きるだけではなく，「健康で文化的な最低限度の生活」を保障している。第26条教育権は人権の担い手としての子ども，未来を担う子どもを育てるために学ぶ権利を保障しており，これは教育基本法においても確認されている。

1947（昭和22）年には児童福祉法が制定された（第2章参照）。第1条には子どもが心身ともに健やかに生まれ，育てられる権利が記されている。また第2条では第一の責任者は保護者であるが，地方公共団体や国も保護者とともに育成責任があることが記されている。そして第3条では，子どもに関する法令は第1条，第2条をおさえるべきということとしていた。その後の改正によって，虐待防止の規定が設けられる等があったが，同法の理念が大幅に改正されたのは2016（平成28）年（第9章参照）である。子どもの「意見表明権」と「最善の利益」を優先して考慮され，心身ともに健やかに育てられることとしている。さらに保護者が第一義的責任を負うとし，国や地方共同団体は「親支援」が義務として明記され，責任をどこが保障し，支援する体制はどこかを具体化したことは，子どもの権利保障を明確にしたといえる。一方で，別の国内法との整合性は今後の課題として残されている。

このように国際法，国内法をみると，国際基準の子どもの人権保障に向けて前進しているようにみえるが，実際はどうだろうか。図1-1の子ども家庭福祉の現状をあらためてみてもらいたい。

また，自分の子ども期を振り返ってほしい。あなたは，18歳まで国際法や国内法にあるような人権が保障されていた（いる）だろうか。自分にこれらの権利があることを知っていただろうか。ある大学生に，「子どもの権利条約を知っているか」というアンケートを実施したところ，全体の5割が「知らない」と答えており，「知っている」と答えた中の9割以上が自分に関係のない条約と答えていた。こうした結果や，子ども家庭福祉にかかわる様々な課題からは，社会全体で子どもの人権にかかわる理解や，そのための条件整備は，まだまだ過渡期にあることがわかる。

4. 人権は拡大していくものである

　人権は多様な存在であることを前提に，誰もが，生きるうえで保障される必要があることを世界規模の対話によって積み重ねられてきた，すべての物事に通じる普遍的な概念である。人権は時代ごとの社会状況に大きな影響を受けてきた。この社会で，社会の周縁に追いやられ，みえない存在にされていた人が人権概念が広がり，確かなものになる中で，声をあげることができるようになる。それが，様々な活動や運動につながり，うねりとなって施策の充実と，制度化を実現してきたという歴史がある。

　人権思想のあけぼのともいわれるマグナ・カルタ（1215年），アメリカ独立宣言（1776年）やフランス人権宣言（1789年）を経て，近代市民社会の原理が確立されたが，こうした人権にかかわる宣言の多くは一部の階級や男性を対象としてきた。その後，人権思想は二度の世界大戦で大きく後退する。日本の1948（昭和23）年2月「全国一斉孤児調査結果」（ただし沖縄は除く）によると12万3,511人という多くの戦争孤児を生み出したことが明らかとなっている。戦争の犠牲者は，より力を奪われやすい子どもに集中していた。統計的にカウントされなかった人の存在や，数値ではみえない一人一人の人生と，かかわりのある人や戦後をどう生きたかを考えると，戦争は国家規模の人権侵害であることがわかる。

　人権が踏みにじられた大戦の反省をふまえ，人権を守るために，国連が国際平和の創出・維持と，すべての人の人権保障を目的としてつくられた（1945年）。国連によって出された「世界人権宣言」（1948年12月10日採択）の第2条1には次のように書かれている。

第2条
1　すべて人は，人種，皮膚の色，性，言語，宗教，政治上その他の意見，国民的若しくは社会的出身，財産，門地その他の地位又はこれに類するいかなる事由による差別をも受けることなく，この宣言に掲げるすべての権利と自由とを享有することができる。

これは，すべての人民および国家が達成すべき人権の共通基準として出された画期的な宣言であった。

宣言を具体化するために，1966年に「経済的，社会的，文化的権利に関する国際規約（社会権規約）」と「市民的，政治的権利に関する国際規約（自由権規約）」が国際人権規約として採択された。その後，女性や障がい者等の個別のテーマと領域においても人権基準の条約化がすすんだのちに，子どもの人権も進展し，「児童の権利宣言」の30周年に，「子どもの権利条約」が国連で採択された。

このように，人権は拡大していく概念である。戦争の深い反省と，人権を世界規模の普遍的基準とした時代を実現しようとする先達の願いが込められ，積み重ねられてきたものである。積み重ねられたものであるということは，崩される危険性もあるということである。だからこそ過去に学び，人権を身近な実践に通した「不断の努力」（憲法第12条）によって確認し続けることが重要となる。

また，人権は専門分野や研究分野によってその意味や用途が異なるという特徴がある。人権は法学で法規範性を，教育学では社会規範性を重視する傾向にあり，実践においては思いやり，やさしさ等の情緒的な概念として捉えられ，自分の人権よりも他者や社会規範（社会でこうあるべきとされること）を重視した，本来の人権概念とはかけ離れた実践も少なくない。

こうした人権の普遍性や包括性は，抽象的になりやすい一方で，出来事を重層的にみて，きめ細かいケアにつながることもある。

大切なことは，人権について深く知ること，そしてあなたの生き方と直接的に結びついていることをどれだけ意識できるかである。そして，日々の暮らしで，人権という理念に照らしてどうかということを常に考え，実行することである。子どもの人権を深くみつめ，現実を読み解き，本来あるべき方向性について考える。そのために，国際法や国内法の理念から学び，なぜそれが実現しづらいのか，何ができるのかを考え，行動していくことが求められる。法制度の理念を学ぶことは重要であるが，人権は立法化されているものだけとは限らず，拡大していくものであることにも立ち戻ってほしい。

こうした積み重ねを通して，あなたの人権感覚が育まれ，社会全体に人権尊

重の理念が根づくことになる。またそれが差別，貧困，抑圧，排除，暴力，環境破壊のない，「社会正義」が実現された社会へとつながっていく。

　私たちは歴史の連続性の中に生きている。つまり，私たちは私たちだけで切り離されて生きてきた（いる）のではなく，先達の人権にかかわる様々な実践や模索の積み重ねの先にいて，私たちの実践が，現在と未来の時代につながっていることの理解は重要となる。

5. 子ども家庭福祉を学ぶ意義を確認する

　子ども家庭福祉の学びは，子どもと家庭の現実を知ること，その現実を生み出す社会のしくみに目を向け，子どもを取り巻く現状をより深くつかむことにその意義がある。ここでの学びは，子どもにかかわる専門職に限定されるものではない。私たちは，様々なかたちで子どもとかかわっている。また，あなた自身も子ども期を過している。今後，生むことや，育てることにかかわる人もいるし，出産や子育てにかかわっている人とかかわりをもつこともあるだろう。誰もが，何らかのかたちで子どもとかかわっており，それはあなたも子どもも，この社会をつくる一人であるから当然のことである。

　人権にかかわって課題の多い時代にあって，社会全体に閉塞感が漂っている。そのしわ寄せは，子どもをはじめとした社会で，弱い立場に置かれがちな人々に向かう。子どもの貧困や暴力問題などの報道を目にするが，子どもやその家庭に何か問題があったから起きたのだと，保護者や施設等を一面的に断罪するような内容も少なくない。しかし，あらためて図1-1をみてほしい。資本主義社会において，誰でもいつでもこうした状況に陥る可能性がある。子ども家庭福祉にかかわる現実を，他人事として考えるのではなく，誰もが当事者となり得るような不安定な社会に私たちは生きている。こうした状況が，子ども家庭福祉の理念，制度にどのような発展と影響を与えているのかを，以降の各章の学びを通してつかむことができる。共通した理念として人権を基軸とし，そのうえで様々なスタンスの人と対話を積み重ね，実践につなげてもらいたいと願っている。

第 1 章　子どもの人権と子ども家庭福祉—理念と概念—　　*17*

　討論のテーマと視点

① 2019 年 3 月に国連子どもの権利委員会より出された「子どもの権利条約の総括所見（第 4・5 回）」を確認しよう。

② 3 色の付箋とペンを用意し，①日本の子どもはどのような権利が保障されているのか，いないのか。②そして本来はどうあるべきか，③なぜそれが実現されていないかを，付箋にひとつずつ書いて，たくさん出し合おう。
　4～5 人のグループで共有し，④私たちに何ができるか，⑤国として何ができるかを整理し，ポスターを作成しよう。⑥クラス全体で共有しよう。

基本文献の紹介

浅井春夫『子どもの未来図：子ども期の危機と貧困化に抗する政策的課題』自治体研究社，2020
アジア・太平洋人権情報センター編『人権ってなんだろう？』，解放出版社，2018
阿久澤麻理子，金子匡良『人権ってなに？　Q＆A』，解放出版社，2006

■参 考 文 献

宮本節子『ソーシャルワーカーという仕事』ちくまプリマー新書，2013
福祉文化学会監修『自己実現のための福祉と人権』中央法規出版，1995
小川政亮著作集編集委員会編『小川政亮著作集 4　家族・子どもと社会保障』大月書店，2007
明星智美『社会福祉援助技術論Ⅰ』日本福祉大学，2019

コラム　アドボカシー（advocacy）とは何か

　数年前から，一般的にもアドボカシーという用語を目にするようになった。同時に用語の意味が広がってもいる。本来，アドボカシーとは，生まれながらにしてもつ権利を行使するにあたって，何らかの脆弱性（ぜいじゃく）のある人に代わって，物事を選択，決定するための条件を保障し，可能な限り対等な関係で支援すること（権利擁護）を意味する。これには権利をもつ一人の人間として，権利擁護のために，あるいは社会変革を求めて政策提言をしたり，政策にかかわっていくこと（ロビーイング）も含まれる。

　つまりアドボカシーとは，この社会で人権を具体化するための両輪―「権利の保持者 rights-holders」（生まれながら権利をもっている一人の人間としての市民）と，「責務の保持者 duty-bearer」（応答力が問われる，市民の権利を実現する責務の保持者。一義的には国や自治体，公的機関）―が基軸にあり，実現に向けたプロセスも含む。相澤（2023）は，アドボカシーを，「個別（ケース）アドボカシー」と，「システムアドボカシー」の2つに分類し，前者のひとつである「独立（専門）アドボカシー」を実践する上の基本原則として，「①エンパワメント，②こども中心，③独立性，④守秘，⑤平等，⑥こども参画，⑦確認」の7つをあげている。

　日本において人権にかかわる用語は，抽象的あるいは心情的に表現がされることが多い。次々に登場する「新しい」用語に出会ったとき，独自の解釈がなされていないかを注視し，人権という基本理念に立ち戻った具体的な実践を重ねていきたいものである。

(艮　香織)

参考文献
相澤仁「こどもアドボカシー制度の現状と課題」人間福祉学研究, 16（1），2023

第Ⅰ部 現代社会における子ども家庭福祉の意義と歴史的変遷 ―子どもの人権を基盤に据えて―

第2章 子ども家庭福祉の歴史的変遷

　現在のわが国の子ども家庭福祉は，国際連合（国連）の子どもの権利条約の精神に基づいた，子どものあらゆる生活場面での権利や人権を保障するための諸施策のことをいう。それらの施策には，明治期に起源をもつものが数多くみられる。しかし，子どもの権利や人権保障の取り組みの歴史は浅い。子ども家庭福祉の最も基本的な法律である児童福祉法が制定されたのは1947（昭和22）年であり，わが国が子どもの権利条約を批准したのは1994（平成6）年のことである。さらには，児童福祉法が基本理念に子どもを「権利行使の主体」であることを明確に位置づけたのは，2016（平成28）年のことである。

　本章では，子ども家庭福祉の歴史を，国内外の子どもの権利や人権を保障するための施策の展開に着目しながら学んでいく。海外についてはイギリスとアメリカの史的展開を概観し，その後にわが国の歴史をみていこう。

1. 海外の子ども家庭福祉の歴史と子どもの「人権」

（1）国際的な子どもの権利保障をめぐる動き

　20世紀に入ってからの子ども観の変遷と子どもの人権や権利の保障のための国内外の動きについて，ここでもう一度みてみよう。子どもの権利保障の歩みは，その時代の社会情勢，資本主義の発展，世界規模の戦争，様々な天災などに多大な影響を受けながら，子どもの救済や保護から子どもの福祉（しあわせ）を希求する方向に展開していった。

　古代・中世では，歴史学者のP.アリエスが『〈子供〉の誕生』（1960年）でいうように，子どもという概念はなく，子どもは「大人の所有物」「小さな大人」という存在であった。近代になると，J. J. ルソーが著書『エミール』で示した

表2-1 国内外の子どもの権利保障をめぐる動き

西暦年	海外の出来事	日本の出来事
1900	エレン・ケイ著『児童の世紀』出版	
1909	第1回白亜館会議（ホワイトハウス会議）開催	
1924	児童の権利に関するジュネーブ宣言（国際連盟）	
1947		児童福祉法の制定
1948	世界人権宣言（世界人権宣言・国際人権規約）	
1950		児童憲章の制定
1959	国連の児童の権利に関する宣言	
1978	子どもの権利条約の草案をポーランド政府が提出	
1979	国連の国際児童年	
1989	国連で子どもの権利条約を採択	
1994	国連の国際家族年	子どもの権利条約の批准

（筆者作成）

ように大人とは違う固有の存在として認識されるようになる。いわゆる「子どもの発見」であり、その子どもは大人に「保護される存在」であった。

20世紀に入って、各国で子ども家庭福祉の制度化が本格的に始まった。エレン・ケイが著した『児童の世紀』（1900年）はその展開の旗振り役を担ったといえる。表2-1は子どもの人権や権利をめぐる動きを示したものである。

第一次世界大戦後の1924年に国際連盟総会で採択された「児童の権利に関するジュネーブ宣言」は、「人類が児童に対して最善のものを与えるべき義務を負う」として子どもを保護の対象として捉えた。1959年には国連が「児童の権利に関する宣言」を採択し、子どもを権利の主体と位置づけた。その後、子どもの権利の条約化に向けた動きが高まって、1989年、「児童の権利に関する条約」（子どもの権利条約）として結実した。子どもは「保護される存在」であり、ひとつの人格をもった「権利行使の主体」として認識されるようになる。

（2）イギリスの子ども家庭福祉の歴史

子どもを救済対象として初めて位置づけたのは、1601年のエリザベス救貧法であった。しかし、資本主義に基づく社会の発展の中で、子どもは大人の所有物として扱われることも多く、児童労働や児童売買が横行した。産業革命による過酷な労働実態から子どもを保護すべく、1802年に最初の工場法が成立すると1833年の工場法では、9歳未満の子どもの雇用や労働の制限と教育の

機会を与える義務が定められた。1834年に成立した新救貧法は制限的な保護にとどまったため，篤志家や社会事業家による保護が活発化した。1870年にはバーナードがバーナードホームを開設した。彼が導入した小舎制度や里親制度等は，明治期の石井十次の実践に大きな影響を与えたとされる。1883年に児童虐待防止協会が設立され，民間の児童虐待を防ぐ活動が始まる。1889年には児童虐待防止法が制定され，親子分離による子どもの保護が可能となった。

20世紀に入り1908年に児童法（Children's Act）が成立した。同法は，これまでの子どもの保護に関する法律を統合して「すべての子ども」を対象としたものであり，子どもにかかわる問題を子ども家庭福祉という制度として対応する始まりとなった。1933年の「児童及び少年法」では，子どもの利益と福祉は政府の責任と位置づけ，「社会の子ども」という子ども観を広げた。

第二次世界大戦後の1946年，要保護児童の処遇を調査するカーティス委員会が報告書をまとめた。報告書は要保護児童対策として里親や小規模施設によるケアを重視した提言を行い，これを受けて1948年に新たな児童法が成立した。

1970年代から80年代にかけて，関係機関が虐待死を防げなかった事件が相次いだことを受け，1989年の児童法では児童虐待の介入時の保護者と関係機関とのパートナーシップが重視された。1991年には政府の虐待対応に関するガイドライン「ワーキング・トゥギャザー」が示された。

しかし，2000年のビクトリア・クリンビエ事件でも関係機関の連携不足が指摘され，2004年の児童法ですべての子どもに焦点を当てた児童社会サービス改革プラン（every child matters：ECM）の策定の契機となった。

2007年には子ども・学校・家庭省（DCSF）が新設された。同年には，いわゆるベビーP事件が起きた。母親らにより1歳男児の命が奪われたこの事件は，その凄惨さだけでなく，福祉・医療・司法機関や政府の対応への社会的な関心を呼んだ。関係機関は事件前から虐待の疑いを確認し，男児の家族に数十回接触をしていたが，親子分離による強制的な対応はなされず男児の命は救われなかった。メディアと市民は関係機関に対して執拗に責任追及し，政権を揺るがすほどの重大事件となった。その後，虐待対応は親子分離による強権的な保護重視の方針に転換されたが，子ども家庭福祉における専門職による子どもの安全確保と家族への介入・支援のバランスが課題として残された。

(3) アメリカの子ども家庭福祉の歴史

　18世紀，公立の救貧院や民間の慈善団体による孤児院が子どもの収容保護を行った。1877年にはイギリスにならった慈善組織協会（COS）がニューヨーク州に設立された。1899年にはシカゴでジェーン・アダムズらによりハル・ハウスが設立され，スラム街の，特に貧しい移民の生活改善を目指し，教育，医療，文化面など生活全般にわたり援助するセツルメント活動が行われた。

　1909年，セオドア・ルーズベルト大統領により第1回児童福祉白亜館会議（ホワイトハウス会議）が開催された。要保護児童対策をテーマにして，家庭での子どもの養育の重要性が強調された。1912年には連邦児童局が開設された。1930年の第3回白亜館会議では「アメリカ児童憲章」が採択され，「すべての子どもに権利がある」と明記された。1935年には世界恐慌への対応策として社会保障法が成立し，子ども家庭福祉の施策も組み入れられた。

　1960年代，貧困の再発見，子どもの非行，麻薬などが社会問題化し，「要扶養児童家庭扶助（AFDC）」や地域での小集団による施設での援助などが行われた。1962年，小児科医ヘンリー・ケンプは子ども虐待を「被殴打児症候群（battered child syndrome）」として"発見"したことで，その後，アメリカの大きな社会問題となった。1965年には低所得層家庭の就学前の子どもを対象とする育児支援施策として「ヘッド・スタート」が始まっている。

　1974年，連邦政府は全米児童虐待・ネグレクトセンター（NCCAN）の設置とともに，児童虐待防止及び対処措置法（CAPTA）を制定した。1980年には養子縁組支援・児童福祉法（AACWA）が制定されパーマネンシー・プランニング（永続的な生活環境での援助計画）の必要性が強調された。1996年，AFDCは福祉依存からの脱却と就労による自立支援を目的とした「貧困家庭一時扶助（TANF）」に変更された。1997年の養子縁組及び安全家庭法（ASFA）は，養子縁組を促進するための州への財政援助に関して定めた。

　アメリカは子どもの市民的権利拡大の先進国として知られているが，1989年に国連が採択した「子どもの権利条約」には批准していない。条約批准に反対する立場は，条約の内容がアメリカの伝統的な子どもや家族に関する価値観を侵し，州政府や国の統治を損なうことを危惧しているという。一方で，賛成の立場は，銃暴力による犠牲，大人と同様に扱われる未成年裁判制度，家出を

した子どもの人身売買など,子どもの権利や人権が守られていない実態があり,これらへの取り組みの国際的な遅れから条約の批准を求めている。

21世紀に入って,子ども虐待や貧困を家族問題として捉え,家族関係の再構築により子どもの人権を保障する子ども家庭福祉が展開されている。

2. わが国の第二次世界大戦前の子ども家庭福祉

(1) 明治期の子ども家庭福祉
1) 明治初期の子ども家庭福祉

明治期以前,つまり近代以前の社会では,氏族制度や家父長制度のもと,仏教などの宗教思想による子どもへの救済事業が行われていた。やがて明治期に入り,近代国家として歩み始めたわが国は,封建制の解体,資本主義の発達とともに,都市,農村を問わず貧困問題が深刻化した。この中で子どもにかかわる施策は,国力としての人的資源を確保するための,堕胎,間引き,人身売買の禁止や取締り,棄児,孤児への救済策から始まった。

政府は,1871(明治4)年に「棄児養育米給与方」,1873(明治6)年に「三子出産の貧困者へ養育料給与方」,1874(明治7)年に「恤救規則」を制定,施行し公的救済制度を整備したが,実際は相互扶助による救済にとどまった。

2) 児童保護施設の誕生

一方で,棄児,孤児らの保護施設は,宗教団体や民間の篤志家の手による慈善事業として展開していった。養育事業,保育事業,感化事業など今日の子ども家庭福祉の施設の原型ともいえる実践が,1880年代を中心としたこの時期に多くみることができる。

棄児,孤児などを対象とした養育事業をみると,1869(明治2)年に初代日田県知事であった松方正義(のちの首相)が設立した日田養育館がわが国最初の施設だとされる。1872(明治5)年にはフランス人修道女ラクロットが横浜仁慈堂を,1874(明治7)年には岩永マキらが日本人として初めて浦上養育院を開設した。石井十次は1887(明治20)年に岡山孤児院を開設(図2-1),小舎制,里親委託による家庭養護,職業教育の導入などの養育方針を「岡山孤児院十二則」として示し実践した。石井は児童養護の先駆者としてのちに「児童

図2-1　石井十次と岡山孤児院
（社会福祉法人石井友愛記念社　画像提供）

福祉の父」とも称された。仏教系では1876（明治9）年に東京に福田会育児院が開設された。

「日本近代経済の父」と呼ばれた渋沢栄一（図2-2）は、養育事業でも多大な功績を残している。彼は、生活困窮者や孤児、老齢者などの保護施設である東京の養育院の運営に携わり、1909（明治42）年には病弱・虚弱な子どもの転地療養のため安房分院（現在の東京都船形学園）を設置するなど分院・専門施設の開設により事業を拡大していった。

図2-2　渋沢栄一
（埼玉県深谷市所蔵・画像提供）

非行、罪を犯した子どもへの対応は、欧米の思想や実践に影響を受けて展開した。1883（明治16）年に池上雪枝が大阪に開設した神道祈禱所に不良少年を収容保護したのがこの事業の始まりとされる。1885（明治18）年には、高瀬真卿が東京に私立予備感化院を開設した。留岡幸助（図2-3）は1899（明治32）年に東京の巣鴨に家庭学校を開いた。彼は、少年期の感化教育の重要性を実感し、アメリカ留学での研究から家族主義による生活指導、教育、職業訓練を実践した。のちに、自然環境の活用を重視した分校を北海道に開設した。これらの活動がきっかけとなり、1900（明治33）年、わが国で初めての児童施設に関する法律となる感化法が成立し、その後各地に感化院が設置されるようになった。

赤沢鍾美は、1890（明治23）年に私塾・新潟静修学校を開設した。鍾美の妻・仲子は、子守をしながら通う子どもたちのために別室に幼い子どもを預かり世

第 2 章　子ども家庭福祉の歴史的変遷　25

図2-3　留岡幸助
（社会福祉法人北海道家庭学校　画像提供）

図2-4　野口幽香（左）と森島峰（右）
（二葉保育園HPより）

図2-5　石井亮一・筆子夫妻
（社会福祉法人滝乃川学園　画像提供）

話をした。保育事業については，これがわが国で最初の常設託児施設とされる。

　野口幽香，森島峰（図2-4）は，1900（明治33）年に東京・四谷に二葉幼稚園（のちの二葉保育園）を開設した。これは，学制頒布後の公立幼稚園の設置など近代教育制度の恩恵を受けにくい貧困家庭の子どものために「貧民幼稚園」として設置したもので，今日の保育事業の開拓的役割を果たした。

　障がいのある子どもへの対応は，1878（明治11）年の京都盲唖院，1880（明治13）年の東京楽善会訓盲院など，視覚障がいや聴覚障がいを対象とする施設の開設が始まりとされる。

　知的障がい児への対応については教育的観点から一般化されるようになる。1891（明治24）年，東京に設立された滝乃川学園は，濃尾大地震による孤児の保護と教育のための聖三一孤女学院を母体とする，わが国初の知的障がい児施設といわれる。この施設は，石井亮一・筆子夫妻（図2-5）が献身的にケアを行ったことで知られるが，もともと筆子は女子教育の振興に熱心で，華族女学院の同僚の教員であった津田梅子とともに訪米しシカゴのハル・ハウスを視察するなどアメリカの女子教育と福祉の状況を学んでいる。筆子は静修女学校の校長になり女子高等教育の発展に寄与していたが，娘を預けていた滝乃川学園を支援するようになってからは梅子に静修女学校を任せ（引き継いだ梅子はのちに津田塾大学を創立），亮一と夫婦になって知的障がい児の保護，教育，自立に尽力した。滝乃川学園では，のちに渋沢栄一が理事長を歴任している。

　1909（明治42）年には，脇田良吉が学業成績の劣る「劣等児」「低能児」の

教育問題に着目し，京都に知的障がい児施設である白川学園を設立した。

(2) 大正・昭和初期の子ども家庭福祉

日露戦争，第一次世界大戦を経て，わが国の資本主義経済は発展したが，米騒動，関東大震災，昭和恐慌などにより貧困がすすみ，子どもの長時間労働，身売り，親子心中，子ども虐待，高い乳幼児の死亡率などが社会問題となった。

児童保護が篤志家による慈善事業から予防的性格をもった公的な社会事業へと変容する中で，多くの児童保護に関係する法律が成立した。

非行少年や年少の犯罪者の対応では，1919（大正8）年に国立感化院（武蔵野学院）が開設され，感化事業の調査研究や職員養成が始まっている。また，1923（大正12）年の少年法，矯正院法の制定により少年審判制度が導入された。さらに昭和期に入り非行件数が増加する中，1933（昭和8）年には感化法が少年教護法に改正された。同年には児童虐待防止法（旧法）も成立している。

貧困家庭の子どもの保護については，棄児養育米給与方や恤救規則などに代わる公的扶助法として救護法が1929（昭和4）年に公布，1932（昭和7）年に施行された。同法は労働能力のない者を対象としたため，救護を受けた半数は子どもで，その多くは「孤児院」「育児院」といった救護施設で収容保護された。

保育事業では，都市部で就労する親のための公立託児所が設置されていった。農村部で子どもの世話ができない人のための農繁期託児所や工場で働く女工の子どもを預かる工場附設託児所が各地で設置された。

障がいのある子どもへの対応としては，1921（大正10）年，柏倉松蔵により肢体不自由児のための最初の施設となる柏学園が東京に開設された。

高木憲次は，1932（昭和7）年にわが国で最初の肢体不自由児学校である光明学園を，1942（昭和17）年には整肢療護園を東京に開設した。彼は，戦時体制の中で治療・教育・職能を一体とする「療育」の理念を確立し，「肢体不自由児の父」と称された。

(3) 戦時厚生事業としての子ども家庭福祉

戦時体制が強まる中で，国民体力の向上や劣悪な保健・衛生状態の向上が国策として求められていった。こうした要求を受け1938（昭和13）年に厚生省

第2章　子ども家庭福祉の歴史的変遷　27

図2-6　「赤ちゃんコンクール」1939（昭和14）年5月
（『子どもたちの昭和史』大月書店，1984，p.62）

図2-7　子だくさんに表彰状
子どもを10人以上産んだ親に「報奨金」が支給されたり，ふたごにうば車が送られたり，表彰状が贈られたりした。
（『子どもたちの昭和史』大月書店，1984，p.62）

が新設された。社会事業は戦時厚生事業としていわゆる「健民健兵政策」の一翼を担うことになった。この時期，児童保護は「児童愛護」へ変容し，従来の「特殊な児童」から「児童一般」へと対象を拡大した積極的な保護育成策が展開された。それは，母子保護策とともに，出生数の増加，乳幼児死亡率の低下，母性・妊産婦保護，不良化防止などを課題としつつ，「産めよ殖やせよ」というスローガンのもと，政府は出産を積極的に奨励した（図2-6, 2-7）。1937（昭和12）年には母子保護法と，妊産婦相談・指導などを定めた保健所法が制定された。また，1938（昭和13）年には恩賜財団母子愛育会が愛育病院と愛育研究所を設立し，わが国の母子保健医療と乳幼児保健・発達研究の拠点となった。

　保育事業では，戦時下の母親の勤労向上と乳幼児の保護のための「戦時託児所」が開設された。また，託児所は社会事業法において社会事業施設のひとつとして制度化され，1944（昭和19）年には2,000か所を超えた。

3.　第二次世界大戦後の子ども家庭福祉

(1)　終戦下の子どもたちと新憲法の理念に基づく子ども家庭福祉の展開
1)　戦後混乱期の子どもたちと保護対策

　戦後の混乱期，十数万人に及ぶ戦争孤児，戦争遺児，引揚孤児，浮浪児への保護が緊急の課題となった。政府は1946（昭和21）年の旧生活保護法や主要

地方浮浪児保護要綱などにより保護を要する子どもの一斉発見や強制的な保護を行った。戦後の子どもにかかわる施策は「狩り込み」という治安・収容対策から始まったが，戦争孤児，浮浪児の問題の抜本的な対策が必要であった。

2）児童福祉法の成立

1946（昭和21）年，政府はGHQの指導のもと，厚生省内に児童保護を所管する児童局を設置した。同時に児童保護の立法化がすすめられ，当時の中央社会事業委員会に「児童保護法案要綱」が示された。これを受けて同委員会は，要綱が「特殊児童」のみを対象とし，孤児，浮浪児対策の延長に過ぎないと批判し，「普通児童」対策を盛りこんだ児童福祉法の立法を促した。

こうして1947（昭和22）年11月に児童福祉法が成立し，翌1948（昭和23）年4月に全面施行された。法は，少年教護法や児童虐待防止法など子どもの保護に関する戦前の法令をまとめ，すべての子どもの健やかな成長・発達を保障することを理念として掲げた画期的なものであった（図2-8）。条文には子どもの「権利」と，それを保障する国や自治体の責任に関する規定とともに，9種類の施設が児童福祉施設として再編され明文化された。

児童福祉法を「日本ではじめての子供のための綜合的な法律」と位置づけ，「あの子もこの子もみんなの子」「國の寶」という子ども観のもとに子どもを守り，健全に育てることを「國民全體のつとめ」であるとしている。

図2-8 『児童福祉法とは』
（厚生省児童局）

3）家庭裁判所の設立

1949（昭和24）年，GHQの通達により家事審判所と少年審判所を統合して家庭裁判所が設置された。その時代には，「家庭に光を，少年に愛を」の標語のもとで戦災孤児や浮浪児の問題に取り組むべく少年非行の対応にあたった。今日では，少年非行だけでなく，親の離婚やドメスティック・バイオレンス（DV），子ども虐待など，子ども家庭福祉との関係も深い司法機関として，子どもの人権保障の役割の重要な一端を担っている。

4）子どもの権利認識の変化と児童憲章の制定

戦後の経済復興期において，子どもにかかわる施策は戦争孤児，浮浪児など

いわゆる要保護児童対策に終始した。子どもは親の所有物だとする古い子ども観が根強く，子どもの権利侵害や子どもに対する無理解から，児童福祉法の掲げる理念と現実とはかけ離れた状況が長く続いた。政府は，子どもの福祉を促すために1951（昭和26）年5月5日に「児童憲章」を制定した。

児童憲章は，前文に「児童は，人として尊ばれる。児童は，社会の一員として重んぜられる。児童は，よい環境のなかで育てられる。」という3つの基本理念を掲げ，わが国の子どもの権利認識に歴史的に大きな変化をもたらした。

(2) 高度経済成長下の子ども家庭福祉
1) 高度経済成長政策と子どもの生活問題

1956（昭和31）年の経済白書に記された「もはや戦後ではない」との宣言は，戦後復興期から高度経済成長期への突入を象徴する言葉となった。この時期，労働力の積極的な育成を目的とした「人づくり政策」がすすめられる一方で，子どもの遊び場の不足，教育の荒廃による非行の増加，心身障がい児に対する保護の遅れ，さらに就労女性の増加や核家族化による保育ニーズの高まりなど，子どもの生活問題が噴出した。「ひのえうま」の1966（昭和41）年は出生数が戦後最低となり，合計特殊出生率は1.58を記録した。

2)『児童福祉白書』の発行と子ども家庭福祉

1963（昭和38）年に児童福祉法制定15周年を記念して厚生省が発行した『児童福祉白書』は，子どもたちが「危機的な段階」にあるとして，わが国の子ども家庭福祉の遅れを指摘した。同年，中央児童福祉審議会は「家庭対策に関する中間報告」でわが国の子ども家庭福祉は「児童と家庭を一体」としてすすめることが確認され，翌年に福祉事務所内に家庭児童相談室を設置，厚生省の児童局を児童家庭局に改称した。その年には母子福祉法（現・母子及び父子並びに寡婦福祉法）が，さらに1965（昭和40）年には母子保健法が制定されている。

非行問題については，少年非行の戦後第二のピークを迎えたこの時期，1961（昭和36）年に国立女子教護院（きぬ川学院）が開設され，同年には非行の早期発見，早期治療を目指す情緒障害児短期治療施設（現・児童心理治療施設）が児童福祉施設として新設された。

障がい児施策としては，心身障がい児施設の整備がすすんだ。1960年代後半，

公害や自然破壊などに伴う子どもの健康被害の深刻化は，障がい児問題を表面化させた。作家の水上勉による「拝啓　池田総理大臣殿」は，重症心身障がい児をもつ親の苦悩と要求を浮き彫りにしたもので，その後の障がい児施策の展開に影響を与えた。1967（昭和42）年には重症心身障害児施設（現・障害児入所施設）が児童福祉施設として新設された。

　糸賀一雄は，戦後の混乱期に当時の知的障がい児のための近江学園，重症心身障害児施設としてびわこ学園を設立した。彼は，医学と福祉の連携や戦災孤児と重度の障がい児との統合教育を世界に先駆けて実践し，著書『この子らを世の光に』でそれまでの障がい観，発達観に多大な影響を与えた。

　1970年代半ばから，障がい児施策は入所・収容施設中心の保護・指導から通所施設，在宅サービスの拡充へ転換していった。

　保育施策として，経済成長に伴う保育ニーズの高まりの中で保育所の設置がすすんだ。1964（昭和39）年の「ポストの数ほど保育所を」をスローガンとした第10回日本母親大会をきっかけに，保護者や当事者団体による全国的な保育所増設運動が起こり，保育所問題は社会問題化した。また保育時間の延長や乳児保育，障がい児保育といった新たな保育サービスも登場した。

　都市の子どもの遊び場不足や交通事故，大気汚染などの公害問題の顕在化により，一般児童を対象とした健全育成施策の重要性が認識されるようになっていった。児童厚生施設，とりわけ児童館の整備が急速に全国ですすんだ。

　この時期には，子育てにかかわる経済的支援を定めた法律が整備された。1961（昭和36）年の児童扶養手当法，1966（昭和41）年の特別児童扶養手当等の支給に関する法律，1971（昭和46）年の児童手当法である。

（3）低経済成長期における子ども家庭福祉
1）高度経済成長の終焉と子どもを取り巻く環境の変化

　1973（昭和48）年の石油危機をもって高度経済成長は終わりを迎え，1970年代後半からの「福祉見直し」「高福祉高負担」の議論は，子ども家庭福祉の歩みを遅らせることになった。しかし，高齢化社会の到来とともに家庭・地域がもっていた子どもの養育機能の低下など子どもを取り巻く環境の変化は，健全育成施策の必要性を増加させることになった。1976（昭和51）年には都市児

童健全育成事業が創設され、いわゆる学童保育の発展のきっかけとなった。

2）低成長経済期の子ども家庭福祉

1980年代に入り、低経済成長期を迎えると、1970年代後半の「福祉見直し」論は「福祉改革」の議論へと発展した。子どもをめぐっては非行が戦後第三のピークに達し、いじめ、校内暴力、不登校などが深刻な社会問題となった。

保育ニーズが一層高まる中で、認可保育所による長時間・夜間・低年齢児保育の実施は低調であった。それを補うようにベビーホテルのような、いわゆる無認可保育施設が増加した。しかし、無認可保育施設での死亡事故が多発し社会問題となると、無認可保育施設に対する行政指導・監督のしくみの導入、認可保育所での延長・夜間保育がすすめられ、それ以後の保育サービスの多様化を促すきっかけとなった。

障がい児施策は、1980年代の施設福祉から在宅福祉・地域福祉への本格的な動きや1979（昭和54）年の養護学校の設置義務化により、施設や施設利用児童数は減少していった。

4. 平成期以降の子ども家庭福祉

(1) 平成期の子ども家庭福祉

1989（平成元）年、わが国の合計特殊出生率は1.57と過去最低を記録した。政府は将来の社会保障や経済への危機感から、この年を「1.57ショック」と称して少子化対策や子育て支援を矢継ぎばやに打ち出した。同年に国連で採択された子どもの権利条約に対して、わが国は1994（平成6）年に批准した。

1990年代、少子化の進行とともに、共働き家庭の一般化、離婚家庭の増加、家庭や地域の養育機能の脆弱化、子ども虐待の社会問題化など、子どもや子育て家庭をめぐる環境は悪化していった。2000（平成12）年には、児童虐待の防止等に関する法律（児童虐待防止法）が成立、施行された。

2000年代、子ども虐待の深刻化、「子どもの貧困」が新たな社会問題となっていった。2010年代においても状況の大きな改善はみられない中で、2016（平成28）年には、児童福祉法の基本理念に子どもの権利条約に則った子どもの権利保障に関する内容が盛り込まれた。

(2) 新時代の子ども家庭福祉

　今日の子ども家庭福祉は、こども家庭庁の新設に代表されるように新たな局面を迎えている。それでは、令和の時代、子どもの権利や人権を着実に保障するためにはどうしたらよいのだろうか。

　まずは、今日求められる子ども観や子育て観を再認識することであろう。子どもを「親の所有物」として捉える「私物的わが子観」から、ひとつの人格をもつ「権利行使の主体」として捉える「社会的わが子観」への転換がいわれて久しいが、子育てに関しても「私事的なこと」にとどめるのではなく「社会的なこと」と捉える「社会的子育て観」の醸成がさらに必要である。

　しかし、「社会的子育て観」が独り歩きして、子育て支援施策の拡充が家族の子育て意欲を削ぎ、安易な子育ての「外注化」を進ませてはならない。その意味で、これからの子ども家庭福祉は、子どもの権利や人権の保障、つまり、子どものしあわせの実現を、「家族」と「社会」とで子どもを「共に育てる」ことができるしくみとしかけづくりが求められているといえる。

 討論のテーマと視点

① 岡山孤児院や家庭学校が設立された時代背景を調べ、どのような子どもたちが施設で生活していたのか考えてみよう。
② 制定当時の児童福祉法と2016（平成28）年の改正児童福祉法の法理念の違いを時代背景から考えてみよう。
③ 子どもの人権や権利を保障することの認識は、わが国の子ども家庭福祉の歴史の中でどのように位置づけられていったか考えてみよう。

基本文献の紹介

古川孝順『子どもの権利』有斐閣、1982
柴崎正行、安斉智子『21世紀保育ブックス　歴史からみる日本の子育て』フレーベル館、2005
森山茂樹、中江和恵『日本子ども史』平凡社、2002

コラム　コルチャックの教育実践と子どもの権利

　国際連盟による最初の子どもの人権宣言である「児童の権利に関するジュネーブ宣言」（1924年承認）が生まれた直接的な原因は，第一次世界大戦による多数の子どもの被害でしたが，それ以前の19世紀末から20世紀初頭には，子どもの権利を主張する人たちが世界各地で現れました。このコラムで紹介するヤヌシュ・コルチャック（Korczak, J., 1878-1942年）も，当時の子どもが置かれていた現状や子どもの権利に関する動向に目を向けながら，子どもや子どもの権利の尊重を訴え，それを実践していた人物の一人です。

　コルチャックは，もともと小児科医でしたが，1912年に孤児院—現在の児童養護施設—の院長となり，1942年にホロコーストの犠牲となるまで30年間，子どもたちと共に生活しました。彼は孤児院において様々な教育方法を導入し実践しましたが，最初から子どもの権利の尊重や保障を訴えていたわけではありませんでした。彼が孤児院実践で重視したのは，大人に管理・支配されることなく，子どもたちが生活の主体となり，生活の場の運営に従事し，仲間や職員と共同しながら生活することでした。これを実現するために，例えば，食事の支度や掃除等の家事仕事を子どもたちが担う"係り仕事"，幼い子どものお世話をする"後見委員会"，施設内のトラブルを子どもたちで解決する"裁判"制度，施設のルール等を自分たちで決める"議会"，情報や意見を伝達・交換・共有する"新聞"や"掲示板"，自身の課題に気づき自己改善するための様々なしくみ等がありました（詳細は下記参考文献の拙著を参照ください）。

　以上のような様々な教育方法は，子どもたちが主体となる生活を保障するために導入されましたが，結果的にこれらは子どもたちが自身の権利を行使するしくみとなっていきました。もちろんここに至るまでに長い年月を要し，その中でたくさんの失敗や試行錯誤，子どもと大人の衝突がありました。しかし，子どもと大人が共同しながらしくみをつくっていくこのプロセスこそが，子どもの権利を尊重した教育実践には必要なのだと思います。

（大澤亜里）

参考文献
大澤亜里『ヤヌシュ・コルチャックの教育実践—子どもの権利を保障する施設養育の模索—』六花出版，2022

第Ⅱ部　子ども家庭福祉の現状と社会的課題

第3章　子育て不安

1. 子育て不安とは何か

(1) 子育て不安への注目と研究動向

　子育ては人類が受け継いできた自然な行為であり，そこには智恵と文化をつなぐ喜びがあるはずである。しかし，今日の日本では少子化が進行する一方で，子育てにかかわる様々な問題が取りざたされ，子育てに漠然とした不安を抱える人が増えている。自分の子育てに不安を感じることによって，子どもとのかかわりを楽しむことや健康な育児行動が阻害され，虐待のリスク要因になり得ることも指摘されている。

　日本での子育て不安にかかわる研究は，1974（昭和49）年の日本総合愛育研究所紀要に「育児不安」をテーマとした実践報告が初めて掲載された。母親の育児不安に関する原著論文は，海外では1983（昭和58）年，国内では1985（昭和60）年からみられ，日本が戦後の混乱期を乗り越え経済発展を迎える中で起きた家族のあり方の変化に関係している。都市化，核家族化が進行すると同時に，女性の高学歴化や社会参加への意欲の高まりがみられる中で，子育てに悩む母親の問題が浮上した。そして，母親の育児環境について社会の関心が向けられ始めたのである。落合は，「主婦の不安と子どもの囲い込みは，家族の戦後体制，近代家族の構造的ウィークポイントである」ことや，「戦後日本家族に限らず，欧米の20世紀近代家族にも広く共通したものである」ことを指摘している[1]。

　さらに，吉田によると，育児不安の研究を大別して次の4つに分けている。① 子どもの授乳や睡眠，排泄等に関する具体的な心配事として捉える立場，② 育児にまつわるストレスとして捉える立場，③ 育児に限らず家事や生活の

総体から産み出される母親の生活ストレスとして捉える立場，④ 母親が育児に関して感じる疲労感，育児意欲の低下，育児困難感・不安として捉える立場，である[2]。①の立場は具体的な対処方法がわかれば解消され長期的に続く不安としては捉えにくい。②と③の立場はストレス反応と育児不安を同類として扱っている点で似ている。また，海外の研究には「育児不安」という用語はなく，「育児ストレス」(parenting anxiety) が主として用いられている。④の立場は比較的母親の実態に即しているといえる。

(2) 子育て不安の定義

家族社会学の観点から，育児不安研究にいち早く着手し積み重ねてきた牧野は[3,4]，育児不安について「子どもの現状や育児のやり方などについて感じる漠然とした恐れを含む不安の感情。疲労感や焦り，イライラなどの精神状態を伴う。悩みや恐れはそれを引き起こす特定の対象があるのに対して，不安は明確な対象がなく漠としている」と定義する。また，表3-1の項目のように感じるかどうかをⅠ～Ⅴの群に分け，明確化することで判定の目安とした。

表3-1 育児不安尺度

群		項目
Ⅰ	一般的疲労感	①毎日くたくたに疲れる ②朝，目覚めがさわやかである
Ⅱ	一般的気力の低下	③考えごとがおっくうでいやになる ④毎日はりつめた緊張感がある
Ⅲ	イライラの状態	⑤生活の中にゆとりを感じる ⑥子どもがわずらわしくて，イライラしてしまう
Ⅳ	育児不安徴候	⑦自分は子どもをうまく育てていると思う ⑧子どものことで，どうしたらよいかわからなくなることがある ⑨子どもは結構1人で育っていくものだと思う ⑩子どもをおいて外出するのは，心配で仕方がない
Ⅴ	育児意欲の低下	⑪自分1人で子どもを育てているのだという圧迫感を感じてしまう ⑫育児によって自分が成長していると感じられる ⑬毎日毎日，同じことの繰り返ししかしていないと思う ⑭子どもを育てるためにがまんばかりしていると思う

(牧野カツコ「乳幼児をもつ母親の生活と〈育児不安〉」家庭教育研究所紀要, 3, 1982, pp.35-36)

同じく社会学者の住田・中田は,「育児ないし育児行為から喚起される漠然とした恐れの感情」と定義し,その内容を,育児に関する一般的な不安感情,子どもの成長・発達に関する不安,母親自身の育児能力に関する不安,育児負担感,育児束縛感による不安,としている[5]。そして,吉田は,「育児に伴う自信のなさや不安,子どもとかかわることの疲労感,子育てからの逃避願望,育児による社会からの孤立感など」[2]として捉えている。このように育児不安の定義は研究者により様々であるため,研究対象としている内容が一致していない面があることが課題ともいわれている。

(3) 子育て不安の要因

これまでの研究で明らかにされている育児不安の要因について,吉田は,母親側の特徴,子ども側の特徴,家族関係,ソーシャル・サポートの4分類に整理している(表3-2)。このように,子育て不安につながる背景には様々な事柄があり,多くの場合,複合的な問題としてからみ合っている。

表3-2　育児不安要因の分類

分類	内容
母親側の特徴	年齢
	職業の有無・職業観
	性役割分業意識
	生活の充足感・趣味の有無
	理想と現実の認識
	自己注目傾向
子ども側の特徴	子どもの気質・育てやすさ
	子どもの数
家族関係	核家族・複合家族
	夫婦関係・夫婦の会話
	夫のサポート
ソーシャル・サポート	友人
	社会的サポート
	近所づきあい・家族以外の人との会話

(吉田弘道「育児不安研究の現状と課題」専修人間科学論集 心理学篇,2 (1),2012,p.5)

2. 子育て不安を感じる具体的状況

(1) 子育てに対する負担・不安感

　子どもを育てている親が感じる負担や不安にはどのようなものがあるだろうか。厚生労働省「人口減少社会に関する意識調査2015」の調べでは，15歳以下の子どもが一人以上いる子育て中の男女（626人）が抱える負担・不安感について，女性の8割，男性の7割が負担感・不安感を感じている。具体的内容について，図3-1に上位10項目をまとめた。「子育ての出費がかさむ」が46.2％と最も多く，次いで「将来予想される子どもにかかる経済的負担」が40.8％と，経済的負担感が上位を占めている。その他，「自分の自由な時間が持てない」，「夫婦で楽しむ時間がない」といった自由な時間が奪われる負担感や，「子育てによる精神的疲れが大きい」，「子どもを通じての親同士の付き合いや人間関係がわずらわしい」，「子育てに自信が持てない」など，精神的負担感も複数あがっている。

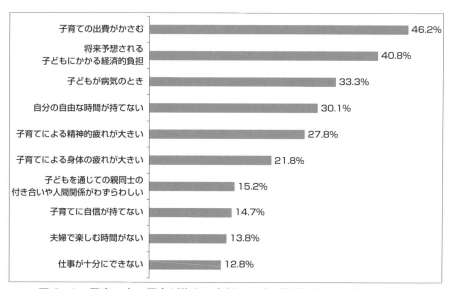

図3-1　子育て中の男女が抱える負担・不安（複数回答，上位10項目）
（厚生労働省「人口減少社会に関する意識調査2015」より筆者が作成）

（2）若年の妊娠・出産

19歳以下の出産について表3-3に示した。数字としては大幅に減少しているが，出産総数に対する割合としては大幅に減っているとは言い切れない。逆に，14歳以下の母親による出産数は，約50年前の1975（昭和50）年に比べると，いまだ3倍もある状態である。

多くの若年妊娠は望んだタイミングではない。経済的不安定さ，進学をあきらめるなどキャリアプランを立てることの難しさが考えられる。父親や家族との関係が切れる場合もある。何より，子育てへのイメージを十分にもてないまま親になった場合，日々の子育てに対する戸惑いが大きいことは明らかである。そのような状態で「何を大事にすべきか」優先順位をつける際に，育児が何番目にくるのか。社会資源や人的資源のサポート環境が整えば選択肢の中から選び取ることも可能だが，整わないときは孤立し追いつめられていくだろう。

表3-3 母親の年齢（5歳階級）別にみた出生数の年次推移

母親の年齢	1975年	2010年	2016年	2017年	2023年
出産総数	1,901,440	1,071,305	976,978	946,065	727,288
14歳以下	9	51	46	37	27
15～19歳	15,990	13,495	11,049	9,861	4,325

（厚生労働省「平成20年人口動態統計月報年計（概数）の概況」，2009，厚生労働省「令和5年（2023）人口動態統計（確定数）の概況」，2024）

事例　若年妊娠・出産の不安定さ～支援につながるために～

深刻な虐待等の事件に発展する若年の親たちは，成育歴から大人に不信感をもっていることがある。例えば，ネグレクト等を受けていた子どもが親になったときに困ることは，親としてどうすればよいか自信がないことだという。周りとのつながりを求めないことは，社会の大きな病ともいえる。支援現場の人々は，SOSを発信する力が培われないまま親になってしまう若者が増え，つながる困難さを日々感じながら「専門職でなくとも，誰かひとりでも健全な他者とつながっていれば，必ず支援体制を構築する糸口が見い出せる」と口をそろえる。以下に，プライバシー保護のため一部加工を施した3つの事例を紹介する。

事例3-1　家族の積極的サポートを得られたAさん

中学生で出産したAさんは，育てたい強い意思をもち，同居している祖母（Aさんの母）も全面的に養育を手伝えるとのことで，シングルマザーとして実家で育てることになった。Aさんは高校認定試験に合格して希望する職種に就職することができ，現在子どもも元気に成長して小学校に通っている。

助産師のゆうこさんは，何十年もの経験の中で，「若年妊娠より，高齢妊娠の女性の方が強い不安を抱いている」ように感じている。母親が家事育児を担うべきという孤独な環境の中で，完璧主義の母親が増えているという。人生の中で失敗した経験値が，さらに不安を抱かせるのかもしれない。

対して，増加する10代の妊娠については，周りが心配しても本人は先のことを見据えず，不安に思うべきところを不安と感じられていないように見受けられるときもあり，非常にハイリスクだと感じている。若年出産でAさんのように安心して見守ることができた事例は少なく，若年の親子がつながり続けられる支援ネットワークを地域に整備することが要となる。

事例3-2　周囲とのつながりが切れたBさん

他県から駆け落ちしてきた若年妊婦であるBさんは，臨月に突然パートナーと受診した。「家族と連絡は一切とらないでほしい」と言い，住民票も移さず母子健康手帳も紛失し身分証明書もない状況であった。その後，パートナーとは関係が崩れシングルマザーとなり，子どもは乳児院に預けられることとなった。

自治体で長年，子ども家庭支援相談員（ケースワーカー）をしているよしのりさんもまた，若年妊娠の増加を強く実感している。18歳の妊婦では若いと思えないほど，15〜16歳前後の妊娠事例が増えてきたと感じている。しかし，自治体において若年の親のためのサービスが整っているわけではない。経済面では，学生だった場合は退学して安定した仕事に就けるのか不安を伴う。養育面では，親族に頼りたくても絶縁状態であったり，親族も現役世代で働いていたりと，Aさんの事例のように全面的な支援を受けることが無理な場合もある。パートナーとの関係も，将来設計なく妊娠したため途中でいなくなったりと，崩れてしまうことも少なくない。こういった状況でハイリスクと判断され，出産後すぐに乳児院に入所となることもある。

事例3-3　妊娠について誰にも言えなかったCさん

若年妊婦のCさんが飛び込み出産（健診を一度も受けず出産時に病院に駆け

込むこと）したと，病院から子ども家庭支援センターと児童相談所に連絡が入った。同居家族も妊娠に気づかなかったという。飛び込み出産の連絡が入るとケースワーカーは病院を訪問し親子と会うことになる。

　このCさんの事例において，あなたがケースワーカーなら，どのように心の準備をするだろうか。40年間，保育士とケースワーカーをしてきたみちこさんにお伺いした。飛び込み出産はいわゆる虐待になってしまうから，注意喚起をしないといけない。しかし，その前にまず「10か月間お母さんはどんな気持ちでいて，出産日を迎えたのだろうか」と想像してほしい。この「想像しようとする姿勢」が，ケースワークの基本になる。いろいろな事情で妊娠したことを誰にも言えなかったCさんと1回面会したくらいでは，信頼関係はできない。妊娠というのは身体的にも様々な変化があり未知の負担を伴っているはずだが，前述のように不安を感じられない親や，感じても言葉にできない親がいる。「それでも周囲の人が状況をくみ取ることはできる」とみちこさんは言う。

　また，支援者として親とつながるうえで大切にしていることは，親がどうやって親らしくなっていけるのか，〈親育ち〉のお手伝いをすること。子どもを肯定するためには親が自分を肯定できる必要があるが，それができない親が増えている。支援者が親と一緒に子どもの育ちを喜び，大変さをわかち合う共有体験や，どんなに些細なことでも親ができていることを評価していく積み重ねにより，親の自己肯定感が高まると考えている。

　さらに若年の親との関係づくりでは，「祖父母と孫のような関係になれるかどうか」が鍵だと教えてくれた。例えば16歳の親の知識や考え方について，支援者がわからないことがたくさんあるかもしれない。そのときに，16歳を大人の価値観に寄せようとするのではなく，16歳の世界にこちらが寄っていく。「SNSの出会いって私が若い頃にはなかったよ。どんな感じなの？」と，どんなことでも疑問をもって，相手を知ろうとする姿勢でいることである。

(3) 出産の高年齢化

　結婚し子どもを生み育てることは，いまや当たり前の時代ではない。晩婚化に伴いわが国における女性の出産年齢も上昇している。出生時の母の平均年齢は，1975（昭和50）年には第1子25.7歳だったが，2022（令和4）年には第1子30.9歳と，約半世紀で5歳上昇したことになる（図3-2）。2004（平成16）年に第2子が30.9歳であったが，2022年には第1子が30.9歳と，18年間で1

人分の差が生じている（厚生労働省, 2021/内閣府, 2024）。また，母親の年齢が35歳以上の出産割合も著しく増加しており，2010（平成22）年には年間出生児のおよそ4人に1人が35歳以上の母親から生まれていることになる。

高齢で子どもを育てることは，前述「子育てに対する負担・不安感」でもあげられた，将来への経済的不安や，子育てによる身体の疲れがより顕著に表れる可能性がある。さ

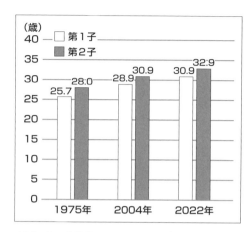

図3-2　出生時における母の平均年齢の年次推移
（厚生労働省「令和3年度出生に関する統計の概況」，2021および内閣府「男女共同参画白書（令和6年版）」，2024より筆者が作成）

らに祖父母も高齢で頼ることが難しい状況や，育児だけではなく祖父母の介護も必要になる，いわゆる「ダブルケア」の状況さえ想定される。また，キャリアを積み重ねてきていた親にとっては，産前産後休業・育児休業を取得することにより復帰後の道筋を失う不安を抱えることにもなる。

(4) ひとり親家庭

ひとり親家庭とは，母子家庭または父子家庭のことで，単親で未成年の子どもを扶養する家庭を意味している。厚生労働省の2021（令和3）年度「全国ひとり親世帯等調査」によると，母子世帯数が119万5,000世帯，父子世帯数が14万9,000世帯である。ひとり親の困っていることは，母子世帯は「家計」が49.0％，「仕事」が14.2％，「自分の健康」が10.7％であり，父子世帯は「家計」が38.2％，「家事」が14.1％，「自分の健康」が11.8％となっている。子どもについての悩みの内容は，母子世帯，父子世帯ともに「教育・進学」が60.3％と最も多く，次いで「しつけ」8.8％となっている。また，「相談相手なし」と回答した割合は，母子世帯が21.9％，父子世帯が45.2％である。

ひとり親家庭は，家族の中で大人の役割を担える存在が一人であることから，

生活にゆとりがもてず、特に経済的な困窮状態になりやすい。以前「欠損家族」と表現されていた時代があるが、使われなくなったいまもなお同様の偏見が残る風潮がある。また、ひとり親になった理由の最多は離婚であるが、DV（ドメスティック・バイオレンス）を受けていた場合は、親子ともに心身に深い傷を負った状態である。生活を立て直しながら傷を癒していくには時間と継続的なサポートが必要である。

(5) ステップファミリー

2002（平成 14）年以降、厚生労働省の会議等でも用いられている「ステップファミリー」という用語は、夫婦のどちらか、または両方が子連れで再婚して形成された家族のことをさしている。生活の質が高くなり、環境や視野が広がる場合も多いが、実父母との関係をどうつないでいくかの悩みや、継父母や新しいきょうだいとの関係構築が困難になる場合もある。

(6) 孤独な育児環境

近年、「ワンオペ育児」という言葉が使われるようになった。単身赴任や別居など何らかの理由で夫婦が離れて暮らしている状態や、同居していてもパートナーの長時間労働等による育児・家事関与の少なさによって、一人で家事・育児をこなしている状況のことをさす。そのような中で、互いに「家事と育児の両立の困難さ」をどれだけ具体的に想像し寄り添えるか、保育などのサービス資源活用にも同じ価値観で賛同できるか等が大切となるであろう。パートナーの想像力が欠如することにより、二重の苦しみを抱えることもある。

3. これからの子育てのあり方

(1) 安心して「子育て」「親育ち」できる社会へ

現代社会の子育て不安の背景には、家族のあり方の変化と、それに対応しきれていない子育てに対する社会の捉え方の偏りがあると考えられる。

まず、性別役割分業の根強さが高齢出産や少子化に拍車をかけている。女性の社会進出が進んでいるにもかかわらず、いまだ人々の意識や社会の構造は女

性に家事や育児・介護を強いている。当然，子育て不安についての研究においても母親が調査対象にならざるを得ない。そして，家族の自己責任構造がある。子育ての社会化といわれながら，従来の日本の家族福祉の構造にならい，家族・親族がもっと頑張れと応援している。福祉は，家族が崩れることを予防するよりも，崩れてしまったケースの発見と対処に追われているように思われる。子育て不安を抱く親たちは，少子化の中で子どもへの過剰な期待と社会からのプレッシャーを感じ，完璧な子育てへと自身を追い込むことになる。

　親が安心して暮らせないと子どもも安らげない。子育て保障のためには，親が地に足をつけ焦らずに「親育ち」できる社会を目指すべきではないだろうか。

(2) 家族成員それぞれのライフコースの充実

　"女性が職業をもつことに対する意識"について，『男女共同参画白書』（内閣府，2018，2024）をみてみよう。1992（平成4）年からの変化をみると，男女ともに「子供が大きくなったら再び職業をもつ方がよい」の割合が減少する一方で，「子供ができても，ずっと職業を続ける方がよい」の割合が増加しており，2016（平成28）年の調査では，その割合が初めて5割を上回った。実際の共働き世帯（夫婦とも雇用者）数も1980年代以降増加し，1997（平成9）年には共働き世帯数が片働き世帯（男性雇用者と専業主婦）数を上回り，逆転現象が起きた。2023（令和5）年には，共働き世帯が片働き世帯の3倍となっている。仕事と子育てを両立でき多様な選択が可能となるよう，国は保育所等の定員増加など育児支援基盤の整備をすすめてきた。しかし，小学校入学と同時に利用できる両立支援制度が少なくなり，仕事との両立が難しくなる「小1の壁」等もあると指摘されている。

　このように，女性のライフコース（人生の節目における選択の結果描かれる人生の軌跡・道筋）は，時代を経て変化し続けている。そして，母親の子育て不安は，母親自身の就労の有無と関連していることが複数の研究で明らかにされている。就労している母親は，仕事と子育ての両立に苦労し，葛藤や体力的負担も大きいと考えられ，実際に，出産・育児のために離職する女性は男性の20倍にもなっている。ところが，自信の低下や焦りなどといった「子育て不安」は，就労していない母親の方が高いことが確認されている。母親が就労する家

庭では父親の育児・家事関与が高くなりやすいこと，職場をはじめとする社会的ネットワークの中でサポートを得やすいこと，就労を通してやりがいや居場所を確認できること，保育利用を通して物理的心理的に子育て支援が得られることなどが背景にある。前述の「ワンオペ育児」についても，言葉がつくられた当初は共働きの母親を対象とする言葉であったが，むしろ専業主婦のワンオペ育児状態の方が，ストレスが高いとも考えられている。

　これは，共働きが推奨されているということではない。それはひとつの形であり，父母それぞれにとって自分や夫婦のために使える時間が確保され，自己実現に向かう余裕がもてることが大切なのである。そのためには，フォーマルおよびインフォーマルな支援ネットワークとつながる必要がある。家庭のことは妻に任せ，夫は長時間労働をする「昭和モデル」から，すべての人が希望に応じて，家庭でも仕事でも活躍できる「令和モデル」に切り替えることが指摘されている。

　乳幼児期，学齢期，思春期と瞬く間に成長する子どもへの支援においては，育ちがトータルに見通せるよう，ライフステージ（人生の生涯における発達や生活の変化によって区分された各段階）をまたぐ「切れ目のない」一貫した支援が必要だといわれている。同様に，親自身にとっても，それまで描かれてきたライフコースが，出産や子育てによって，途切れることのない社会のしくみや理解が必要であり，それが保障されることによってはじめて安心して子育てに向き合うことができるといえよう。

(3) 生きたつながりによる孤立化の予防 〜想像力と相談する力の育み〜

　子育て不安の要因には，つながりの希薄化と，想像力の欠如が見受けられる。子育て不安が"漠然とした恐れ"を抱えることであるならば，まず「情報とのつながり」が必要であろう。若年層への性教育，妊娠中に準備すべきこと，出産後の生活，虐待と呼ばれる状況，サービス資源など，それぞれ具体的にどのようなものがあるのか。事前に現実を知ることで，"具体的な恐れ"が生まれるかもしれないが，代わりにこれから起こり得る状況を想像し，適切な予防や準備で備えることが可能となる。

　そして情報とつながるためには，家族，友人，地域コミュニティの人々，専

門家など,「人とのつながり」の機会が必要である。時に人とのつながりそのものがストレスになる場合もあるが,生きたコミュニケーションからは多くのものを得ることができる。場の雰囲気を共有し,相手の表情や行われている内容を,五感を駆使して感じ取ることにより,インターネット閲覧ではわからない豊かな情報を得られるだろう。そのようにして培った経験は,「相談できる力」と「相手の立場に想いを馳せる想像力」を育む。お互いを尊重し合えるコミュニケーション力が,子育て不安を軽減させる一助となるであろう。

しかし筆者の子育て支援の現場経験においては,社会資源につながってほしいと感じる人ほど,つながる意欲をもち合わせていなかった。資源や制度がいくら用意されていても,適切なタイミングで信頼できる人からの後押しがないと結びつくことは難しい。つながるチャンスを見逃さないためには,日ごろから専門機関,非専門家を含む地域のネットワーク構築に励み,「地域のつながり」により,親子を孤立化させないよう見守り寄り添い続けることが大切である。

 討論のテーマと視点

① あなたは子育てに不安を抱えているだろうか。具体的に共有してみよう。
② 結婚して,あなた,またはパートナーが妊娠したら,働き続けたい(続けてほしい)と思うだろうか。あるいは子どもが大きくなるまでは専業主婦(夫)でいることが望ましいのか。他に望ましい形があるだろうか。考えてみよう。
③ あなたがこれまで生きてきたライフステージやライフコースを具体的に振り返り整理することを通して,あなたの人生を設計してみよう。

基本文献の紹介

田中理絵編『現代の家庭教育』放送大学教育振興会,2018
大日向雅美,佐藤達哉編『子育て不安・子育て支援』現代のエスプリ,342,至文堂,1996

■引用文献
1) 落合恵美子『21世紀家族へ－家族の戦後体制の見かた・超えかた〈有斐閣選書〉（第3版）』有斐閣，2004，p.188
2) 吉田弘道「育児不安研究の現状と課題」専修人間科学論集 心理学篇，2（1），2012，pp.1-8
3) 牧野カツコ「乳幼児をもつ母親の生活と〈育児不安〉」家庭教育研究所紀要，3，1982，pp.34-56
4) 牧野カツコ『新社会学事典』森清美他編，有斐閣，1993，p.36
5) 住田正樹，中田周作「父親の育児態度と母親の育児不安」九州大学大学院教育学研究紀要，2，1999，pp.19-38

■参考文献
遠藤和佳子編『はじめての子ども家庭福祉』ミネルヴァ書房，2017
伊藤良高，永野典詞他編『新版子ども家庭福祉のフロンティア』晃洋書房，2015
加藤邦子，牧野カツコ他編『子どもと地域と社会をつなぐ 家庭支援論』福村出版，2015
北川清一，稲垣美加子監修『シリーズ・社会福祉への視座第3巻 子ども家庭福祉への招待』ミネルヴァ書房，2018
こども家庭庁「児童館について」，2024
　　https://www.cfa.go.jp/policies/kosodateshien/jidoukan/about/
厚生労働省「人口減少社会に関する意識調査」，2015
厚生労働省「令和3年度出生に関する統計の概況」，2021
厚生労働省「令和3年度全国ひとり親世帯等調査の結果報告」，2022
厚生労働省「平成20年人口動態統計月報年計（概数）の概況」，2009
厚生労働省「令和5年（2023）人口動態統計（確定数）の概況」，2024
松本園子，堀口美智子，森和子『児童福祉を学ぶ－子どもと家庭に対する支援－』ななみ書房，2009
内閣府 「平成26年度『結婚・家族形成に関する意識調査』報告書」，2015
内閣府『男女共同参画白書』，平成30年版，2018，令和6年版，2024
野々山久也編『シリーズ・現代社会と家族①家族福祉の視点－多様化するライフスタイルを生きる』ミネルヴァ書房，1992
大日向雅美編『こころの科学103（5）育児不安』日本評論社，2002，pp.9-77
大津泰子『児童家庭福祉 子どもと家庭を支援する［第3版］』ミネルヴァ書房，2018

コラム　0〜18歳まで，世代を超えて見守り続けてくれる親子の居場所「児童館」

　皆さんは，児童館で遊んだ経験があるだろうか。筆者は，子育て支援機関でソーシャルワーカーをしていた頃児童館には非常にお世話になった。児童館とは，児童福祉法第40条に規定する児童厚生施設のひとつで，2023（令和5）年10月1日時点で全国4,259か所に設置されている。18歳未満の子どもが「自由に」利用することができ，専門職員が遊びを通じて子どもたちの成長を見守っている。保護者からの子育て相談にも応じ，乳幼児の時期は親子で過ごせるひろばも開放している。近年では，広がり続ける子ども食堂との連携も行っている。

　このように多様な機能をもつものの，「小学生以降の子どもが遊ぶ居場所」というイメージが強いであろう児童館が，本章のテーマ「子育て不安」の解消にどのようにアプローチできるのか。長年，児童館や子育て相談機関において子育て支援や児童虐待に対応するいさおさん（現在，児童館長）は「やっぱり，0〜18歳まで子どもにとって継続した居場所となるのが児童館の特徴だよね」と語る。昔親子でひろばに来館していたお母さんから「中学生になり不登校になっちゃったんですよ」と相談を受けた際は，不登校の子どもが児童館で過ごしながら徐々に登校できるようになった事例をお伝えしながらお母さんの不安に寄り添い，その子も児童館なら来られるということで，居場所として過ごしてくれているという。子どもにとって，自らの意思で自由に行ける居場所である児童館だからこそ見えてくる子どもの自然な姿や強みを，親と共有する。親は，指導を受けるのとは異なる安心感に包まれるであろう。また，昔児童館に通っていた子どもが，親となり自分の子どもを連れてひろばに遊びに来てくれることも多いとのこと。世代を超えて子どもと親に安心できる居場所を提供し続ける児童館の機能が，現代の複合的な課題に立ち向かう子育て支援ネットワークにおいて貢献する力は大きく，これからも発展し続けることを期待したい。

　　　　　　　　　　　　　　　　　　　　　　　　　　　　　　（岡　桃子）

第Ⅱ部　子ども家庭福祉の現状と社会的課題

第4章　子ども虐待，ドメスティック・バイオレンス

1. 容認されてきた子ども虐待とドメスティック・バイオレンス

　もしあなたが，家の外で子どもや女性が見知らぬ他人から暴力を振るわれているのを目撃したら，どうするだろうか。「助けを呼ばなければ」「犯罪である」などと考え，場合によっては，警察に通報するのではないだろうか。
　一方，もし近所の家で「いつも，子どもの激しい泣き声がする」「激しい物音がする」「女性の悲鳴が聞こえる」といったことがあったとしたら，どうするだろうか。家の外での出来事とは異なり，いぶかしく思いつつも「人の家の中のことだから…」と，そのまま見過ごしてしまうのではないだろうか。「家の外での出来事」と同様に，家族や恋人など「私的領域における暴力」——子ども虐待（child abuse），ドメスティック・バイオレンス（domestic violence，以下，DV）など——も，被害者の生命を脅かし，心身を激しく傷つける重大な人権侵害である。しかしこれらは，「しつけ」「どこにでもある，たいしたことないもの」「我慢すべきもの」として容認され，長らく見過ごされてきた。本章では，子ども虐待，DVについて人権侵害という視点から理解を深め，その社会的課題について触れることとしたい。

(1) 子ども虐待の社会問題化

　子どもに対する虐待（遺棄，身体的折檻，厳しい労働，人身売買など）は，新しい現象ではなく，様々な時代，文化を通じて存在していた。例えばローマ法では，子どもは親の所有物（私的わが子観）とみなされ，親は子どもを売る

権利や殺す権利をもっていたという。19世紀以降，家庭内で虐待されている子どもに対する保護の必要性が認識されるようになり，徐々に国家によって取り組むべき対象とされ始めた。例えば，イギリスにおいては1889年に「子どもに対する残虐行為防止法」が成立し，親から子どもへの故意の虐待ないし育児放棄に対する罰則が定められた。さらに，20世紀には，子ども虐待が医療関係者によって注目されるようになった。1946年キャフィ（Caffey, J.）によって，1955年にはウーリー（Wooly, P.）が，子どもの外傷の多くが親の行為によって生じているという見解を論文として発表した。当初は，こうしたケースは例外的であると捉えられていたが，アメリカの小児科医ケンプ（Kempe, H.）は，1960年代の初めに，親によって外傷を負わされた子どもにみられる共通の特徴を「被殴打児症候群（battered child syndrome）」として報告した。ケンプの報告は医療，保健，福祉，司法などの分野に大きな影響を与え，子どもを保護するための法整備がすすめられた。

　ケンプによる「被殴打児症候群」は，身体的虐待（physical abuse）をさしていたが，その後，虐待の捉え方は拡大し，養育の拒否・放棄であるネグレクト（neglect），心理的虐待（emotional abuse），性的虐待（sexual abuse）も含むようになった。その結果，広い意味をもつ「子ども虐待（child abuse）」という用語が使用されるようになった。なお，諸外国では，「マルトリートメント（maltreatment）」という用語が一般化している。この語は，「不適切なかかわり」を意味しており，虐待者を「保護者」に限定せずに「大人」としている。例えば，学校・塾の教師，保育者，施設職員などによる体罰など，家庭外での不適切な行為も含めている。マルトリートメントは，子どものウェルビーイングの促進といった観点から，「虐待」より一層広い概念となっている。このように子どもに対する虐待は「発見」され，「名づけられ」，「社会問題」として対策が講じられるようになったのである。

(2) DVの社会問題化

　子ども虐待と同様に，DVも長らく「見えない問題」とされていた。しかし，いつの時代にも，世界の各地で「親密な関係にある（あった）男性から女性に対する暴力」は生じていた。例えば，イギリスではコモン・ロー（判例による

慣習法）において，夫は「自分の親指より太くないムチだったら妻を叩いてもよい」とする「親指の原則」が承認されていた。このように夫や恋人など親密な関係にある（あった）男性からの暴力は，女性であるが故に我慢すべき事柄とされたり，しつけ，女性に非があるとされたりしてきた。あるいは，よくある夫婦げんかとみなされ，「たいした事柄ではない」と軽視されてきた。その背景には，男性と女性で異なる，社会におけるダブルスタンダード（二重基準）なジェンダーに基づく規範の存在がある。そこでは，男性の暴力は「男らしさ」の表われと容認される一方で，女性は従順であることが求められているため，「夫の言いつけに従わないため，制裁されても仕方がない」などとされる。そして，私的領域における「女性に対する暴力」は当たり前の出来事，個人的な出来事とされ，社会的な対応が必要な問題として捉えられてこなかった。

　この問題を発見し，社会問題として顕在化させたのは，第二波フェミニズム思想の影響を受け，1970年代にアメリカに登場した「バタード・ウイメンズ・ムーブメント（battered women's movement，暴力をふるわれた女性たちの運動）」である。この運動にかかわった女性たち（夫や恋人から暴力を受けた女性，および支持者）は，社会における男女の不平等な力関係が私的領域での暴力を容認していることを明らかにし，「自らの経験と問題意識を反映する言葉として「ドメスティック・バイオレンス」という語を選らび，使用した[1]。こうしたフェミニスト・当事者たちによる運動や，国連による「女性に対する暴力撤廃」への取り組みの影響などを受け，DV は社会的な対応が必要な問題として認識され，各国で法制度が整備されていった。

　このように閉ざされた家庭内で生じる「見えない問題」であった子ども虐待や DV も，"発見"され"名づけられた"ことによって，「社会問題」であることが認識され，社会的対応がすすめられることとなった。

2. 子ども虐待・DV とは何か

(1) 子ども虐待の定義・影響

　子ども虐待とは，何をさすのだろうか。児童虐待の防止等に関する法律（児童虐待防止法）第2条では，保護者（親権を行う者，未成年後見人その他の者

で，子どもを現に監護する者）が，その監護する子ども（18歳に満たない者）に対して行う4つの行為類型を虐待と定義している（表4-1）。いずれの行為も，子どもの生命，心身を脅かすものであるが，これらは単独で生じるというより，身体的虐待と心理的虐待など重複して生じ，子どもに深刻な被害を与えている。

　虐待が子どもに与える影響は，虐待を受けていた期間や虐待の状態，子どもの年齢などによって様々であるが，表4-2のような共通した特徴が指摘されている。このように虐待は，身体面，心理面，知的面など多岐にわたって子どもに深刻な影響を与えている。そして，成長後にも当時の記憶がフラッシュバックしたり，自分が子どもを育てる際に「虐待をせずに子育てができるか」と不安になったり，成人後に加害者となるような「世代間連鎖」が生じる可能性も

表4-1　子ども虐待の類型

行為類型	定　義	具体的行為
身体的虐待	子どもの身体に外傷が生じ，または生じるおそれのある暴行を加えること	・打撲傷，あざ，たばこの火を押しつけるなどの外傷を生じるような行為 ・殴る，蹴る，たたく，激しく揺さぶる，食事を与えない，戸外に閉め出すなどの行為 ・意図的に子どもを病気にさせる　など
性的虐待	子どもにわいせつな行為をすること，または子どもにわいせつな行為をさせること	・子どもへの性交や，性的行為の強要 ・子どもの性器を触る，触らせるなどの性的行為 ・子どもに性器や性交を見せる ・子どもをポルノグラフィーの被写体などにする　など
ネグレクト	子どもの心身の正常な発達を妨げるような著しい減食または長時間の放置，保護者以外の同居人による身体的虐待または心理的虐待の放置，その他の保護者としての監護を著しく怠ること	・病気になっても病院に連れていかない，乳幼児を家に残したまま外出するなど，子どもへの健康，安全への配慮を怠っている ・学校等に登校させないなど，子どもに教育を保障する努力をしない ・子どもにとって必要な情緒的欲求に応えない ・食事を与えない，極端に不潔な環境の中で生活させるなど，食事，衣服，住居などが極端に不適切で，健康状態を損なうほどの無関心，怠慢　など
心理的虐待	子どもに対する著しい暴言または拒絶的な対応，子どもが同居する家庭における配偶者に対する暴力その他の子どもに著しい外傷を与える言動を行うこと	・言葉による脅かし，脅迫 ・子どもを無視したり，拒否的な態度を示す ・子どもの心を傷つけることを繰り返し言う ・他のきょうだいとは著しく差別的な扱いをする ・配偶者やその他の家族などに対する暴力や暴言　など

（厚生労働省『子ども虐待対応の手引き（平成25年8月改正版）』，pp.2-3より筆者作成）

表4-2 虐待による影響

1	身体的影響	・打撲，熱傷など外から見てわかる傷，骨折，頭蓋内出血など，外から見えない傷 ・栄養障害や体重増加不良，低身長 ・死に至ったり，重い障がいなど
2	知的発達面への影響	・安心できない環境のため，落ち着いて学習に向かうことができない，またネグレクト状態での養育のため，学校への登校がままならないことによる知的な発達が十分に得られない
3	心理的影響	①対人関係の障がい ②低い自己評価 ③行動コントロールの問題 　・保護者からの暴力を受けた子どもは，暴力で問題を解決することを学習し，学校や地域で粗暴な行動をとるようになることがある ④多動 　・刺激に対して過敏になり，落ち着きのない行動をとる ⑤心的外傷後ストレス障害 ⑥偽成熟性 　・大人の顔色をみながら生活することから，大人の欲求にしたがって先取りした行動をとる。精神的に不安定な保護者に代わって，大人として役割分担を果たし，ある面では大人びた行動をとる。思春期に問題を表出することもある ⑦精神的症状 　・反復性のトラウマにより，精神的に病的な症状を呈する。例えば，記憶障害や意識がもうろうとした状態，離人等

(厚生労働省『子ども虐待対応の手引き（平成25年8月改正版）』，pp.5-6より筆者作成)

ある。しかし，忘れてはならないのは，すべての子どもがそうした影響を受けるわけではない。誰かが，子どもに寄り添い，理解し，励まし続けることによって，「レジリエンス（resilience）」（人生における困難にうまく適応していく力）[3]の発達は促される。子どもは，そうした大人たち（保育者，教師，相談機関・施設職員など）のかかわりによって，たとえ逆境にあっても生き抜くことができる。虐待の影響は大きく，子どもを傷つけるものであるが，支援者は子どものもつ力を信じて，かかわりを続けなければならない。

(2) 子ども虐待はなぜ起きるのか

子ども虐待はなぜ起きるのだろうか。この問いに答えることは，非常に難しい。虐待が起きる理由はひとつではなく，保護者の様々なストレスや生活状況（経済的・精神的・身体的状況，社会的孤立，育児知識や技術の不足，生育過程における暴力被害経験など）の多岐にわたる要因が複合化して生じる。また，

その背景に，暴力による支配の肯定，私的わが子観などの価値観が内在していることも多い。『子ども虐待対応の手引き（平成 25 年 8 月改正版）』（厚生労働省雇用均等・児童家庭局総務課）では，4 つのリスク要因をあげている（表 4-3）。ただし，このような 1 ～ 4 のリスク要因がそろうと，必ず虐待が生じるということではない。これらをハイリスク要因として捉え，保護者に対しては妊娠期から支援を行い，子どもが生まれた後には，養育環境が整うよう家族

表 4-3　虐待に至るおそれのある要因・虐待のリスクとして留意すべき点

1．保護者側のリスク要因
・妊娠そのものを受容することが困難（望まない妊娠）
・若年の妊娠
・子どもへの愛着形成が十分に行われていない（妊娠中に早産等何らかの問題が発症したことで胎児への受容に影響がある。子どもの長期入院など）
・マタニティーブルーズや産後うつ病等精神的に不安な状況
・性格が攻撃的・衝動的，あるいはパーソナリティの障がい
・精神障がい，知的障がい，慢性疾患，アルコール依存，薬物依存等
・保護者の被虐待経験
・育児に対する不安（保護者が未熟等），育児の知識や技術の不足
・体罰容認などの暴力への親和性
・特異的な育児観，脅迫的な育児，子どもの発達を無視した過度な要求　　等
2．子ども側のリスク要因
・乳児期の子ども
・未熟児
・障がい児
・多胎児
・保護者にとって何らかの育てにくさをもっている子ども　　　　等
3．養育環境のリスク要因
・経済的に不安定な家庭
・親族や地域社会から孤独した家庭
・未婚を含むひとり親家庭
・内縁者や同居人がいる家庭
・子連れの再婚家庭
・転居を繰り返す家庭
・保護者の不安な就労や転職の繰り返し
・夫婦間不和，配偶者からの暴力（DV）等不安定な状況にある家庭　　　等
4．その他虐待のリスクが高いと想定される場合
・妊娠の届出が遅い，母子健康手帳未交付，妊婦健康診査未受診，乳幼児健康診査未受診
・飛び込み出産，医師や助産師の立ち会いがない自宅での分娩
・きょうだいへの虐待歴
・関係機関からの支援の拒否　　　　等

（厚生労働省『子ども虐待対応の手引き（平成 25 年 8 月改正版）』，p.29）

全体を支援していくことの必要性を理解することが大切といえよう。

(3) DVの定義・影響

　前述したように，そもそものDVの意味は，私的領域における男性から女性に対する暴力という，暴力の方向性を重視したものである。イスタンブール条約[*1]では，DVとは「加害者が被害者と住居を同じくしまたは同じくしていたか否かにかかわらず，家庭もしくは家族単位内でまたは従前のもしくは現在の配偶者もしくはパートナーの間で生ずる，身体的，性的，心理的または経済的暴力のあらゆる行為をいう」（第3条 b）と定義されている。そこでは被害者を女性に限定してはいないが，前文において「女性および女子がジェンダーに基づく暴力にさらされるおそれは男性よりも大きいことを認め，ドメスティック・バイオレンスが女性に不均衡に影響を及ぼしている」として，被害者の多くが女性であることを認めている。日本におけるDVに関する法律である「配偶者からの暴力の防止及び被害者の保護等に関する法律」（DV防止法）は，男女を問わず「配偶者間暴力」を対象としたが[*2]，前文において「配偶者からの暴力の被害者は，多くの場合女性であり，経済的自立が困難である女性に対して配偶者が暴力を加えることは，個人の尊厳を害し，男女平等の実現の妨げになっている」ことを指摘し，被害者の多くが女性であることを明記している。なお，2023（令和5）年に改正された同法では，保護命令（接近禁止命令）の対象者に「精神的暴力」が加えられた（2024（令和6）年施行）。これまで保護命令を申立てすることができる被害者には，①身体の暴力を受けた者，②生命もしくは身体に対して害を加える旨を告知しての脅迫を受けた者とされていた。改正法においては，③自由，名誉または財産に対する加害の告知による脅迫を受けた者が加えられ，精神的暴力に対する保護が拡大された[*3]。

　他方で，DVの被害者は，女性だけではない。同条約の前文では，子どもが

---

*1　イスタンブール条約：欧州評議会（Council of Europe）にて2011年5月11日採択，2014年8月1日発効。「女性に対する暴力およびドメスティック・バイオレンスの防止およびこれとの闘いに関する条約」（平野裕二仮訳），2011年。

*2　同法は，もともとは国際的な課題である「女性に対する暴力」撤廃をめざした法案であったが，罰則付きの「保護命令」が導入されたこともあり，成立の過程でジェンダー中立的な「配偶者間暴力」を対象とするものとなった。

家庭において暴力を目撃する場合も含め，DV被害者であることを認めている。児童虐待防止法の2004（平成16）年改正においても「子どもが同居する家庭における配偶者（内縁関係を含む）に対する暴力」（面前DV）を，心理的虐待と規定した（表4-1）。このように，DV家庭においては，子どももDVに巻き込まれている。実際，子どもも虐待されている確率が高いことが，多くの調査によって報告されている[4]。さらに，女性を虐待する男性は，子どもに性的虐待を行う確率が非常に高いことも明らかになっている[4]。

　次に，DVの類型について確認しておこう。イスタンブール条約では身体的暴力，心理的暴力，性的暴力，経済的暴力をあげているが，社会的暴力を加えて理解されることもある（表4-4）。「身体的暴力」は，みえやすい暴力であるが，生活の様々な側面において女性をおとしめ，自尊心を侵害するなど，支配・統制しようとするすべてが女性に対する人権侵害であり，暴力に他ならない。

　こうしたDVの本質を示しているのが，図4-1の「パワーとコントロール」の図である（ミネソタ州ドゥルース市のDV介入プロジェクト作成のものを改変）。この図は，車輪の内側にある「心理的暴力」や「経済的暴力」「性的暴力」「子

表4-4　DVの類型と内容

類　型	内　　　　容
身体的暴力	・殴る，蹴る，突き飛ばす，物を使っての暴力，包丁をつきつけるなど ・身体に危害を加えると脅かす行為も含む
心理的暴力	・無視，嫌がることをする，他人の前で恥をかかせる，暴言，威嚇，脅かしなど
性的暴力	・性的関係の強要，避妊に協力しない，望まない行為の強要など
経済的暴力	・収入をわざと入れない，働かせて賃金を取り上げるなど金銭の管理によって相手を経済的に支配する
社会的暴力	・仕事に就かせない，家族や友人に合わせない，手紙やメールを無断で見る ・社会から切り離し，孤立させる行為や行動を細かく報告させ，管理する行為など

（編集・発行東京都生活文化局女性青少年女性計画課『「女性に対する暴力」調査報告書』平成10年3月，p.75，春原由紀編著『子ども虐待としてのDV－母親と子どもへの心理臨床的援助のために』星和書店，2011，p.11 より作成）

＊3　保護命令とは，被害者からの申立てに基づき，裁判所が相手配偶者に対して，被害者の身辺へのつきまといや住居等の付近の徘徊等の一定の行為を禁止する命令を発令する制度である。改正DV防止法においては，保護命令制度の拡充や保護命令違反の厳罰化が規定された。

どもを利用した暴力」「強要, 脅迫, 威嚇」「男性の特権をふりかざす」「過小評価, 否認, 責任転嫁」「社会的隔離」が, 外輪部分＝「身体的暴力」を支え, 中央の車軸＝「パワーとコントロール」を回転させる動力となっていることを表している。身体的暴力とそれ以外の暴力は, 互いに関連し, 男性のパワーを強化する。この図は, 多様な暴力によって, 男性のパワー（力＝権力, 経済力等）が強化され, 女性へのコントロール（支配）が強化されていることを表現している。つまりDVは, 私的領域に

図4-1　パワーとコントロールの車輪
（「夫（恋人）からの暴力」調査研究会『ドメスティック・バイオレンス　夫・恋人からの暴力をなくすために』有斐閣, 1998, p.15）

おいて女性を支配・統制する手段であり, 男性の権力的地位を優位に位置づけるためのメカニズムであることを示している。

　DVはこのように女性の尊厳を侵害するものであり, 個人差はあるが, 一般的に①身体的影響, ②PTSD（心的外傷後ストレス障害）, ③うつ状態, ④解離, ⑤自己評価の低下, ⑥判断力・決断力の低下, ⑦社会的孤立のような影響が指摘される[5]。DVを受けた女性たちは深刻なダメージを受け, 例えば, うつ状態から無気力になり, 以前にはできていた仕事や外出ができなくなった結果, 失業し, 家計が苦しくなるなど複合的な生活困難が生じることもある。また, 加害者から避難し, 追跡から身を隠すためには, 仕事に従事していたとしても退職を余儀なくされる。そのことは, 経済的貧困をもたらし, 母子の場合, 「子どもの貧困」へとつながっていく。

　さらに, DVに巻き込まれている子どもたちは, 表4-5の1〜5のような, 様々な影響を受けることが多い。このようにDVは, 女性と子どもの両者に深刻な被害を与える重大な人権侵害である。

　DV被害は, 暴力から避難し, 加害者と離れることで解決すると思われがち

第4章　子ども虐待，ドメスティック・バイオレンス　　57

表4-5　DVの子どもへの影響

1 行動への影響
①暴力・攻撃性　　　　　　②落ち着きのなさ　　　　　　③解離
④身体化（不眠，頭痛，吐き気，下痢などを訴えるが，医学的に調べても原因が見つからない身体化症状）
⑤言葉による表現の問題（言葉による表現が苦手，声が非常に小さい，言葉の遅れなど）
⑥退行　　⑦非行　　⑧ひきこもり（抑うつ）　　⑨不登校
2 感情への影響
①自責感（DVが生じること，止められないことへの責任感）
②罪悪感（母を殴る父を好きだと感じていることによる母への罪悪感，父を憎いと思うことへの罪悪感など）
③無力感（DVを止められないこと，何もできなかったことへの無力感）
④不安感　　　　　　　　　⑤緊張感　　　　　　　　　　⑥孤立感
⑦自尊心の低下　　　　　　⑧怒り　　　　　　　　　　　⑨感情鈍麻
3 価値観（信念）への影響
①暴力の正当化　　　　　　②母親の自業自得　　　　　　③男性は女性よりも優れている
④愛情があるから支配する
4 認知的側面への影響
①学習の遅れ
5 暴力の世代間連鎖

（春原由紀編著『子ども虐待としてのDV—母親と子どもへの心理臨床的援助のために』星和書店, 2011, pp.35-65より筆者作成）

である。もちろん，それも大切なことであるが，前述したような被害者への影響は，加害者から離れた後にも続くことが多い。例えば，PTSDは，交通事故や地震災害などでも生じることがあるが，DVのように親密な相手から継続的に受けた被害は，症状が深刻なものであることが多い。こうしたDVの影響から脱するためには，メンタルケアや経済的支援など，生活再建に向けて継続的で切れ目のない支援を提供するとともに，被害者が試練の中を生き続けてきた「力」に着目し，その力を信じて，引き出していく「エンパワメント」が必要である。

3. 子ども虐待とDVの実情

（1）子ども虐待はどれくらい生じているのか

　子ども虐待は，家庭内で生じているため，実数を把握することは難しい。そ

のため，児童相談所相談件数や警察の保護件数など表面化したデータから，子ども虐待の現状をみることとしたい。図4-2にあるように児童相談所が対応した虐待相談件数は，年々増加しており，2022（令和4）年度では214,843件にも上り，過去最多となった。

さらに，同年度の児童相談所の虐待相談の内容別件数をみると，「心理的虐待」が最も多く59.6％を占め，次いで「身体的虐待」「ネグレクト」と続く[6]。心理的虐待が増加した背景には，面前DVについて警察からの通告が増加したことがある。

また図4-3にみられるように，2021（令和3）年の1年間に全国の警察が，緊急保護した子どもは4,882人，そのうち死亡した子ども数は，54人であった。こうした統計からも，子ども虐待が深刻な問題であることがうかがえる。

(2) DVはどれくらい生じているのか

DVについても，子ども虐待と同様に，実数を把握することは困難であるため，相談件数や一時保護数をみていくこととしたい。DV防止法に基づく相談機関である配偶者暴力相談支援センター（以下，DVセンター）における相談件数（図4-4）をみると，2002（平成14）年度ではおよそ3万6千件だったのに対し，2014（平成26）年度以降10万件を超え続けている。DVの相談機関は他にもあるため，上記の値は，DV件数の氷山の一角に過ぎないといえよう。

ところで，DVセンターを兼ねる女性相談支援センター（旧婦人相談所）の一時保護所に，子どもが保護されていることを知っているだろうか。女性相談支援センターは女性相談の中核的機関であるが，DVセンターを兼ねているため，DV被害女性の一時保護を行っている[*4]。2022（令和4）年度には，2,963人の女性と2,328人の同伴家族が保護された（厚生労働省女性支援室調べ）。同伴家族のうち，97.7％が18歳未満の児童であり，図4-5のように，55.8％が乳児・幼児，31.7％が小学生であった。このようにDV加害者から逃れるために，多くの子どもたちが，母親と一緒に家を出て身を隠している。一時保護中は，学齢児であっても「通学できない」「友だちと会うことができない」など，以前の生活を継続することができない。生活環境が激変し，母親と共に子どもにとっても大きなストレスの中での生活となる。さらに，女性相談支援センター

第4章　子ども虐待，ドメスティック・バイオレンス　　59

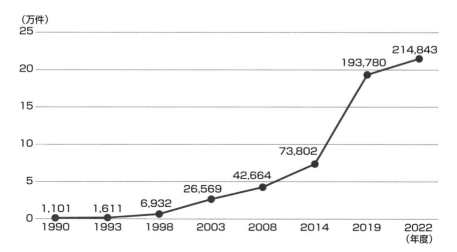

図4-2　児童相談所での児童虐待相談対応件数の推移
（こども家庭庁「令和4年度　児童相談所での児童虐待相談対応件数」, p.1）

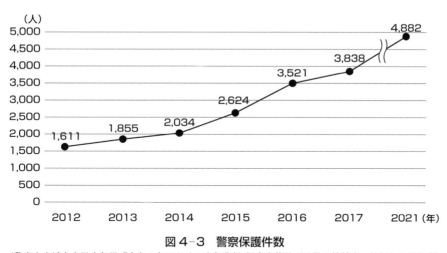

図4-3　警察保護件数
（警察庁生活安全局少年課「令和3年における少年非行,児童虐待及び子供の性被害の状況」より作成）

＊4　2022年度の婦人相談所（現・女性相談支援センター）一時保護では,「夫等からの暴力」被害者が1,997人で全体の67.4％を占めるが,「住居問題・帰住先なし」10.5％など，DV被害以外の課題を抱える女性も利用している（厚生労働省女性支援室調べ）。

60　第Ⅱ部　子ども家庭福祉の現状と社会的課題

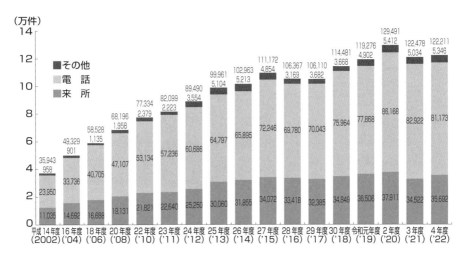

図4-4　配偶者暴力相談支援センターにおける相談件数
（資料出所：内閣府男女共同参画局）

の一時保護所は，保育士など子どもをケアする職員の配置は必置となっておらず，原則，子どものケアは母親に任されている。しかし，前述したように母親自身も心身に深刻なダメージを受けており，子どもをケアすることができないことも多い。子どものケアの充実が求められている。

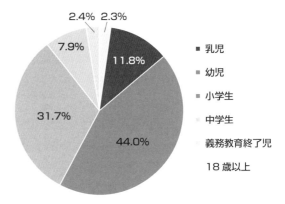

図4-5　婦人相談所一時保護同伴家族の状況
（2022年度）
（厚生労働省女性支援室調べ）

4.「見過ごされた被害者」から「支援対象者」へ

　すでに述べてきたように，子ども虐待もDVも，かつての「見えない問題」から「社会問題」として発見され，現在では支援体制が整いつつある。しかし，

子ども虐待とDVは，例えば児童福祉法とDV防止法，児童相談所とDVセンター，所管課はこども家庭庁（内閣府の外局）と内閣府本庁，厚生労働省など別々の体系において保護，支援が実施されており，その連携はなかなか図られていない。現行の制度においてDV被害者は「見過ごされた被害者」であり，DVセンターにおいても子どもは本来の支援対象ではなく，母親の同伴という「見過ごされた被害者」となることが多い。2019（平成31）年1月に千葉県野田市の小学4年生栗原心愛さんが，虐待によって死亡する事件が起きた。新聞報道によると，母親はDVを受けていることを，児童相談所に訴えていたが，DVセンターなど関係機関との連携は図られず，DV被害者としての支援を受けることがなかった[*5]。心愛さんの一時保護解除に際しても，DVがなくなったか確認していなかったという。こうした虐待事件を受けて，2019（令和元）年6月，児童虐待防止対策の強化に向けた児童福祉法，児童虐待防止法改正案が成立した。そこでは，DV対策との連携強化のため，DVセンターとの連携協力が盛り込まれている（児童虐待防止法第4条第1項）。子ども虐待とDV被害について，関係機関が緊密に連携し，母と子の両者を包括的に支援することが重要である。

　他方で，DVの目撃が子ども虐待であるという認識は，DV被害者である母親も虐待者であると認知されてしまうことがある。そうした見方は，暴力被害という過酷な生活の中を生き抜く母親たちを，さらに追い詰めるものである。確かに，DVを受けている母親の中には，加害者に心理的に支配され，加害者側に立つことによって身の安全をはかったり，DVによるストレスを子どもに向けたりすることがあり，母親から子どもを引き離すことが必要なケースもある。しかし支援者は，母親自身が過酷なDVにさらされている被害者であり，無力な状態に陥っていることを理解し，子どもと母親の双方に目を向けていくことが必要である。子ども家庭福祉とDV被害者支援といった縦割りの法制度の中で，それぞれが「見過ごされた被害者」となっている母親と子どもの両者を「支援対象者」としてみえる存在に位置づけ直し，DVセンターなどでも子どもが安全・安心できる環境を整えること，子どもをケアする体制整備を図っ

[*5] 「毎日新聞」2019年2月2日付記事より。

ていくことが重要である。

　さて、最初の問いに戻りたい。私たちは、家の外での暴力と同様に、家の中での暴力も、「許されないこと」との認識をもたなければならない。子ども虐待もDVも、発見した際の「通告義務」がある。児童福祉法第25条（要保護児童発見者の通告義務）では、保護者のいない児童または保護者に監護させることが不適当であると認める児童（要保護児童）を発見した者は、これを福祉事務所もしくは児童相談所または児童委員に通告しなければならないとされている。児童虐待防止法第6条（児童虐待に係る通告）にも、同様の義務が規定されている。このように虐待されている子どもを発見した場合の通告は、国民の義務となっている。さらにDV防止法第6条では、配偶者からの暴力を受けている者を発見した者は、DVセンターまたは警察官に通報するよう努めなければならないとされ、努力義務が課せられている。このように、法的には子ども虐待やDVの発見は、国民の義務とされている。それは、自分からは助けを求めることが難しい子ども虐待やDVの早期発見を目指すものであり、周囲が被害者の発するサインを受けとめ、支援につないでいくためのものである。こうした早期発見を可能にするためにも、いずれも家庭内（私的領域）における暴力による支配・統制であり、重大な人権侵害であることを、私たち一人一人が理解することが必要である。

第4章 子ども虐待，ドメスティック・バイオレンス

 討論のテーマと視点

　子ども虐待の支援機関（例えば児童相談所）と，DV 被害者に対する支援機関（例えば DV センター）の連携が必要な理由を考えてみよう。さらに，連携を図るための方策を，支援者のあり方，法律・制度といった視点から考えてみよう。

基本文献の紹介

「夫（恋人）からの暴力」調査研究会編著『ドメスティック・バイオレンス　夫・恋人からの暴力をなくすために』有斐閣，1998
戒能民江『ドメスティック・バイオレンス』不磨書房，2002
髙橋重宏，庄司順一編著『子ども虐待』中央法規出版，2002
西澤哲『子どもの虐待－子どもと家族への治療的アプローチ』誠信書房，1994
西澤哲『子どものトラウマ』講談社現代新書，1997
ブライアン・コービー著，萩原重夫訳『子ども虐待の歴史と理論』明石書店，2002

■引用文献

1) 吉浜美恵子 「アメリカにおけるドメスティック・バイオレンスへの取り組み── The Battered Women's Movement」『民間シェルター調査報告書Ⅱ　アメリカ調査編』横浜市女性協会，1995，p.55
2) 春原由紀編著『子ども虐待としての DV ──母親と子どもへの心理臨床的援助のために』星和書店，2011，p.4
3) 尾崎礼子著『改訂新版　DV 被害者支援ハンドブック〜サバイバーとともに〜』朱鷺書房，2015，p.64
4) ランディ・バンクロフト著，髙橋睦子他監訳『DV・虐待加害者の実態を知る──あなた自身の人生を取り戻すためのガイド』明石書店，2008，pp.287-288
5) 春原由紀編著『子ども虐待としての DV ──母親と子どもへの心理臨床的援助のために』星和書店，2011，pp.25-30
6) こども家庭庁 「令和4年度　児童相談所の児童虐待相談対応件数」p.3

コラム　特定妊婦とその支援

「孤立出産」や「妊娠葛藤」といった言葉に表されるように，様々な困難な問題や，予期しない妊娠によって危機的状況に陥る妊婦がいます。そうした女性たちは，性被害による妊娠，夫や恋人からの暴力，経済的困窮，虐待，家族不和，居所がないなど，多様で，複合的な困難を抱え，妊娠期に必要な支援が受けられていません。

近年，児童虐待の死亡事例の背景要因として妊娠期の問題が大きいことなどが指摘されるなど，妊娠期からの支援の必要性が明らかとなっていきました（厚生労働省『子ども虐待対応の手引き 平成25年8月改正版』）。それらを踏まえ，2009（平成21）年の児童福祉法改正では，「出産後の養育について出産前において支援を行うことが特に必要と認められる妊婦」を「特定妊婦」として規定しています（第6条の3第5項）。例えば，『子ども虐待対応の手引き』では特定妊婦を，支援者がいない妊婦，出産の準備をしていない妊婦，望まない妊娠をした妊婦，若年妊婦，こころの問題がある妊婦，経済的に困窮している妊婦など，と整理しています。つまり妊娠中から適切な支援を提供することが必要な妊婦といえます。

しかし，支援を必要とする妊婦を受け入れる公的な機関が日本にはほとんどなく，支援は主に民間支援団体によって担われてきました。そうした中で，特定妊婦や，特定妊婦が出産した場合，出産後においても引き続き支援を行うことが特に必要とされる産婦などを対象として，2017（平成29）年にはモデル事業として「産前・産後母子支援事業」が実施されました。2022（令和2）年の児童福祉法改正においては同事業を廃止し，新たに「妊産婦等生活援助事業」が創設されました。主な支援内容は，①支援計画の策定，②相談支援，③生活支援，④休日・夜間相談対応，⑤心理療法連携支援，⑥法律相談連携支援などです。

こうした制度の周知・活用とともに，困難を抱えた妊産婦をとりこぼすことなく，妊娠期から産後まで，切れ目のない支援が求められています。　　　　　（堀千鶴子）

第Ⅱ部　子ども家庭福祉の現状と社会的課題

第5章　子どもの貧困

　筆者は1980～90年代に子ども時代を過ごした。「貧困」という言葉が日本社会から忘れられていた時代だった。しかし，学校の教室には，明らかに古びた洋服を着ている子ども，文房具や学用品（特に体育・音楽・図工など）が揃えられない子ども，電話が家にないため学級連絡網で電話番号が空欄の子，「貧乏」と言われていじめられている子どもなどがいた。「子どもの貧困」は昔からあった。経済的な問題から進学がかなわない子ども，非行にはしる子どもも大勢いたにもかかわらず，つい最近まで貧困は「見えない」ものだった。

　1990年代後半から完全失業率や非正規雇用率が上昇し，派遣社員，フリーター，ニート，ワーキングプアなどが目に見えるかたちで増加した。また，生活保護を利用する人も増加し続けた。2006（平成18）年には「格差社会」が流行語大賞トップテンに入るまで事態は悪化し，2009（平成21）年にようやく日本で初めてOECD（経済協力開発機構）の基準による「相対的貧困率」が政府によって算出・公表された。さらに，「子どもの貧困率」も同時に公表され，その数値は14.2％（2006年），15.7％（2009年），16.3％（2012年），13.9％（2015年），14.0％（2018年），11.5％（2021年）と推移しており，「9人に1人の子どもが貧困」（2021年）が現状である（表5-1）。

　2013（平成25）年には「子どもの貧困対策の推進に関する法律」ができ（2024（令和6）年「こどもの貧困の解消に向けた対策の推進に関する法律」に改正・改称），各自治体で子どもの貧困に関する調査が行われ，対策がすすめられている。そして，人々の意識も変わり，「子ども食堂」なども増えてきた。本章では，「子どもの貧困」とはどのようなものなのか，対応する制度はどのようなものがあるのか，みていきたい。

1. 子どもの貧困率

　日本の相対的貧困率は，厚生労働省が実施している「国民生活基礎調査」の結果を基に算出されている。「2022（令和4）年国民生活基礎調査の概況」で公表された最新の値は，全年齢層の「相対的貧困率」が15.4％，「子どもの貧困率」（17歳以下）が11.5％であった。表5-1からわかるように，1991（平成3）年以降の30年間，貧困率は上昇傾向にあるといえる。ここでの「貧困」は「等価可処分所得の中央値の半分」である貧困線を下回る状態のことをさし，2021（令和3）年の貧困線は1人世帯で年収127万円，2人世帯で180万円，3人世帯で220万円，4人世帯で254万円などとなっている。この額に満たない収入で生活している子どもたちが11.5％，つまり約9人に1人にのぼり，人数にして約210万人となる[*1]。

　同表から，「子どもがいる現役世帯」（世帯主が18歳以上65歳未満で子ども

表5-1　貧困率の年次推移

年	1991	1994	1997	2000	2003	2006	2009	2012	2015	2018	2021
相対的貧困率	13.5	13.8	14.6	15.3	14.9	15.7	16.0	16.1	15.7	15.7	15.4
子どもの貧困率	12.8	12.2	13.4	14.4	13.7	14.2	15.7	16.3	13.9	14.0	11.5
子どもがいる現役世帯	11.6	11.3	12.2	13.0	12.5	12.2	14.6	15.1	12.9	13.1	10.6
大人が1人の世帯	50.1	53.5	63.1	58.2	58.7	54.3	50.8	54.6	50.8	48.3	44.5
大人が2人の世帯	10.7	10.2	10.8	11.5	10.5	10.2	12.7	12.4	10.7	11.2	8.6

（厚生労働省「2022（令和4）年国民生活基礎調査の概況」より筆者作成）

[*1]　「令和2年国勢調査」によると，2020（令和2）年の18歳未満人口は1,826万2,458人であり，この11.5％が約210万人となる。

表5-2　平均年間収入状況

	収入	2010年	2015年	2020年
母子世帯	自身	223万円	243万円	272万円
	世帯	291万円	348万円	373万円
父子世帯	自身	380万円	398万円	518万円
	世帯	455万円	573万円	606万円
児童のいる世帯	世帯	658.1万円	707.8万円	813.5万円

注：「自身の収入」とは，母子世帯の母自身または父子世帯の父自身の収入である。
注：「世帯の収入」とは，同居親族の収入を含めた世帯全員の収入である。
(「令和3年度全国ひとり親世帯等調査結果の概要」，「2021（令和3）年国民生活基礎調査の概況」より筆者作成)

表5-3　ひとり親世帯が抱える悩み等

① ひとり親世帯の親が抱える子どもについての悩みの内訳（最もあてはまるもの）
(%)

悩み	総数
しつけ	20.6
教育・進学	50.6
就職	9.8
非行・交友関係	0.0
健康	1.7
食事・栄養	0.0
衣服・身のまわり	0.0
結婚問題	2.0
障害	9.8
その他	5.4

② ひとり親本人が困っていることの内訳（最も困っていること）
(%)

困っていること	母子世帯	父子世帯
住居	9.4	4.7
仕事	14.2	11.4
家計	49.0	38.2
家事	3.0	14.1
自分の健康	10.7	11.8
親族の健康・介護	6.7	10.9
その他	6.8	8.9

③ 相談相手の有無
(%)

相談相手	あり	なし
母子世帯	78.1	21.9
父子世帯	54.8	45.2

(厚生労働省「令和3年度全国ひとり親世帯等調査結果の概要」より筆者作成)

がいる世帯）の貧困率についてみると，「大人が1人」の貧困率の高さが際立っており，ひとり親世帯の厳しい生活状況がうかがえる。

　ひとり親世帯の収入について，表5-2からも確認しておこう。「令和3年度

全国ひとり親世帯等調査結果の概要」におけるひとり親世帯の年間収入と，国民生活基礎調査における「児童のいる世帯」の年間収入である。母子・父子世帯ともに，2010（平成22）年から2020（令和2）年にかけて収入は増加してはいるが，「児童のいる世帯」とは大きな収入格差があり，ひとり親世帯の低所得は明らかで，特に母子世帯の状況は深刻である。表5－3は，ひとり親世帯が抱える悩み等を示している。様々な点で悩みや困り事があり，特に，母子世帯は収入面，父子世帯では家事や孤立（相談相手がいない）という点での困難があることがわかる。

　貧困率はここ数年，減少傾向にあり，それは賃金の上昇を反映してのことだと思われるが，それ以上に物価が高騰しており，厳しい生活状況は依然として続いている。そもそも最新の子どもの貧困率11.5％，ひとり親世帯の子どもの貧困率44.5％という値はけっして低いものではなく，楽観できる現実ではない。また，貧困率はあくまで収入の現状を示すひとつの目安であるため，数字には表れてこない実際の生活状況に目を凝らす必要がある。引き続き多方面からの実態把握と支援が求められている。

2．「子どもの貧困」とは何か

（1）絶対的貧困と相対的貧困

　そもそも「貧困」とは何だろうか。長年にわたる議論があり，様々な考え方があるが，まずは「絶対的貧困」と「相対的貧困」という区分をおさえておこう。

　「絶対的貧困」とは，身体的（生物学的）な生存に必要な最低限の食料，衣服，住居などがまかなえない状況をいい，時代や社会の違いに左右されない絶対的な基準から定義される。「見える貧困」，「極貧」，「古典的貧困」などと呼ばれることもあり，現代においては主に開発途上国の貧困が説明される際に用いられることが多い。

　一方，先進国を中心に「相対的貧困」という概念からの理解が広がっている。P.タウンゼントは，「個人，家族，諸集団は，その所属する社会で慣習になっている，あるいは少なくとも広く奨励または是認されている種類の食事をとったり，社会的諸活動に参加したり，あるいは生活の必要諸条件や快適さをもっ

第 5 章　子どもの貧困　　69

たりするために必要な生活資源を欠いている時，全人口のうちでは貧困の状態にあるとされる」[1]としている。つまり，その社会における大多数の世帯（個人）との比較のもとで決定される「標準的」「平均的」な生活を営めないほどの生活資源の不足のことを「貧困」と定義した。

　人々にとってわかりやすいのは，目でみてわかる「絶対的貧困」である。実際，ホームレス状態にある人や満足な食事ができない子どもなどは今でも存在している。食料がないなど「生きるか死ぬか」の状況にある人を救うことに反対する人は少ない。

　一方，「相対的貧困」は判断しづらい。日本で暮らす大多数の人の衣食住は最低限確保されているようにみえるからである。しかし，貯蓄や旅行，外食，塾や習い事，部活，大学・専門学校への進学などが困難なのが相対的貧困であり，決して珍しいことではない。こうした貧困に対応するのが現代の課題であるといえよう。

　次項で確認するが，いずれにせよ，貧困の中心にあるのは「生活資源の不足」であり，現代の日本においては主に「お金がない」という経済的困難に着目することが重要となる。貧困概念は多様な側面をもつが，その核にあるのは「お金」の問題である。貧困を「お金」の問題に集約させ，数字として可視化させたのが先に確認した「相対的貧困率」である。

(2) 子どもの貧困とは

　「子どもの貧困」について，筆者は以前，次のように定義した。

　「『子どもの貧困』とは，子どもが経済的困窮の状態におかれ，発達の諸段階におけるさまざまな機会が奪われた結果，人生全体に影響をもたらすほどの深刻な不利を負ってしまうことです。

　人間形成の重要な時期である子ども期の貧困は，成長・発達に大きな影響を及ぼし，進学や就職における選択肢を狭め，自ら望む人生を選び取ることができなくなる『ライフチャンスの制約』をもたらすおそれがあります。『子どもの貧困』は，子どもの『いま』と同時に，将来をも脅かします。

　これは，個々の親や家庭だけでは解決が難しい重大な社会問題です。」[2]

　この定義をイメージ図にしたものが，図 5-1 である。中心にあるのは，「お

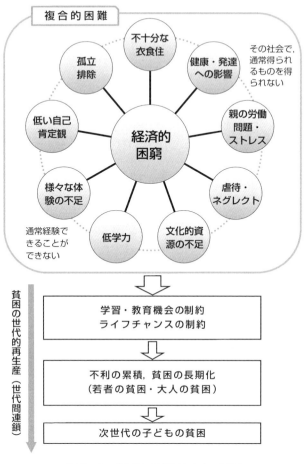

図5-1 子どもの貧困イメージ図

金がない」という経済的困窮の問題である。これが経済的な次元を超えて、様々な不利をもたらすことになる。基本的な生活基盤である衣食住をまかなうことから、いのち・健康を守るための医療、余暇活動・遊び、日常的な養育・学習環境、学校教育などの様々な局面において、家族の経済状況が大きく関係してくる。これらの不利は、連鎖・複合化し、子どもの能力の伸長を阻み、低い自己評価をもたらし、人や社会との関係性を断ち切るおそれがある。多くの調査研究は、人間形成の重要な時期である子ども期を貧困のもとで過ごすことで、

発育や健康面における問題，様々な活動を経験する機会の制約，進学や就職の選択肢の喪失といった大きな影響が生じるおそれを示している。

　例えば，家庭の社会経済的背景と子どもの生活習慣や学力との関係を検討すると親の学歴や所得が低い家庭の子どもほど，学力テストの点数が低かったり学歴が低かったりという傾向がみられる。また，子どもへの虐待についても，貧困との関連が注目されている。虐待が起こった家族の状況を調べてみると，「経済的困難」「不安定就労」「孤立」といった困難を抱える家族が多く該当していることがわかっている[3]。そして，こうした貧困の影響は就学前の早期の段階から存在することも指摘されている。

　貧困がもたらす不利は年齢とともに蓄積されていき，子どもの様々な可能性と選択肢を制約する。貧困にある子どもは，大学進学や正社員としての就職などの道が閉ざされることが多く，その結果，不安定な労働・生活に陥り，大人になってからも継続して貧困の中に置かれる可能性がある。

　子ども期の貧困は，現在の状況に影響を与えるのみならず，長期にわたり固定化し，次世代へと引き継がれる可能性（貧困の世代的再生産）を含んでいる。

3.「子どもの貧困」に関する政策・制度

(1) こどもの貧困の解消に向けた対策の推進に関する法律

　2013（平成25）年，国会に議員立法として「子どもの貧困対策の推進に関する法律」が，与野党それぞれから提出され，同年6月に成立，翌年1月に施行された。法律の名称に「貧困」の言葉が入った日本で初の法律であった。2024（令和6）年6月（9月施行）には「こどもの貧困の解消に向けた対策の推進に関する法律」と名称が改められ，改正された。以下に第1条と第3条を示す。

（目的）
第1条　この法律は，貧困により，こどもが適切な養育及び教育並びに医療を受けられないこと，こどもが多様な体験の機会を得られないことその他のこどもがその権利利益を害され及び社会から孤立することのないようにするため，日本国憲法第25条その他の基本的人権に関する規定，児童の権利

に関する条約及びこども基本法の精神にのっとり，こどもの貧困の解消に向けた対策に関し，基本理念を定め，国等の責務を明らかにし，及びこどもの貧困の解消に向けた対策の基本となる事項を定めることにより，こどもの貧困の解消に向けた対策を総合的に推進することを目的とする。

（基本理念）
第3条　こどもの貧困の解消に向けた対策は，社会のあらゆる分野において，こどもの年齢及び発達の程度に応じて，その意見が尊重され，その最善の利益が優先して考慮され，こどもが心身ともに健やかに育成されることを旨として，推進されなければならない。
2　こどもの貧困の解消に向けた対策は，貧困により，こどもがその権利利益を害され及び社会から孤立することが深刻な問題であることを踏まえ，こどもの現在の貧困を解消するとともにこどもの将来の貧困を防ぐことを旨として，推進されなければならない。
3　こどもの貧困の解消に向けた対策は，教育の支援，生活の安定に資するための支援，保護者に対する職業生活の安定と向上に資するための就労の支援，経済的支援等の施策を，貧困により，こどもがその権利利益を害され及び社会から孤立することのない社会を実現することを旨として，こども及びその家族の生活及び取り巻く環境の状況に応じて包括的かつ早期に講ずることにより，推進されなければならない。
4　こどもの貧困の解消に向けた対策は，貧困の状況にある者の妊娠から出産まで及びそのこどもがおとなになるまでの過程の各段階における支援が切れ目なく行われるよう，推進されなければならない。
5　こどもの貧困の解消に向けた対策は，こどもの貧困がその家族の責任に係る問題としてのみ捉えられるべきものではなく，その背景に様々な社会的な要因があることを踏まえ，こどもの貧困に関する国民の理解を深めることを通じて，社会的な取組として推進されなければならない。
6　こどもの貧困の解消に向けた対策は，国及び地方公共団体の関係機関相互の密接な連携の下に，関連分野における総合的な取組として行われなければならない。

2024年の改正のポイントは次の通りである。まず，法律名に「こどもの貧困の解消」が明記されることとなった。これまでの目的は，あくまで「対策の

推進」であったが，そこから「貧困の解消」へと舵を切ったことは大きな変化である。また貧困について，「こどもが適切な養育及び教育並びに医療を受けられないこと，こどもが多様な体験の機会を得られないことその他のこどもがその権利利益を害され及び社会から孤立すること」（第1条）と，より具体的な記述になった。第3条「基本理念」においては，「2　こどもの現在の貧困を解消しつつ将来のこどもの将来の貧困を防ぐこと」と「4　妊娠から出産まで，おとなになるまでの支援が切れ目なく行われるよう」が新設され，「5　こどもの貧困が家族の責任に係る問題としてのみ捉えられるべきものではなく，その背景に様々な社会的な要因があることを踏まえ，国民の理解を深めることを通じて，社会的な取組として推進され」は大幅に加筆された。貧困が，いわゆる「家族責任」の問題ではないことを明確に述べることとなった。

　こうした目的・基本理念に基づいて，第4条・第5条で国・地方公共団体は，「こどもの貧困の解消に向けた対策」を実施する責務を有することになり，第9条には，子どもの貧困の解消に向けた対策の推進のために，「こどもの貧困の解消に向けた対策に関する大綱」（以下「大綱」とする）を定めなければならないと記載された。この大綱に具体的な施策・事項が示されて，実際に対策が行われることとなる。さらに第10条で，都道府県は，大綱を勘案して，都道府県計画を定めるよう努めるとされ，市町村においても大綱ならびに都道府県計画を勘案して市町村計画を定める努力義務が規定されている。

　2025（令和7）年1月現在まだ大綱は策定されていないが，実際の支援策はこの大綱に記載されることになるので，法律の名称や条文が変わったように，大綱もバージョンアップすることが重要である。求められるのは，実際に貧困を解消するような経済的支援の充実（児童扶養手当の支給額の増額など）である。実施されるかどうか，注目していく必要がある。

(2) 経済的困窮に対応する制度

　「子どもの貧困」に関連する制度について確認しておこう。

1) 生活保護

　日本国憲法第25条「すべて国民は，健康で文化的な最低限度の生活を営む権利を有する。第2項　国は，すべての生活部面について，社会福祉，社会保

障及び公衆衛生の向上及び増進に努めなければならない」を具現化するものとして，生活保護がある。「貧困」という問題を解決するにあたって，最も重要な役割を果たすべき制度である。

生活保護は，生活扶助，教育扶助，住宅扶助，医療扶助，介護扶助，出産扶助，生業扶助，葬祭扶助の8種類の扶助に分かれており，「健康で文化的な最低限度の生活」を営む水準の給付がなされることになっている。特に，子どもに関係のある扶助として教育扶助があげられるが，これは義務教育に必要な費用を支給するものであって，高校等就学費については生業扶助から支給されることに注意が必要である。

年齢階級別の被保護人員がわかる「令和5年度被保護者調査」によると，0～19歳の被保護人員は16万5,008人にのぼる。また，教育扶助の受給者数は，確定値が定まった2022（令和4）年度の1か月平均としては8万8,161人である（「令和4年度被保護者調査月次調査（確定値）結果の概要」）。

先述したように，子ども（0～17歳）の貧困は2020（令和2）年で約210万人該当している。生活保護は，貧困に該当する子どもの10分の1にも満たない利用しかないことになる。生活保護には「スティグマ」があり，「受けることが恥ずかしい」「なるべく受けたくない」と思わせる効果をもっている。必要とするすべての人が利用しやすい制度にすることが必要だろう。

2）児童扶養手当

児童扶養手当は，「父又は母と生計を同じくしていない児童が育成される家庭の生活の安定と自立の促進に寄与するため，当該児童について児童扶養手当を支給し，もつて児童の福祉の増進を図ることを目的とする」ものである（児童扶養手当法第1条）。母子世帯への経済給付制度として長らく運営されてきたが，2010（平成22）年8月から父子世帯も支給対象となった。

支給額は世帯の所得に応じて増減し，子どもが1人の場合，1か月当たり，全部支給で45,500円，一部支給だと45,490円～10,740円となる（2024年4月現在）。所得限度額は，全部支給は年収190万円，一部支給は年収385万円（いずれも収入ベース）となっている。子ども2人目以降の加算額は，子どもが1人増えるごとに全部支給で10,750円，一部支給で10,740円～5,380円となっている。

表5-4 児童手当の概要　2024（令和6）年10月現在

支給対象	児童を養育している方（18歳の誕生日後最初の3月31日まで）
所得制限	2024年10月分より撤廃
手当月額	○3歳未満　15,000円（第3子以降30,000円） ○3歳～高校生年代まで 　・15,000円（第3子以降：30,000円）

（こども家庭庁資料より）

3）児童手当

児童手当は，「家庭等における生活の安定に寄与する」こと，そして「次代の社会を担う児童の健やかな成長に資すること」（児童手当法第1条）を目的に，中学生までの子どもを養育する家庭等に支給される金銭給付である。

日本における児童手当は，1971（昭和46）年に3人目の子ども（就学前）を対象にした多子世帯への支援を目的とした制度としてつくられた。その後，支給対象は拡大していき，2004（平成16）年からは小学校3年生まで，2006（平成18）年からは小学校6年生まで，そして2010（平成22）年からは中学校修了まで支給されることとなった。なお，2010年に児童手当は「子ども手当」に代わることになったが，その2年後には子ども手当は廃止され，児童手当に戻った。現在の児童手当の概要は，表5-4の通りである。

4）就学援助

就学援助は，義務教育における学校教育に係る費用（学用品費や給食費など）を補助する制度で，2023（令和5）年度は121万8,340人（13.66％）の小中学生が利用している（文部科学省初等中等教育局修学支援プロジェクトチーム「就学援助実施状況等調査結果」令和7年1月）。

就学援助制度は，日本国憲法第26条「すべて国民は，法律の定めるところにより，その能力に応じて，ひとしく教育を受ける権利を有する」「義務教育は，これを無償とする」，教育基本法第4条（教育の機会均等）「国及び地方公共団体は，能力があるにもかかわらず，経済的理由によって就学困難なものに対して，奨学の方法を講じなければならない」，学校教育法第19条「経済的理由によって，就学困難と認められる学齢児童又は学齢生徒の保護者に対しては，市町村は，必要な援助を与えなければならない」，というこれらの規定を根拠に

もつ，子どもの教育を受ける権利を保障する制度である。

　就学援助の対象として，生活保護世帯の子ども「要保護児童」と，それに準ずる程度に困窮している世帯の子ども「準要保護児童」の2種別がある。要保護児童の認定，つまり生活保護の認定を行うのは福祉事務所であるが，準要保護児童の認定を行うのは，教育委員会である。準要保護としての認定基準・条件は，市町村によって様々であり，市民税が非課税となっていること，児童扶養手当を利用していること，雇用保険の失業手当を受けていること，生活保護基準の1.1倍〜1.3倍程度を基準とし世帯収入がそれを下回っていることなど，複数の基準が提示され，いずれかに該当すると認定とされることが多い。

　就学援助は市町村によって実施されている制度であり，統一した実施方法が定められているわけではなく，制度の周知方法も市町村によって異なる。就学援助制度に関する周知状況としては，「毎年度の進級時に学校で就学援助制度の書類を配付している市町村の割合」は83.7％，そして「入学時に学校で就学援助制度の書類を配付している市町村の割合」も52.2％（2024（令和6）年度）に過ぎないため（「就学援助実施状況等調査結果」），周知を徹底し，必要なすべての子どもが就学援助を利用できるようになることが求められている。

4.「子どもの貧困」のこれから

　近年，「子どもの貧困」は多くの人に認識されるほどの社会問題となった。その結果，広がりをみせているのが「子ども食堂」である。子どもを中心とする地域の人に無料または安価に食事等を提供する取り組みのことで，2023（令和5）年には全国で少なくとも9,132か所あることがわかっている（NPO法人全国こども食堂支援センター・むすびえ調べ）。全国各地で，誰に言われるでもなく，一般市民が"自分たちに何かできることをやりたい"という思いで動いており，公立中学校数とほぼ並ぶ数にまで増加した。子どもの分野でこうした動きが起こることは非常に珍しい。それほど「子どもの貧困」が深刻化しているといえるかもしれない。

　「子どもの貧困」が重大な問題となった一因は日本の脆弱な社会保障制度

にあり，「子どもの貧困対策」という観点からは，子ども食堂だけでは不十分である。

子育て・教育に関する，家族の身体的・精神的・経済的・時間的な負担が非常に大きい「家族依存」の構造をもつこの国では，貧困から抜け出すのは容易なことではない。早急に求められるべきは，子育て家族が安心して子育てできるような経済的安定を保障する制度の構築である。

本章で述べてきたように，貧困とは「経済的困窮」の問題であり，「貧困対策」というからには，何よりも公的な責任によって所得保障が手厚くなされなければならない。子育て・教育にかかる費用を軽減させ，子どもの福祉が家族の経済状況に左右されないような社会をつくることが重要である。

 討論のテーマと視点

① 2013（平成25）年に日本初の「貧困対策」の法律である「子どもの貧困対策の推進に関する法律（子どもの貧困対策推進法）」が成立した。なぜ「貧困対策の〜法律」ではなく，「子どもの貧困対策の〜法律」と，対象を「子ども」に絞った法律ができたのだろうか。

② 子ども家庭福祉の現場において，「子どもの貧困」はどのように現れているだろうか。また，支援者はどのような支援が可能だろうか。

③ あなたが暮らす自治体ではどのような「子どもの貧困対策計画」が定められているか，また，子どもの貧困対策と関連してどのような調査が行われているか，調べてみよう。

> **基本文献の紹介**
>
> 松本伊智朗編著『子どもと家族の貧困―学際的調査から見えてきたこと』法律文化社，2022
> 小西祐馬・川田学編著『シリーズ・子どもの貧困② 遊び・育ち・経験―子どもの世界を守る』明石書店，2019
> 浅井春夫，松本伊智朗，湯澤直美編著『子どもの貧困―子ども時代のしあわせ平等のために―』明石書店，2008

■引用文献

1) ピーター・タウンゼント「相対的収奪としての貧困-生活資源と生活様式-」D. ウェッダーバーン編著, 高山武志訳『イギリスにおける貧困の論理』光生館, 1977
2) 松本伊智朗ほか編著『子どもの貧困ハンドブック』かもがわ出版, 2016, p.12
3) 松本伊智朗編著『子ども虐待と家族-「重なり合う不利」と社会的支援-』明石書店, 2013

■参考文献

阿部彩『子どもの貧困』岩波書店, 2008
阿部彩『子どもの貧困Ⅱ』岩波書店, 2014
松岡亮二『教育格差――階層・地域・学歴』筑摩書房, 2019

コラム　子ども食堂にできないこと・できること

　筆者は「ながさき子ども食堂ネットワーク」の一員として，長崎県の子ども食堂を支える取り組み（いわゆる「中間支援」）にかかわっている。2024（令和6）年11月の時点で，県内約60の子ども食堂がこのネットワークに参加しており，それぞれが思い思いの理念・実施形態で活動しているのを傍で見てきた。

　子ども食堂の広がりのきっかけとして，子どもの貧困問題の深刻化があるのは間違いない。貧困のもとで育ち，食事さえも満足に取れない子どもがいることに心を痛めた人たちが，自分の暮らす地域において次々と自主的に立ち上げていった。しかし，基本ボランティアで運営されている大半の子ども食堂はそう頻繁に開催できるものではなく，多くが月に1〜2回の開催だ。貧困にある子どもの毎日の食生活を保障するまでには至らない。当然ながら地域的にもムラがあり，すべてをカバーしきれているわけではない。子ども食堂だけでは，子どもの空腹も満たせず，そして子どもの貧困も解消できない。

　では何ができているのか。さまざまあると思うが，ここでひとつあげるとすれば，「つながりの提供」だろうか。子ども食堂は，人と人とのつながり（子ども同士，親同士，その他多様な人同士の）はもちろん，公的支援制度や行政とのつながり，新しい知識・価値観や将来の夢へのつながりなどが生まれる場になっている。具体的な制度としては，「支援対象児童等見守り強化事業」（こども家庭庁）のように，子ども食堂と自治体とが連携して子どもを支援する取り組みも生まれている。

　上記の「つながり」と並行して，子ども食堂は「体験」「出会い」「思い出」をも提供していると言ったら言い過ぎだろうか。かたちにならない，数値化もできない，しかし子ども時代に決定的に必要な何か（貧困状態ではなかなか得られない何か）がもたらされる場，子ども食堂とはそんな場所かもしれない。　　　　　（小西祐馬）

第Ⅱ部 子ども家庭福祉の現状と社会的課題

第6章 子どもの非行

1.「少年非行」の理解

(1) 少年非行は「凶悪化」「低年齢化」したのか

　近年,「非行」の凶悪化,低年齢化がマスコミ等によっていわれている。しかし,実際は,図6-1のように減少傾向にある。ではなぜ,そのような現象が起きているのであろうか。ひとつは「子どもが大人と同じような犯罪をする」

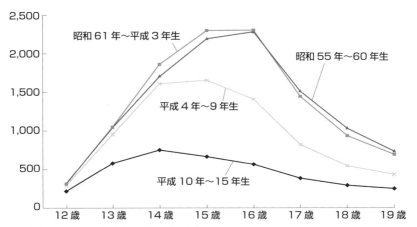

注1　警察庁の統計及び総務省統計局の人口資料による。
注2　犯罪時の年齢による。ただし,検挙時に20歳以上であった者を除く。
注3　「非行少年率」は,各世代について,当時における各年齢の者10万人当たりの刑法犯検挙(補導)人員をいう。

図6-1　少年による刑法犯非行少年率の推移
(法務省「令和5年版　犯罪白書～非行少年と生育環境～」第3編第1章)

と記されている。つまり，このことに対し，昔も今も脅威に感じるからであろう。"まさか子どもがそんな犯罪をしてしまうとは"と，マスコミは低年齢化と結びつけて，あたかもそのような犯罪が増えているかのように書き立てている。

では，「少年非行」をどのように理解したらよいのだろう。少年非行といっても様々である。万引きから強盗，殺人にまで至る。そして，その要因が家庭環境にあることは明らかである。さらに，重篤な虐待環境やネグレクト状態に置かれてきた子どもたちと少年非行の因果関係も明らかにされてきた。

(2) 少年非行の歴史的推移

かつて，山口は非行の背景にあることとして「今日子どもたちの生活破壊が深刻に進行し，とりわけ国家がその諸条件保障に責任を負うべき子どもたちの教育に関して，就学猶予・免除の問題，教育費父母負担の激増，生徒の半数以上がついていけない授業など，いわば国民の大多数が教育において切り捨てられている状態が指摘されて久しい」[1]と述べている。

そこで，わが国の少年非行を第二次世界大戦以降，概観しながらみていくことにしたい。生島[2]によれば，統計的にもわが国の少年非行は戦後，5つのピークの波があって推移している（図6-2，ただし1966（昭和41）年以降）。犯罪や非行は，ある意味でその国の時代を反映した「社会のひずみ」とも捉えることができるという。

第一のピーク（1945～1959（昭和20～34）年）は，戦後の混乱期と復興期にあたり，多くの戦争孤児といわれる子どもたちが街にあふれていた。食べるものにも困る状況下で万引きや窃盗が横行していた。

第二のピーク（1960～1975（昭和35～50）年）は，高度成長期に入り，東海道新幹線開通，東京オリンピックの開催を背景に，安易に金品を獲得するような，中高校生の非行が多くなっていった。さらに，学生運動が社会の価値観を大きく揺るがす一方で，既存の権威に反抗する殺人，強盗などの凶悪事件も起きていった。

第三のピーク（1976～1989（昭和51～平成元）年）は，物を盗ることをゲーム化するかのような「遊び型非行」といわれる現象が特徴で，さらに，校内暴力が頻発する。後期には，不登校からいじめ問題が顕在化していった。

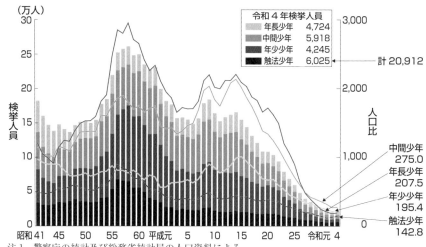

注1 警察庁の統計及び総務省統計局の人口資料による。
2 犯行時の年齢による。ただし，検挙時に20歳以上であった者を除く。
3 検挙人員中の「触法少年」は，補導人員である。
4 「人口比」は，各年齢層の少年10万人当たりの刑法犯検挙（補導）人員である。なお，触法少年の人口比算出に用いた人口は，10歳以上14歳未満の人口である。

図6-2 少年による刑法犯検挙人数・人口比の推移（年齢層別）
（法務省「令和5年版犯罪白書〜非行少年と生育環境〜」第3編第1章）

　第四のピーク（1990〜1999（平成2〜11）年）は，まさにバブル経済の終わりとともに，完全失業率の増加，就職難など深刻な不況に見舞われた。その影響もあり，子育て不安から「少子高齢化社会」が到来する。
　第五のピーク（2000（平成12）年〜現在）は，第四期に類似する凶悪事件が連続して起きた。「佐賀バスジャック刺殺事件」「愛知豊川主婦殺害事件」「岡山母親バット撲殺事件」などであるが，これらの事件の特徴は，過去に非行少年としての補導歴や非行歴が認められないということである。そして，続いて起きてしまった「長崎中学1年幼児殺害事件」と「佐世保小学6年同級生殺害事件」がある。現代の子どもたちは，小さいときからゲーム機で遊ぶことが当たり前の時代である。さらに，スマートフォンを使ってSNSへと突き進む。実際にインターネットを介した少年犯罪も起きており，「インターネットを通じて殺人をしたくなった」という書き込み状況さえ生じている。2004（平成16）年には，小学6年の女児がホームページをつくって，お互いに書き込みを

していた。一番仲良しと思われた2人だったが，お互いをライバル視するようになり，一方の女児を切りつけ，殺害する事件へと発展した。

　この事件が大きく影響し，「少年非行」の「低年齢化」「凶悪化」現象が起きていると，マスコミも大きく報道をしたのだろう。

　その一方でIT（情報技術）革命による，パソコンの普及とインターネット情報社会が急速に「子ども社会」を根底から変えていき，さらに「ネット犯罪」という新たな時代を迎えている。ネット集団自殺や出会い系サイト，さらに，闇サイト，性的サイトなどバーチャルな世界と関連した犯罪の新たな諸相である。そして，陰湿な「いじめ」ではSNSを通して拡散される。近年，アルバイト先で，「悪ふざけ」として常軌を逸した動画を配信するような行動も，社会に与える影響を考えると「非行」として捉えていくべきなのであろうか。

　当初，携帯電話は個人通話機器として普及したが，その後，Eメールの普及はパソコンの精度が向上していくことと呼応して，簡単に文書を送る手段だけでなく，社会全体のコミュニケーションの方向性が大きく変わる転換期ともなったのではないだろうか。

　前述では，時代ごとの少年非行を歴史的推移から概観したが，日本の「少年非行」の大きな変化は，特に第三のピークから始まったと考えられる。校内暴力が全国各地で起こっていた頃，「番長」という存在が「洋ラン，短ラン」など独特な学生服を象徴として，「不良グループ」を形成していた。さらにその集団内で独自の継承システムを形成し，オートバイを改造して集団で走り回る「暴走族」行為が社会問題化していくが，その後道路交通法違反により取り締まりが強化されたことで，一斉検挙される。校内暴力が起き始めた頃，「先コウ（先生），ムカつく，だから殴る」など対教師暴力があった。しかし，マスコミはそれらを「番長」や「スケバン」などと象徴的に取り上げ，「美化」するようなテレビ番組等がブームとなる風潮が生まれていく。のちに，「暴走族」のような反社会的非行は沈静化される一方で，次第に少年の「衝動性」「攻撃性」が内在化されていくかのような現象が起きていく。それが「いじめ問題」である。少年たちの攻撃性の方向が，大人に向かうのではなく，弱い子ども集団の中に，より弱い人間を見つけ出し，陰湿な集団暴力へと変容していく。そして，まさに「山形マット死事件」に象徴されるような「いじめ自殺」が起きてしま

う。
　では，このような非行現象の背景にある親子関係や家族関係はどのようなものであったのかを考えていきたい。
　これはあくまで仮説だが，その当時，高度経済成長期の中「働きバチ」（現在は「ワーカホリック」という言葉が存在）といわれたように，父親は仕事最優先，子育てや家事は母親が行う「家族役割分業化」が固定化されていた。それは，家庭内で，子育てに対しての父親の「父性モデル」が形成できていなかった時代であったともいえるのではないだろうか。そして，その象徴として，ずっと不登校だった子どもが思春期になり，突然，親を攻撃対象として暴力を振るう「家庭内暴力」のような事件へとつながっていったのではないだろうか。
　かつて筆者が児童相談所に勤務していたとき，大人社会に冷めたかのように，非行を繰り返す少年たちと出会うことがあった。問題行動を理由に児童相談所や家庭裁判所，警察に呼び出すと「すみません」「もうしません」と表面的には反省するが，何度も軽微な非行を繰り返す子どもたちが増えたのだ。「非行のゲーム化」といわれた時代である。
　第五のピークのところでも論じた「攻撃性の内在化」は，バーチャル世界を介して，まさに「ネット犯罪」や「ネットいじめ」として拡散されていく。さらに，知的にも学歴的にも優れている子どもたちによる，とんでもない犯罪事件も起きてしまう。それは「よい子の暴走」とでも言い換えることができるかのような犯罪である。
　そして，新たな転換期の予兆ともいうべき「川崎中学1年男子殺害事件」が起こってしまう。近年，若者たちはSNSで仲間がつながっていると思っている。実際，そのツールが相手に誤解を生じさせ，それ自体が新たな敵意を芽生えさせてしまうことがある。その結果，最悪な事件へと発展させてしまったケースもある。そこにも，子どもたちの抱える深刻な背景が存在している。

2.「少年非行」の定義と法律

(1)「少年非行」の定義

　「少年非行」自体の定義は一定したものではなく，実は時代の変化に大きく

影響されながら生じている。しかしあえて「『少年非行』は単に社会現象としてそこに存在しているのではない。『少年非行』と定義された行為に対して，特定の社会的対応がとられるところに本質がある」[3]と定義できるのではないだろうか。

　少年非行は成人とは異なる法律によって社会的に規定されている。その背景には，少年の「可塑性」という考え方がある。少年自体，未熟な存在であり，環境によって大人より影響を強く受けやすい。劣悪な環境に当初から置かれた少年たちには，自身にだけその責を負わせることはできない。そこで，早い段階で更生をさせ社会復帰できる道をつくっておく必要がある。少年には柔軟性があり，きちんと方向性を示すことで，大人よりも更生する回復力があるという考え方である。そのためには，大人とは異なる制度や法律が必要であるという理念からできた法律が「少年法」である。

　例えば，少年法第1条「この法律は少年の健全な育成を期し，非行のある少年に対して性格の矯正及び環境の調整に関する保護処分を行うとともに，少年の刑事事件について特別の措置を講ずることを目的とする」と記されている。「健全な育成」とは，少年法制定当初，アメリカの少年裁判所の影響下で「国親思想(くにおやしそう)」に基づき，「非行少年は保護に欠けた少年であり，これらの少年に対して，親に代わって国が保護を与えるべきという思想のこと」[4]である。さらに「少年が非行を克服し成長発達を遂げる」[4]ことができるという「可塑性」にも少年法は期待をしている。

(2)「虐待」と「非行」の関係性とは

　虐待と非行の関係について，実際に調査・研究は多くはない。しかし，児童自立支援施設入所児童や少年院入所児童の多くが，重篤な虐待を受けてきたという調査がなされた。いくつかの調査結果を次に示した。

■「児童自立支援施設入所児童の被虐待経験に関する研究」
　　国立武蔵野学院　2000年
　　　児童自立支援施設入所児童の48.7％に被虐待経験あり。

■「児童虐待に関する研究」　法務総合研究所　2001年
　　少年院に入院中の男子2,034名，女子219名中，男子49.6％，女子57.1％に被虐待

体験あり。

■「青少年の暴力観と非行に関する研究調査」　総務庁青少年対策本部　2000年
「小さいときに親から暴力を振るわれた」に「そうだ」「だいたいそうだ」と回答しているのは，一般の男子中学生（998名）が17.4％，一般の男子高校生が（1,091名）が22.7％であるのに対し，少年鑑別所在所中の少年では39.0％。

それでは「虐待」と「非行」の相関だけでなく，「虐待」から「非行」への移行プロセスを橋本の理論を引用して考えてみたい。

「虐待を受けてきた子どもは，回避的行動として家出を選びやすく，家出に伴い，しばしば万引きや金品持ち出しといった盗みもすることがある」，「問題行動の常習化は盗むことへの抵抗感をしだいになくし，不良仲間との交流によって今まで知らなかった遊びを急速に取り入れ…」[5]と説明している。もちろん，重篤な虐待だけでなくネグレクトの状況に置かれている場合も含まれる。

さらに，表6-1のように「虐待回避型非行」から他の非行へ移行して行く場合もある。

表6-1　4つの非行タイプとその内容

虐待回避型非行	家出や金品持ち出しなど問題行動，万引きやひったくりなどの財産犯，無免許運転や暴走行為などの交通犯罪を中心とする非行タイプ
暴力粗暴型非行	器物破損，暴力行為，傷害，恐喝などの暴力を伴う粗暴な犯罪を中心とする非行タイプ
薬物依存型非行	覚醒剤，シンナー，マリファナなどの薬物を使用するなどの薬物への依存を中心とする非行タイプ
性的逸脱型非行	援助交際や売春などの性的逸脱や性的犯罪を中心とする非行タイプ

（橋本和明『虐待と非行臨床』創元社，2004，p.81）

（3）発達障がいと非行

近年，「学習障害」「注意欠陥・多動性障害」「広汎性発達障害」といった診断名がよく聞かれるようになった。また，これらについて専門書以外にも多くの書籍が出版されている。さらに，発達障がいと非行の相関に関しても研究が行われてきている。そこで，少年非行と発達障がいの関連性についても言及しておきたい。

例えば，前述で示した愛知県豊川市の事件や長崎幼児殺害事件の犯人は，広

汎性発達障害やアスペルガー症候群だった。マスコミは発達障がいと非行，犯罪を結びつけて報道したが，当時は発達障がいに対する理解も研究も十分にされておらず，「発達障がいを有する子どもは犯罪を起こす傾向がある」などと根拠なき言説が流布されていた。その後，発達障がいに関する研究がすすみ，発達障がいを有する子どもたちの困難さがわかってきた。非行少年の臨床に多くかかわってきた藤川は，発達障がいを有する子どもたちにとって3つの特徴があるという。「他者との交流がスムーズにいかないという『社会性の障害』」，さらに，「言葉を発してもそれが伝達の道具になってないという『コミュニケーションの障害』，見たことのないものを思い浮かべることができない，こだわりがあるという『想像力の障害』」[6]である。したがって，本人が意図的にそのような行動をとっていなくても，そこにかかわる他者は，異なった理解を示しトラブルが生じやすくなってしまったり，子どもたちを使って大人が犯罪を起こさせることも想定できる。

事例6-1

　A子（8歳）女児。母親からの訴えで「冷蔵庫の物を勝手に食べてしまう」「家のお金を持ち出す」「友だちの文房具などを盗む」などがあった。

　行動観察を目的に，A子は児童相談所に一時保護された。医学診断の結果，「反抗挑戦性障害　Oppositional defiant disorder（ODD）」の疑いがあると所見が出た。家庭状況を調査すると，A子が小学1年のときに父方祖父母と同居が決まり，2年生に進級したときに，二世代住宅にて同居を始めた。しかし，母親は父方祖母との折り合いが悪く，精神科を受診をしている。

　母親はA子のことを，「施設にでも入れてほしい」と訴えてきた。その結果，A子に対して「行動観察」による一時保護を行い，児童相談所としては，通所による心理療法とカウンセリングの実施を決定。実際は年齢が低いため，プレイセラピーを実施した。

　結局，A子と母親は関係修復に至らず，児童養護施設に措置となった。

本ケースに限らないが，「行為障害と呼ばれる違法行為や虞犯的な問題行動は単純に行為障害と診断される子どもにだけ生じるわけではなく，さまざまな精神疾患の過程で出現するものである」[7]として，いくつかの精神疾患を提示している。そこで，行為障害に親和性をもつ精神疾患として，「注意欠陥・多

動性障害（ADHD）」と「反抗挑戦性障害（ODD）」をあげている。そして，ADHDの症状は不注意，多動性，衝動性優勢型の三症状に分類できるとし，そのうち「多動性と衝動性が著しい混同型や多動性－衝動型優勢型の重症ケースでは短気で乱暴な衝動行為を他者に向けるという事態が少なからず生じるであろう」[7]と齊藤は指摘している。しかし，そのレベルでは「『好ましくない行動』であることを冷静になれば認めることができ，けっして他者を意図的に傷つけようとしているわけではない」[7]と述べている。

　ところが，そこにODDが加わると状況が変わる。つまり「意図的な乱暴や挑発の心性」が優勢になるという。その状態はすでに非行の領域でもある。そこで，最も大切なこととして「ODDに至って初めてADHDの子どもは意図的な攻撃行動を，最も振り向いて欲しい大人や自己評価に最も関係のある大人に向ける。反抗対象の大人に対して怒りとともに依存願望ないし甘えと呼べる感情を向けているのは明らかである」[7]（下線は筆者）と齊藤は指摘する。

　ADHDの症状を呈する児童が，ODDに至る経過の中で，「最も振り向いて欲しい大人」や「自己評価に最も関係のある大人」とは，自分の親であると想像できる。したがって「虐待」「ネグレクト」の状況に置かれた結果として，「非行」に至るケースも多いと考えられる。齊藤が指摘しているように，援助者は子どもの攻撃行動だけを捉えて判断するのではなく，その行動に至る経緯や背景に，できる限り思いを馳せる姿勢が必要であろう。

(4) 親の離婚・再婚と非行

　親の離婚・再婚が子どもの非行に及ぼす影響も少なからずある。日本も戦後，離婚率に大きな変化がみられるようになってきた。児童相談所相談要因においても「養育相談」として「父，または母等保護者の家出，失踪，死亡，離婚，入院，稼働及び服役等による養育困難児，棄児，迷子，虐待を受けた子ども，親権を喪失した親の子，後見人を持たぬ児童等環境的問題を有する子ども」[8]とある。「環境的問題」の中に離婚，再婚が含まれる。それと同時に「離婚と再婚が増加するにつれて，人間関係が複雑化し，新しい家族における適応という課題に直面する子どもたちも増加し，そのことは子どもにとってストレスになり，非行のリスク要因の一つとなることが考えられる」[9]のである。

日本でも近年，調査や研究が行われてきているが，「ステップファミリー」（第3章参照）の問題が「非行」の要因とも考えられる。子どもたちにとって「離婚」だけでなく「再婚」も大きな影響がある。

> **事例6-2**
> B子は2歳の頃，両親の離婚騒動で母方の実家（祖母宅，フィリピン）にあずけられた。その後，母親は離婚し再婚。母親は再婚相手との間に男児を出産。母親と継父が話し合い，養子縁組として本児を引き取ることになった。B子は4歳の頃に引き取られ日本に戻されたが，母親と継父の夫婦関係が破たんして，母親は家を出てしまった。B子は小学2年生の頃から，家出，徘徊，万引きを繰り返していた。まだ低学年であったことから，児童養護施設に措置されたが，施設でも万引きが収まらず，児童自立支援施設に措置変更となった。

根本的に離婚・再婚は親の問題である。子どもの意見や思いは十分にくみ取られないまま，不安定な状況が繰り返され，自分自身の居場所が定まらず，結果として非行にはしってしまうがこともある。

(5) 雇用と非行

近年，フリーターやニートといわれる就労することのない若者が増えている。集団に帰属せずに生活をしていることが，現代の若者のライフスタイルのようにも感じる。一方で，労働環境や条件の悪化により働き続けることが困難であることも少なくない。このような若者が増えていく中，正規雇用ではないことのデメリットも存在する。例えば，「雇用」は生活の「安定」だけでなく「社会性」が身につき人格形成が図られる。確かに集団に所属することは，人間関係のストレスも多くあるが，自己の成長，形成には重要な役割を果たすとともに，集団への所属感が，人間のアイデンティティー形成には不可欠ともいえる。また，「不安定」な要因が青少年に悪影響を与えることも想像できる。解雇や離職をきっかけに，非行や犯罪にはしってしまうことも起こり得るであろう。

(6) 子どもの貧困と非行

2015（平成27）年2月20日，午後6時過ぎ，神奈川県川崎市の多摩川河川

敷に一人の少年の遺体が上がった。冬の寒さが厳しい頃，衣服も身に着けていない状態で発見された。「川崎中学 1 年男子殺害事件」である。少年は，家庭の事情で一度，島根県の西ノ島に行くが，再び母と川崎に戻っていた。少年が住んでいた地域は京浜工業地帯で，中小企業で働く労働者も多い。労働条件も厳しく，低賃金で働く人たちが多くいる川崎の街で，被害少年と母親は暮らし始めた。加害者である少年たちは，中学を卒業後，高校進学したものの長続きせずに中退してしまったり，フリーターで生計を立てていた。しかし，彼らは「中学時代から学校に居場所はなく仲間もいなかった。勉強に集中する環境もなく，成績もよくなかった。お金がないため，遠足や修学旅行に参加できず，部活も入れなかったかもしれない。いつのまにか学校の仲間と離れて，街で出会うようになり，盗みや，暴力行為で何度か補導され，少年と出会ったころには保護観察を受け，保護司の指導も受けていた。どこかで働きたいと思っても，その方法も機会もないまま，大人や社会の不満を内に秘めながら，将来の見通しもなく不安の中で生きてきた若者たち」[10]なのである。

　この事件は決して特別な事件ではなく，「子どもの貧困」を背景とする象徴的な事件であるといえるのではないだろうか。

　このような時代に関して加藤は「日常生活を営むために親は働き続けるが，子どもたちとゆっくりと接する時間はない。生活に必要な家具や光熱費にも事欠くなかで，十分な食事もとれず，洗濯や家の片付けをすることもできず，気軽に相談できる知人や友人，親族もなくなっていく孤立感。子どもたちも学校でも，地域でも友だちを失っていく。子どもたち自身も孤立し，ひとりぼっちになり，ようやく出会った仲間とも，互いに傷つけ合う関係を生んでしまう」[10]と，この事件を通して，今の子どもたちが置かれた状況を表している。

3.「非行少年」の自立のために

(1) 少年非行と児童自立支援施設

　児童自立支援施設は，日本の児童福祉施設の中でも，最も古い歴史をもつ施設でもある。その源流は 1883（明治 16）年，大阪につくられた私設感化院といわれている。さらに 1900（明治 33）年には，感化法が制定された（p.24 参照）。

その理念は「罰することではなく教育（感化）すること」である。そして，多くの「非行少年」といわれる子どもたちは，家庭養育を受けてきていないことから「夫婦小舎」制度で営まれてきた。寮長，寮母と呼ばれる職員夫婦が，子どもたちと寝食を共にしながら家庭的な雰囲気の中で，生活をすることが基本であった。施設名称も感化院から，少年教護院（1933（昭和8）年），教護院（1947（昭和22）年），そして1997（平成9）年に現在の名称に変更された。

　児童福祉法の位置づけとして，児童自立支援施設は，第44条「児童自立支援施設は，不良行為をなし，又はなすおそれのある児童及び家庭環境その他の環境上の理由により生活指導等を要する児童を入所させ，又は保護者の下から通わせて，個々の児童の状況に応じて必要な指導を行い，その自立を支援し，あわせて退所した者について相談その他の援助を行うことを目的とする施設とする」とされている。

　児童福祉法の対象児童以外に，少年法の非行少年を含め家庭裁判所の審判によって児童自立支援施設に送致される場合もある。児童自立支援施設の支援内容は，①生活指導（暮らしの教育），②学科教育（学ぶ教育），③作業・職業指導（働く教育）の3本柱がある。生活指導は，先述したように，虐待もしくはネグレクトの状態に置かれていた子どもたちに基本的生活習慣を身につけ，生活を通して基本的人間関係を習得し直すことにある。また，学科指導では，基本的学習能力の習得を目標に読み書き計算，学校教育の導入によって学習権の保障がなされてきている。そして，大きな特徴として，院内学級として分校・分教室制度を維持してきている。作業・職業指導では，畑で作物を作るなどの体験を通して働くことの意義を学んでいる。さらに学業だけでなくクラブ活動にも力をいれている。特に野球は，全国大会も行われて，子どもたちのチームワーク形成を図ってきている。近年は，従来の夫婦小舎制から交代制に移行する施設が多くなっている。

　さらに，少年院法改正により，かつては義務教育年齢（概ね15歳）まで児童福祉法内の施設として児童自立支援施設は，大きな役割を果たしてきたが，年齢下限撤廃により，概ね12歳でも少年院送致が行えるようになった。

　そして，前述したように，昭和50年代半ばから徐々に刑法犯は増加していった。「ピークにあたる1983（昭和58）年の交通関係業過を除く少年刑法犯罪検

挙人員の罪名別構成比は，窃盗77.2％，横領7.5％，傷害4.4％の順になっており，窃盗と横領だけで84.7％を占める。さらに窃盗のうち，万引き，自転車盗，オートバイ盗だけで70％を超えること，横領のほとんどが占有離脱物横領で，しかもその大部分が放置自転車の乗り逃げであること」[11]からみて，第3波の形成にこれらの非行が大きくかかわっているものと推測されるが，最近においても変化がみられない。万引き，自転車盗，オートバイ盗，占有離脱物横領は，単純な動機から安易に行われることが多いが，警察ではこれらを「初発型非行」と呼んでいる。この状況から察すると橋本が「虐待回避型非行」に分類している内容と重なるところがある（表6-1参照）。すべてではないが，家庭環境との関連で，ネグレクトもしくは放任家庭である可能性が高い。非行が「凶悪化」しないためにも，この段階で有効な施策を立てる必要があろう。正に児童養護施設との違いを明確にするために児童福祉法第44条「保護者の下から通わせて，個々の児童の状況に応じて必要な指導を行い，その自立を支援し，あわせて退所した者について相談その他の援助を行うことを目的とする施設」となるための非行再発予防実践が求められている。

(2) 非行と家族システム

"子どもが非行にはしったのは，親や家庭が悪いからだ"という視点から因果関係を成立させて，親にのみ非を追及してはならない。家族がバラバラの中でさみしい思いをしながら力を発揮できないのは，子どもだけではなく，親もまたそうなのである。ここで注目すべきところは，非行現象ではなく家族の「バラバラさ」についてである。その「バラバラさ」の中身は，物理的なことだけではなく，父親の病気や，母親としてのさみしさがめぐったものであったりと，心理的なレベルも深くかかわっている。

そこで，家族全体をひとつの「システム（構造）」と捉えていくのが「家族システム」という考え方である。例えば，子どもの非行を家族（システム）内に生じているひとつの「症状」（警鐘）として考えていく。そのとき，その症状に対して，親やきょうだい（サブシステム）なども含め，その関係性を探り，その家族（システム）全体を修復し，症状を回復していくという考え方である。

（3）非行臨床と家族

　「非行少年」を理解するうえで，「非行臨床」という分野の存在を知っておく必要がある。生島は「対象少年の抱える『生活能力障害』と『対人関係障害』への働きかけに大別することができる」[12]としている。

　臨床心理学では，個人にかかわる問題に対し心理的な援助を行い，そこから「コミュニティ心理学」の考え方が広がりつつある。これは，個人における地域支援・社会支援の問題，さらには，地域・社会全体との関連問題を捉え直すものである。そして「非行臨床」は子どもだけでなく，保護者に対する教育心理の視点から相談援助を行っていく。生島がいう「生活能力障害」とは，子どもたちが将来社会生活を営むうえで自立していくにあたって身につけておくべき能力を習得できておらず，社会から逸脱してしまうことである。しかし，これは一方的に子どもに責めを負わせることはできない，家庭における養育やしつけの問題である。一方「対人的関係障害」とは，早い時期から不登校や引きこもり状態にあり，極めて狭い人間関係から抜け出すことができない。したがって，非行予防として「子育てに悩む保護者支援」や子どもの社会的能力を高める「ソーシャル・スキル・トレーニング」等を保護者とともに推進ししていくことが必要である。

4．「厳罰化」に抗するために

（1）少年法改正議論の中で

　国の法制審議会は，少年法を18歳未満に引き下げるべきかどうかを諮問し，裁判所，検察庁，弁護士，そして研究者などが検討を続けている。「凶悪な少年事件が増えている」という意見がある一方，統計からみれば「少年事件は10年前の3分の1に減っている」という意見もある。仮に，少年法が18歳未満に引き下げられた場合，18，19歳の処遇は「成人と同じ厳罰」にはならないという議論もある。刑法の適用では，軽微な事件が6割余りで，起訴猶予や不起訴になってしまい，裁判を受けずに手続きが終わることになる。しかし，現行少年法では，家庭裁判所の調査官や少年鑑別所が事件の原因や背景を詳しく調査し，大人なら起訴されない軽い事件でも，本人や家庭に問題があると判

断されれば，少年院などに送られる。最終的に不処分・不開始などの場合も，親への指導や学校との連携など，様々な教育的措置をとることができる。このように考えると，単に「少年本人に責任を科す」ことにはならないのではないか。さらに問題となるのが，少年法の「ぐ犯」をどのように位置づけるか，大人と同じ罰金刑が適用できるかなど，「少年法適用年齢引き下げ」議論は「成人年齢引き下げ」に伴い沸き起こってきたが，議論は尽くされていないと感じる。

　近年，青年期に差しかかる子どもたちに対して，「大人になりきれていない」「昔より子どもだ」という意見を多く聞く。1970（昭和45）年に同じ議論が起きた際，当時の法制審で諮問があり，東京家庭裁判所所長の宇田川潤四郎（当時）が裁判官たちとつくった引き下げ反対の決議文での「18, 19歳の少年といえば，まだ心身の発達の調和を遂げるに至らず，精神は多分に不安定であり，社会性は未熟であるのに，初めて社会に独り歩きを始めたところである」という言葉は，まさに現代社会にも当てはまるのではなかろうか。

　しかし，2022（令和4）年少年法が改正され，18歳，19歳は「特定少年」として，18歳以上の少年が凶悪事件を犯した場合，20歳以上の者と同じ扱いとなった。さらに，18歳以上の少年のときに犯した事件について起訴された場合，実名，写真等の報道解除がなされることとなった。

(2)「非行少年」と支援者がいかにかかわるか

　「少年非行」を考えていくにあたって，少年たちが非行にはしる要因として「孤立感」がある。児童養護施設を退所した子どもたちの声として，「話せる人が周りにいない」「家族とうまくやれない」「一人になってさびしい」などと訴えている。さらに現実的なこととして，アパートを借りるときや，引っ越したときに「保証人がいない」という問題がのしかかる。何とか施設から自立した子どもたちでも挫折してしまったり，非行や犯罪にはしってしまう危険性はつきまとう。児童養護施設など社会的養護施設出身者だけではなく，多くの少年たちも同じような「孤独感」を抱いているであろう。子どもたちに長く寄り添う様々な大人が必要になってきている。

討論のテーマと視点

「少年非行」について，下記の項目を考えてみよう。
① マスコミによる「凶悪化」「低年齢化」という指摘は，統計上と異なるのはなぜだろうか。
② 背景には自身の責任だけではなく，他にどのようなことが関連しているだろうか。
③ 「少年法改正」の議論において，年齢引き下げにはどのような課題があるだろうか。

基本文献の紹介

村尾泰弘編『Q84 少年非行を知るための基礎知識』明石書店，2008
山口幸男『司法福祉論』ミネルヴァ書房，1991
相澤仁，野田正人編『施設における子どもの非行臨床―児童自立支援事業概論』明石書店，2014
小木曽宏，小林英義編『児童自立支援施設これまでとこれから』生活書院，2009

■引用文献
1) 山口幸男編『非行問題』児童問題講座 No.8，ミネルヴァ書房，1975，p.1
2) 生島浩「非行臨床の今日の課題」こころの科学 102　非行臨床，日本評論社，2002，pp.16-18
3) 鮎川潤『少年非行―社会はどう処遇しているか』左右社，2014，p.14
4) 羽間京子『少年非行－保護観察官の処遇現場から』批評社，2009，p.14
5) 橋本和明『虐待と非行臨床』，創元社，2004，p.80
6) 藤川淳子『発達障害と少年非行―司法面接の実際』金剛出版，2008，pp.40-41
7) 齊藤万比古「児童精神科医の立場から」こころの科学 102　非行臨床，日本評論社，2002，p.31
8) Emily B.Visher.PhD. and JonsonS.Visher.M.D.『HOW TO WIN AS A STEPFAMILY』春名ひろこ監修，高橋朋子訳，WAVE 出版，2001，p.16
9) 鮎川潤『少年非行―社会はどう処遇しているのか』，左右社，2014，p.51
10) 加藤彰彦『貧困児童』三省堂書店，2016，p.136
11) 澤登俊雄『少年法入門』有斐閣ブックス，2003，p.17
12) 生島浩「非行臨床の今日の課題」こころの科学 102　非行臨床，日本評論社，2002，p.19

コラム 「トー横キッズ問題」と現代の「少年非行」

　「トー横キッズ」とは，「新宿歌舞伎町のあるビル横」周辺の路地裏でたむろをする若者や未成年の集団の略称である。そして，新宿歌舞伎町で飛び降り自殺や性暴力，傷害致死事件などが頻発するようになり，彼らと関連づけたマスコミ報道も増えていった。

　そもそも少女たちが集まるようになった契機は諸説あるようだ。コロナ禍で精神的に病んでいる子どもたちにSNSで呼びかけた人がいた。それに応じた少女たちが集まってきた。さらにその子たちがSNSで呼びかけると，もともと引きこもりだったり，不登校だったり，発達障がいだったり家庭環境が荒れていたり，家にいられない子どもたちが集まってきた。

　「少年非行」の類型化はさまざまであるが，全体として，従来の非行少年はより外向的で，活発で，衝動的で，自己統制が不足して，攻撃的で，疑い深く，破壊的であり，失敗を恐れない傾向があるといわれる。そう考えると「トー横キッズ」は「新たな非行」現象なのかもしれない。コロナ禍で，家庭や学校，地域に居場所を奪われた少女たちが何かを求めて「集まる場所」となっていったのではないだろうか。本章でも論じているが，子どもたちの抱えている「孤独感」と相反して「つながり」求める少年・少女たちの象徴とも感じる。

　しかし，そういった家出少女たちを未成年者と知りながらターゲットにする大人も現れる。児童買春事件の被害者となってしまう危うさがそこにはある。

　実際に「少年非行事件」は「減少傾向」にある。しかし，「特定少年」として，「18歳『成人』」が規定されたことにより，19歳以降の「非行」に対する「厳罰化」の方向が改めて示されたと感じる。しかし，本当に今の若者たちは，20歳ではなく18歳で「成人」（大人）になったといえるのだろうか。

（小木曽宏）

第Ⅱ部 子ども家庭福祉の現状と社会的課題

第7章 社会的養護

1. 社会的養護の体系

「社会的養護」という言葉は、聞きなれない言葉かもしれない。しかし、毎日のようにニュースで報道される子どもへの虐待事件をはじめ、社会的養護にかかわることは、実は私たちの身のまわりにあふれている。

(1) 社会的養護とは何か

こども家庭庁によると、社会的養護とは、「保護者のない児童や、保護者に監護させることが適当でない児童を、公的責任で社会的に養育し、保護するとともに、養育に大きな困難を抱える家庭への支援を行うことです」「社会的養護は、"子どもの最善の利益のために"と"社会全体で子どもを育む"を理念として行われています」[1)]とされている。

つまり、社会的養護では、死別・行方不明などによって保護者がいない子どもへの支援、虐待、保護者の心身の疾患や障がい、服役、貧困など様々な理由によって家庭での養育が難しい子どもやその家庭への支援を行っている。もちろん、子どもの養育に最も大きな責任をもつのは保護者である。けれども、様々な事情で子育てがうまくいかないこともある。こういったときに、公的責任で子どもにとって最もよい方策を考え、子どもが健やかに育つことができるよう支えるのが、社会的養護である。

「わが子は自分で大切に育てられる・育てている」と思っている人、「わが子を虐待したり、不適切な環境で育てたりするなどもってのほかだ」と思っている人など、社会的養護を「自分には関係のないもの」と捉えている人は少なか

らずいるだろう。しかし，子どもを大切に育てたいと思っていたとしても，人生においてそれがかなうとはいえない。例えば，心身の疾患や障がいにより，自分の身の回りのことをすることさえ苦痛になったら，ドメスティック・バイオレンス(DV)が続く家庭環境に置かれたら，どうだろうか。突然のパートナーの死によって，求職活動もうまくいかず，困窮していく日々となったらどうだろうか。

これらのことは「なにひとつ自分には起こらない」と言い切れるだろうか。このように，社会的養護はすべての人に関係することであり，社会的養護にある子どもや家庭を，自らの偏見により避けたり，特別視したりすることがあってはならない。

(2) 子どもの養育を支える場

社会的養護として，家庭での養育を支える場として，児童相談所や児童家庭支援センター，保育所をはじめとする各種児童福祉施設などによる相談支援，一時預かりの支援などがある。また，日々の生活支援から子どもの養育を支える場として，乳児院，児童養護施設，児童心理治療施設，児童自立支援施設，母子生活支援施設，自立援助ホームなども用意されている。他に，里親家庭や，特別養子縁組家庭といった養育の場もある。

一見，同じようなニーズがあるように思える子どもであっても，乳児院，児童養護施設，里親家庭，養子縁組家庭など，複数の選択肢がある。

例えば，保護者によるネグレクトと身体的虐待により，家庭で暮らすことが難しいAちゃんとBちゃんという，2人の子どもがいたとする。2人が社会的養護を必要とする理由は共通しているが，2人が生活する場は，必ずしも同じであるとは限らない。乳児院や児童養護施設といった施設に入所する場合もあれば，里親家庭で生活する場合もある。Aちゃんは里親家庭に，Bちゃんは児童養護施設にと，その子どものニーズによって，生活支援を受ける場が異なってくるのである。その理由として，Aちゃんは保護者に養育の意思がなく，家庭生活の体験が不足していること，Aちゃん自身が集団よりも小さな生活の場が向いているという見立ての中，偶然Aちゃんに合った里親家庭がみつかったのかもしれない。Bちゃんは，障がいによる感情のコントロールの難しさから，専門職が複数勤務する，ある程度の大きさの集団での生活支援が必要とさ

れたのかもしれない。このように、社会的養護が必要とされるとき、「この子どもにとって一番よい方策は何か」を考えて養育の場が選択されることが重要である。

しかし、日本の現状では、子どものニーズに的確に応じるだけの選択肢が豊富ではない。本来、社会的養護に置かれる子ども自身が、複数の選択肢から自身の生活する場を選択する余裕がほしいが、そうなっていない現状もまだある。

(3) 社会的養護の実施体系
社会的養護は、予防的事業、施設養護、家庭養護に分けることができる。

1) 予防的事業
家庭での子どもの養育が困難な場合、すべての子どもを施設等に措置するわけではない。社会的養護に至るのを予防する取り組みや、社会的養護が必要な場合であってもできる限り家庭での養育を支える取り組みが行われている。例えば、乳児家庭全戸訪問事業や養育支援訪問事業などから、子どもができる限り家庭で暮らせるよう、家庭での養育が困難になりそうなリスクの早期発見・早期対応に努めている。また、家庭での養育に課題がある子ども・家庭に対し、児童相談所や市町村の子ども家庭福祉相談窓口をはじめとする相談・訪問等による支援もある。必要に応じて短期入所生活援助事業（ショートステイ）や夜間養護等事業（トワイライトステイ）、ひとり親家庭等日常生活支援事業などの事業を利用することもできる。この他、地域の児童家庭支援センター、保育所などの子育て支援を展開している施設、保健センターや医療機関などの機関、地域の児童委員などとの連携による見守りや相談などの支援も実施されている。乳児院や児童養護施設などの子どもの生活施設においても地域支援の一環として、地域住民や入所している・退所した子どもとその家庭への支援も行われている。

2) 施設養護
子どもが家庭で暮らし続けることが困難な場合の選択肢として、施設養護がある。第11章で紹介されるような各種の児童福祉施設で、ニーズに応じた支援を受けることができる。

例えば、虐待や保護者の心身の疾患・障がい、行方不明や離別、養育能力の

不足など，家庭や保護者に課題のある子どもたちには，乳児院や児童養護施設といった生活支援を行う施設がある。ただ単に日々の生活を送るだけではなく，個々の子どもたちに応じた自立支援，家庭に応じた家庭支援も並行して行われている。これらの施設では，養育の継続性と子どもの生活体験を重視し，小規模化が急速にすすめられている。これらの施設には，家庭での虐待等から受けた影響や，発達障がい，知的障がい，精神障がいのある子どもも含まれており，個々の課題や障がいに応じた支援が展開されている。

また，自傷行為やチック，感情のコントロールの難しさなど，様々な心理的課題を抱えて日常生活の多岐にわたって困難を抱える子どもたちのための児童心理治療施設や，非行傾向のある子どもたちのための児童自立支援施設といった，生活支援とともに治療や教育の機能をもつ施設もある。これらの施設は通所によって教育・治療を受けている子どももいる。

子どもによっては，子ども自身に障がいがあるために，家庭では養育できないという事情がある場合もある。このため，子どもに応じた支援を提供する障害児通所施設，障害児入所施設がある。なかには，激しい虐待により重篤な後遺症を負って障害児入所施設で生活している子どももいる。

3) 家庭養護

家庭で暮らし続けることが困難な場合，施設ではなく，里親家庭や小規模住居型児童養育事業（ファミリーホーム）で生活する場合もある。里親には，「養育里親」，「養子縁組里親」，「専門里親」，「親族里親」の4種類があり，どの里親も，家庭で暮らすことの困難な子どもを対象としていることは同じである。

「養育里親」は，養子縁組を前提とせず，子どもを自立あるいは家庭復帰するまで支援する役割をもっている[*1]。このため，子どもの家庭の事情によっては，保護者の入院期間の数週間だけといった短期間の場合もあれば，家庭復帰できる家庭環境にないことから長期間里親家庭で暮らすこともある。

＊1　里親等への委託，児童養護施設等への入所措置を受けていたが，措置解除された子どもに対する児童自立生活援助事業について，2022（令和4）年の児童福祉法改正で，20歳や22歳といった年齢ではなく，子ども等の置かれている状況，子ども自身の意見や意向，関係機関との調整も踏まえたうえで，都道府県等が必要と判断する時点で支援を受けることができるよう，年齢要件が弾力化されることとなった。

「養子縁組里親」は，養子縁組を前提とした里親である。2008（平成20）年の児童福祉法改正以前は，「養子縁組里親」は明確に区別されていなかったため，実親が「里親委託＝子どもを取られてしまう（里親家庭の子になってしまう）」というイメージをもちやすかった。一方で，里親家庭は「わが子」として子どもを養育するのではなく，社会的養護を担う一員であるという意識，つまり，里親は子どもが家庭で暮らせるようになるまで養育をする存在であるという意識を，里親自身にも地域社会内にも高める必要があったことから，区別されるようになった。

「専門里親」は，対象の子どもの年齢は養育里親と同じであるが，中でも虐待等によって心身に有害な影響を受けた子どもや非行等の課題のある子ども，身体・知的・精神障がいなど障がいがある子どもなど，専門的な支援を必要とする子どもを養育する役割を担っている。

「親族里親」も，対象の子どもの年齢は養育里親と同じであるが，両親の死亡や行方不明，拘禁や入院等によって保護者と暮らすことのできない子どもを，親族が養育するという役割をもっている。まったくつながりのない家庭に委託されるよりも，親族でつながりのある家庭で養育されることは，子どもにとって負荷が少なく，家族・親族のつながりを維持しやすいというメリットがある。

里親は，無償のボランティアではなく，里親手当（里子1人の場合，養育里親には90,000円／月，専門里親には141,000円／月，2024年現在）が支払われる他，子どもの食費や被服費などの一般生活費，教育や進級進学，医療などに必要な費用が支払われる。このうち，里親手当の支給の有無は，種類によって異なっている。例えば2011（平成23）年の児童福祉法改正までは，3親等内の親族による里親には里親手当は支払われなかったが，扶養義務者でないおじ・おばについては里親手当も支給されるようになった。また，養子縁組里親については里親手当は支給されず，養子縁組後は，里親手当以外の費用についても支払われない。この他，自治体によって里親賠償責任保険への加入費，里親手当加算，支度金などが助成される場合もある。

里親には希望する誰もがなれるわけではなく，養育里親の場合，家庭訪問・調査などを通して，要件を満たしているかの確認が行われるとともに，ガイダンスや研修を受けて子どもの養育に必要な基礎的知識・技術をつけたうえで里

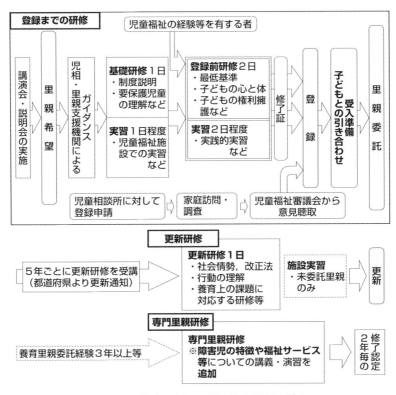

図7-1　養育里親の里親研修と登録の流れ
（こども家庭庁支援局家庭福祉課「里親制度（資料集）」令和5年10月より）

親として認められ，里親登録に至る（図7-1）。その後，子どもとのマッチングが慎重に行われ，委託されることとなる。里親家庭は夫婦で構成される世帯のみではなく，自治体ごとの条件を満たせば，単身者も里親になることができる。近年では，同性カップルへの里子の委託を開始した自治体もあり，里親養育は広がりをみせている。また，里親の年齢についても，里親へのニーズの高まりや，高齢であっても心身共に子育てをできる状況である里親もいることから，要件の緩和が始まっている自治体もある。

「小規模住居型児童養育事業（ファミリーホーム）」は，この事業を行う養育者の住居で子どもの支援が行われ，委託される子どもの人数が5〜6人と，里

親家庭より多くなっている。また、里親家庭とは異なり、この事業を行う職員配置についての決まりがあり、養育者2名（配偶者）＋補助者1名か、養育者1名＋補助者2名と定められている。

2. 社会的養護の現状

では、日本の社会的養護は今、どのような状況なのだろうか。こども家庭庁の「社会的養育の推進に向けて（令和6年6月）」をみてみよう。

（1）施設や里親等の現状

家庭での生活が困難な子どもすべてが施設や里親家庭等で暮らしているわけではない。社会的養護で生活している子どもの数や施設、里親数は表7-1の通りである。後述する社会的養護の近年の変革に伴って、里親（登録・委託）数とその委託児童数や、ファミリーホーム数とその委託児童数が、増加の一途

表7-1 社会的養護の現状

里親	家庭における養育を里親に委託	登録里親数	委託里親数	委託児童数	ファミリーホーム	養育者の住居において家庭養護を行う（定員5～6名）	
		15,607世帯	4,844世帯	6,080人			
	区分（里親は重複登録有り）	養育里親	12,934世帯	3,888世帯	4,709人	ホーム数	446か所
		専門里親	728世帯	168世帯	204人		
		養子縁組里親	6,291世帯	314世帯	348人	委託児童数	1,718人
		親族里親	631世帯	569世帯	819人		

施設	乳児院	児童養護施設	児童心理治療施設	児童自立支援施設	母子生活支援施設	自立援助ホーム
施設数	145か所	610か所	53か所	58か所	215か所	317か所
定員	3,827人	30,140人	2,016人	3,403人	4,441世帯	2,032人
現員	2,351人	23,008人	1,343人	1,103人	3,135世帯 児童5,293人	1,061人
職員総数	5,519人	21,139人	1,512人	1,847人	2,070人	1,221人
小規模グループケア	2,394か所	地域小規模児童養護施設	607か所			

※里親数、ファミリーホーム数、委託児童数、乳児院・児童養護施設・児童心理治療施設・母子生活支援施設の施設数・定員・現員は福祉行政報告例（令和4年3月末現在）
※児童自立支援施設・自立援助ホームの施設数・定員・現員、自立援助ホームの職員総数、小規模グループケア、地域小規模児童養護施設のか所数は家庭福祉課調べ（令和5年10月1日現在）
※職員総数（自立援助ホームを除く）は、社会福祉施設等調査報告（令和4年10月1日現在）
※児童自立支援施設は、国立2施設を含む

（こども家庭庁「社会的養育の推進に向けて」令和6年6月より）

をたどっている。2021（令和3）年度末現在の里親等への委託率は23.5％と年々増加している。

　現在，里親委託を推進するために，里親を支援する取り組みが実施されている。里親に関する啓発活動から，子どもにとって適切な里親家庭の選定と養育に関する支援，子どもの養育についての計画の作成など，一貫した支援が都道府県業務として位置づけられている。しかし，里親に委託される子どもの養育には，高い専門性や技術が必要なケースも多い。児童相談所の業務負担が過大で十分な里親家庭への支援が困難な状況の中，民間との協働による支援強化を図る必要から，2022（令和4）年の児童福祉法改正では，里親支援センターを児童福祉施設として位置づけることとなった（2024（令和6）年4月1日施行）。

　一方，乳児院や児童養護施設といった，要保護児童に対する生活支援を行う施設では特に，小規模化に伴う変化がみられる。大舎制といった大きな生活単位で暮らす形態の割合が年々減り，小規模グループケア，地域小規模児童養護施設といった小規模形態の設置数が急激に増加していることで，定員が少しずつ減少している。家庭的養護をすすめるため，施設の小規模化は今後ますます増加していく方向性である。

（2）子どもの将来の選択

　従来から大きな課題であった社会的養護を巣立つ前後の子どもたちへの支援は，近年大きくすすんできた。児童福祉法で定義される「児童」とは「満18歳に満たない者」であるが，この年齢までに一人で生きていく決意や経済的基盤を固め，家事を遂行し，生活リズムを整える能力などを備えることは，社会的養護であるか否かを問わず難しいだろう。むしろ，この年代から将来について悩み，どう生きていきたいかを考え，踏み出しては失敗するといったことを繰り返すのではないだろうか。

　このため，社会的養護の支援を必要とする，あるいは必要としていた子どもには，ゆっくりと自分の将来を選択する時間的余裕，将来に備える金銭的余裕，将来を支え続ける支援者の存在などが不可欠である。こども基本法において「こども」を年齢ではなく，「心身の発達の過程にある者」と定義されたこと，また，2022（令和4）年の児童福祉法改正による児童自立生活援助事業の年齢要件の

撤廃などは，こういった子どもの自立の困難さに即した変化である。

しかし，現実問題として，例えば2023（令和5）年5月1日現在の児童養護施設における高校等卒業後の進路は，大学等20.9％（全高卒者では57.0％），専修学校等18.0％（同20.2％），就職51.6％（同15.1％）である。高校等卒業後の進路が進学と就職のどちらがよいかは，一概には言えない。しかし，社会的養護にあった子どもたちの進路が全国平均と大きく異なることから，子ども自身が自由に選択することができない事情があることは明らかである。

こういった困難な現状があるものの，子どもたちが生活していた施設や里親等によるアフターケアとともに，社会的養護にあった子どもたちの将来にかかわる問題への対応がすすめられてもいる。前述の通り，2022年の児童福祉法改正によって児童自立生活援助事業は年齢制限なしとされ，対象者の範囲等も拡大した。また，社会的養護経験者等（社会的養護経験者に加え，虐待経験がありながらこれまで公的支援につながらなかった者等を含む）を孤立させず適切な支援につなぐため，相互交流の場所の開設，必要な情報の提供，相談や助言，関係機関との連携，帰住先のない場合の一時滞在などを行う社会的養護自立支援拠点事業や，休日や夜間に緊急で一時避難が必要な場合に一時避難場所の提供に必要な経費を補助する休日夜間緊急支援事業などが新設されている。しかし，就職，進学を問わず，子どもたちの将来には厳しい状況が待っていることが多い。中には，どういった選択をしたとしても，社会的養護ののち家庭復帰し，進学や就職，住居や生活費などを支えてもらえる子どももいる。一方，家庭からの支援は受けられず，就職に際して好きな仕事内容よりも寮付きの職場を選ばざるを得ない，高校中退や高校卒業の時点では希望する職種など見つけられない，高校中退後や高校卒業後までに一人で生活をしていく力（基本的生活リズムをつくること，家事，金銭管理などを遂行していく力）を身につけることができないなど，困難を抱えている子どもは数多くいる。

だが，将来の希望を見つけ，それがかなった場合はどうだろうか。進学を例にして考えてみよう。仮に，高校時代からアルバイトをして貯金をし，一人で暮らす力を備え，奨学金の給付や貸与を受けて希望の大学に進学したとしても，その生活は決して学業や学生生活を満喫できるものであるとはいえない。常に次年度の学納金や生活費のことを考えてアルバイトをすることから，断らざ

を得ない友人とのつきあいや，参加をあきらめざるを得ない学校行事，サークル活動なども出てくる。中退など，途中で学業を断念せざるを得ない状況とならないよう，人一倍心身の健康を維持することに気を張った状態で過ごす。実習費や就職活動の費用など，学納金以外に必要な費用も計画的に用意し，実習や就職活動などでアルバイトができない期間のことも念頭において生活することも必要である。これらには，ただ単に一人暮らしをしながら進学をするという以上の能力が必要である。人一倍の努力と心身の健康，本人の能力が試される日々であり，現在すすめられている対策では，不十分といわざるを得ない。

3. 社会的養護の課題

(1) 近年の社会的養護の変革

　日本の社会的養護は長年，施設中心で実施されてきた。しかし，現在，日本の社会的養護は大きな変革の最中である。その変革には，いくつかのきっかけがある。

1）児童の権利に関する条約（子どもの権利条約）

　日本が1994（平成6）年に「児童の権利に関する条約」（子どもの権利条約）に批准したことは，施設養護中心からの変革のきっかけのひとつである。子どもの権利条約第20条には，以下のように，子どもの養育には継続性が望ましいとされている（下線筆者）。

1　一時的若しくは恒久的にその家庭環境を奪われた児童又は児童自身の最善の利益にかんがみその家庭環境にとどまることが認められない児童は，国が与える特別の保護及び援助を受ける権利を有する。
2　締約国は，自国の国内法に従い，1の児童のための代替的な監護を確保する。
3　2の監護には，特に，里親委託，イスラム法のカファーラ，養子縁組又は必要な場合には児童の監護のための適当な施設への収容を含むことができる。解決策の検討に当たっては，児童の養育において継続性が望ましいこと並びに児童の種族的，宗教的，文化的及び言語的な背景について，十分な考慮を払うものとする。

　これはつまり，職員の日々の交代や就職・退職，子どもの年齢による措置変

更などがある施設養護は，優先性が低いということである。

2）子どもの代替養育に関する国連ガイドライン

2009（平成21）年に国際連合（国連）で採択された「子どもの代替養育に関する国連ガイドライン」においても，「施設の進歩的な廃止を視野に入れた，明確な目標及び目的をもつ全体的な脱施設化方針に照らした上で，代替策は発展すべきである」とある。さらに，別項では，3歳未満の子どもについては施設の利用を避けるべきことが示されている。

3）子どもの権利委員会からの勧告

子どもの権利に関する条約の批准に伴う，国連子どもの権利委員会からの勧告においても，日本は複数回にわたって，施設養護中心の見直しを求められてきた。特に，2010（平成22）年の3回目の勧告では，子どもを家族的環境において養護すること，社会的養護における養育環境の質の確保，被措置児童等虐待に関する対応，里親家庭への経済的支援などについて，従来の社会的養護からの改革が強く迫られた結果となった。

4）「社会的養護の課題と将来像」と「新しい社会的養育ビジョン」

これらの流れの中で，日本は従来の施設養護中心からの変革を急速にすすめていくこととなった。2011（平成23）年には，「社会的養護の課題と将来像」[2]の中で，「子どもの最善の利益のために」，「社会全体で子どもを育む」という理念のもと，今後の社会的養護の方向性として，① 家庭的養護の推進，② 専門的ケアの充実，③ 自立支援の充実，④ 家庭支援，地域支援の充実などの方向性が示され，特に施設の小規模化と，里親等委託率には年々大きな変化がみられることとなった。

さらに，2017（平成29）年には，2016（平成28）年の児童福祉法改正で明確にされた，「子どもが権利の主体であること」，「家庭への養育支援から代替養育までの社会的養護を充実させること」，「家庭養育優先や里親養育を推進すること」といった理念を実現するため，「新しい社会的養育ビジョン」[3]がまとめられた。① 市区町村を中心とした支援体制の構築，② 児童相談所の機能強化と一時保護改革，③ 代替養育における「家庭と同様の養育環境」原則に関して乳幼児から段階を追っての徹底，④ 家庭養育が困難な子どもへの施設養育の小規模化・地域分散化・高機能化，⑤ 永続的解決（パーマネンシー保障）

の徹底，⑥代替養育や集中的在宅ケアを受けた子どもの自立支援の徹底などが，その改革項目としてあげられ，2017（平成29）年度から目標年限を設定し，計画的にすすめるとされた。しかし，就学前の子どもに対する原則施設への新規措置入所停止，低年齢児から段階的に里親委託率を大幅に上昇させる方向性などについては，特に大きな議論となった。

（2）社会的養護のこれから

　上記のような大きな過渡期にある社会的養護には，これから対応が求められる多くの課題がある。ここですべての課題について述べることはできないが，①子どもを確実に守る，②子どもの家庭を守る，③専門職・里親等を守る，④子どもたちの人生を支える環境をつくる，⑤再挑戦ができる体制をつくる，という5つの点に絞って考えてみよう。

　1つ目は，「子どもを確実に守る」という課題である。子どもの養育が困難，あるいは困難になりそうな家庭から確実に子どもを守るため，現在も，児童相談所の体制強化や警察との情報共有，安全確認のあり方など，確実に子どもを守るための体制の見直しが続いている。しかし，痛ましい子どもへの虐待事件の発覚などが，見直しのきっかけになっていることも少なくない。本来は，こういったことを未然に防ぐことも含めた体制づくりがすすめられていなければならないだろう。また，児童相談所の業務には高い専門性が必要とされる。例えば，ただ職員数を増やすといった対策を取るのではなく，専門性の高い職員をどう確保するか，職員の専門性をさらにどう高めていくかということは，今後も続く重要な課題である。また，社会的養護施設についても，「この子どもにとってよい選択肢」が，十分に用意されているとは言い難い状況が続いている。「新しい社会的養育ビジョン」のような具体的数値目標が設定されると，その達成に心を奪われがちになるが，社会的養護の中心は子どもであることを忘れてはならない。大人主導ですすめるのではなく，子どもの気持ちに寄り添いながら，子どもと共にすすんでいくことのできる体制が，より求められるのではないだろうか。子どもが一人一人のニーズに対して適切な支援を受けられる選択肢が複数用意されていること，可能な限り子どもが自分の人生の選択をすることができること，社会的養護ニーズがありながら潜在している子どもに

支援を届けられることなど，子どもがどこにいても，どういう状態であっても確実に守られる，「自分はいていいんだ」という気持ちをもつことができる，安心して生活のできる支援を受けられる，このような体制づくりが必要である。

2つ目は，「子どもの家庭を守る」という課題である。子どもは親の所有物ではないとの権利意識の醸成，社会的養護になることは誰にだって起こり得るし，恥ずかしいことではない，という意識の改革により，家庭の環境の再構築に対する社会のあたたかな眼差しと支援が必要である。もちろん，最も守られなければならないのは子どもである。子どもにとって不利益なことについては，毅然とした対応ができる体制や力を行使できる体制を，児童相談所や施設，里親家庭等に付与しなければならない。一方で，様々な状況によって子どもを育てたい気持ちはあるものの，うまくいかないといった状況は多い。そういった悩みをもつ家庭に対する，予防的段階からアフターケアに至るすべての段階の支援の充実も，同時に急がねばならない課題であろう。

3つ目は，「専門職・里親等を守る」という課題である。現在も，児童養護施設職員が10数名の子どもの支援を一人で担うといった状態は珍しいことではなく，個々の子どもへのていねいな支援をしたくてもできない，子どもの暴言・暴力にさらされながら勤務している，一人の状況では解決することもできず抱え込む，応援してくれる人を呼ぼうにも皆手いっぱいの状態である，などといった状況がある。こういった状態は，「子どもを守ることができている」といえるだろうか。そして，「子どもを支える専門職を守っている」といえるだろうか。子どもを守るためには，まず子どもを支える専門職の状況を改善しなければならない。専門職が安心・安全な環境の中で，自身のもつ専門知識や技術を駆使し，高めながら支援に携わるための対策は，施設や職員の自助努力ではまかないきることのできないものである。個々に異なるニーズをもつ子どもたちの支援において，常時どれくらいの職員人数が必要で，どういった専門性をもつ職員が必要なのか，どのような配置が職員の育成に有効なのかなど，実践に根差した視点から考察して検討される必要がある。また，里親等への支援については「新しい社会的養育ビジョン」にも改善案が記されている。里親は専門職ではないからこそのよさがあるが，子どもの言動への対応をはじめ多くの悩みを抱えることが多く，悩みを相談できないままに潜在している里親等

もいる。施設と同様に，養育する側の安心・安全なくしては，子どもを守ることは難しい。この意味で，里親等に対する支援も，潜在しているニーズへの支援も含め実施していく必要がある。

4つ目は，「子どもたちの人生を支える環境をつくる」という課題である。社会的養護は，社会的養護にある時期の人生だけを支えるのではなく，子どもの将来を見越して人生を支え続けることが重要である。しかし，それを元担当職員，元里親家庭だけが担うのは困難であることも事実である。また，社会的養護にあった子どもたちは，地域で暮らす住民の一人である。地域には様々なニーズをもつ人々が暮らしている。一方で，地域には様々な役割を担うことができる人々が暮らしている。各地で退所児童等支援を行う事業所なども増加している中，福祉の枠を超えた地域の応援団や応援者を増やし，地域ぐるみで支え，子どもたち自身も地域に貢献できる環境づくりが必要である。

5つ目は，「再挑戦ができる体制をつくる」という課題である。社会的養護にあった子どもたちは，高校を中退して施設を退所する，進学した大学等を中退する，退職する・職を転々とする，一人暮らしをしたが金銭管理がうまくいかず住居を立ち退かなければならなくなるなど，人生でうまくいかないことが起こったとき，そこから再挑戦するためのサポートがあるか否かは，運次第という状況になっている。また，あらためて学びたいという意欲がのちに芽生えたとき，その意欲を支えるシステムもない。社会的養護にあった子どもたちは，様々な家庭の事情を抱え，そこからの影響と戦いながら頑張り続けた勇士たちである。その戦いが，高校卒業年齢までに終わる子どももいれば，その後も長期間戦い続けなければならない子どもも多い。こういった子どもたちの人生がうまくいかなくなったときや再挑戦をしたいと思ったとき支えるのは公的責任であろう。この意味で，措置解除後年数を経ていても，再チャレンジ用の十分な給付型奨学金を用意する，再チャレンジ用の住居の提供（あるいは家賃の補助）や里親委託を可能にするなど具体的な支援を徹底し，再チャレンジを支える相談先のひとつとして，高校や大学等での社会的養護に関する意識を醸成するなど，再挑戦のできる体制づくりを検討していく必要があると考えられる。

現在の社会的養護には，児童養護施設の職員配置ひとつをとっても，本当に必要な人数よりはるかに少ない配置基準に甘んじ続けているなど，「子どもの

最善の利益を守る」という確固とした公的責任の意識が不足している。その影響を受けるのは，社会的養護にある子ども自身や家庭，社会的養護を担う専門職や里親等，そして子どもたちを取り巻く地域である。子ども，家庭，専門職，地域の自助努力に期待するのではなく，子どもの最善の利益をかなえられる選択肢の確保，専門職・里親家庭等の量と質の確保と両者への徹底した支援，地域の特性に応じた支援事業の充実などを急ぐ必要がある。また，社会的養護が必要であるにもかかわらず，網からこぼれた子どもたちの将来をどう保証するかも，公的責任として早急に検討する必要があるだろう。

 討論のテーマと視点
① 社会的養護にある子どもへの生活支援において重要なことは何だろうか。
② 高校生や高校卒業後すぐの年齢で，家庭からの支援なしで自活するとき，どのような課題があるだろうか。
③ 地域内で社会的養護にある・あった子どもたちを支えることができる人，もの，場所にはどのようなものがあるだろうか。

基本文献の紹介

黒川祥子『誕生日を知らない女の子』集英社文庫，2015
高橋亜美ほか『施設で育った子どもの自立支援』明石書店，2015
森田喜治『児童養護施設児の日常とこころ』創元社，2013

■引用文献
1) こども家庭庁 「社会的養護」https://www.cfa.go.jp/policies/shakaiteki-yougo/
2) 厚生労働省 「社会的養護の課題と将来像」児童養護施設等の社会的養護の課題に関する検討委員会・社会保障審議会児童部会社会的養護専門委員会とりまとめ 平成23年7月
3) 厚生労働省 新たな社会的養育の在り方に関する検討会「新しい社会的養育ビジョン」平成29年8月2日

コラム　当事者の声を聴く— Active listening

　児童福祉法の改正により，2024（令和6）年から「児童の意見聴取等の仕組みの整備」が実施されました。独立した立場で子どもの声を聴く，意見表明等支援員の取り組みも一部の自治体では開始されているようです。筆者の職場の状況を振り返ってみても，重要な決定の際，児童福祉司が子どもの意見を聴きにくることが増えたと実感しています。

　"「私も成長したから，もう家に戻っても大丈夫だと思う」と中学3年生の女の子が言います。いのちにかかわるような身体的虐待で6歳のときに保護。今年，行方不明だった親との交流が再開しました。現在同居するパートナーはお酒や暴力の問題があり，とても帰れる環境にありませんが，「戻ってきたければいいよ」と言われています。携帯電話やWi-Fiの利用に制限があること，門限があって夜間遊べないことなど施設生活への不満が募り，職員との関係も悪化していました。家庭復帰の懸念などを伝えますが「それでも施設よりまし」とやり取りすら難しくなっています。"

　乳児院や児童養護施設，里親などの社会的養護に関係する施設ではいまだに行政処分である措置制度が用いられています。そのため，当事者である子どもが入所を真に希望したり，納得できていない場合がほとんどです。その中で，「参加する権利」を保障する実践を模索していかなくてはなりません。意見箱の設置，子ども会議の実施や，前述した意見表明等支援員の派遣などのしくみも重要ですが，それだけでは十分ではありません。

　虐待の死亡事例では，当事者である子どもが「家に帰りたい」と強く主張し，保護を拒むことも珍しくありません。私たちの実践は，当事者から「聴く」というかかわりを積み重ねていきます。ソーシャルワーカーとして「語り」から「言葉にできない思い」をアセスメントし，戦略的に（積極的に）聴く「積極的傾聴」（active listening）というかかわりと実践が求められています。

（髙山由美子）

第Ⅱ部 子ども家庭福祉の現状と社会的課題

第8章
障がいを抱える子ども

1.「障がいがある」とはどのようなことか

　ある子どもに「障がいがある」といったとき，どのようなことを思い浮かべるだろうか。障がいのある家族が身近にいる場合や，障がいのある子どもとかかわった経験がある人なら，その子どものことを思い浮かべるかもしれない。もしも自分自身に何らかの障がいがあるなら，自分がもっている障がいによって経験した不利を障がいと考えるかもしれない。そもそも「障がい」とは何か，とりわけ子ども期に障がいがあるとはどのようなことかを考えてみよう。

(1) 何をもって障がいというのか
　さて，以下の状況について，どこからが障がいだろうか。

> 座れない／立てない／歩けない／階段を上り下りできない／走れない／100メートルを10秒切って走ることができない

　障がいがどこからか線引きが難しいと思うだろう。生まれたばかりの赤ちゃんが立てないのは当然であるから，それを障がいとは考えない。しかし，学齢期になり子どもが学校でいすに座ることができないとなると，何らかのサポートが必要な状態であることを意味する。一方で，100メートルを10秒切って走ることができる人はほとんどいないし，走れないからといって必ずしも障がいがあるとは考えない。このように障がいが「ある」，「ない」ということは，必ずしもはっきりした区切りがない，様々な状態が連続したものである。
　しかし，障がいは何らかの配慮や支援が必要であることを説明するためのも

のさしでもある。そこで，何をもって障がいというのか，ICF（国際生活機能分類）の枠組みを使って考えてみよう（図8-1）。ICFとは，人のあらゆる健康状態に関係した生活機能の状態から，その人を取り巻く社会制度や社会資源までを含めた構造を表現しようとするものである。例えば，脳性まひ*1による運動機能の障がいがあるために，歩くこと

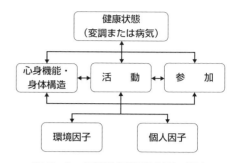

図8-1 国際生活機能分類の概念
(ICF : International Classification of Functioning Disability and Health)

ができない子どもがいたとしよう。この場合，脳性まひによる運動機能の障がいは「心身機能・身体構造」の課題があるために，自分の足で歩くという「活動」が難しいかもしれない。しかし，歩行器や車いす，義足を使うことによって移動するという「活動」は可能になる。また，段差のない道路やエレベーターなどが整備されている学校など，バリアフリーの環境が整っていれば，「活動」や社会生活への「参加」のレベルが向上することになる。環境因子には，こうしたハード面の状況のみならず，人々が障がい者の活動や参加について，肯定的な態度であるかどうかも含まれる。つまり環境因子は，障がいのある人々の健康状態をよくするための，促進要因にも阻害要因にもなり得る。このようにICFの各要素は，それぞれ相互に関連している。人の健康状態は医学的診断による個人の疾病や障がいのみならず，生活を取り巻く環境や社会制度も含めて影響を受けるものであることが理解できる。

(2) 障がいのある子どもの状況

2011（平成23）年改正の障害者基本法第2条では，「障害者」を「身体障害，知的障害，精神障害（発達障害を含む。）その他の心身の機能の障害（以下「障害」と総称する。）がある者であつて，障害及び社会的障壁により継続的に日

---

*1　脳性まひ：脳への損傷によって引き起こされる運動機能の障がい。18歳未満の身体障がい児（在宅）の障がいの疾患別では最も大きい割合を占めている（厚生労働省，2006）。

常生活又は社会生活に相当な制限を受ける状態にあるものをいう」とし、「社会的障壁」を「障害がある者にとって日常生活又は社会生活を営む上で障壁となるような社会における事物、制度、慣行、観念その他一切のものをいう」と定めている。

　障がい者のために講じた施策の概況を政府が毎年国会に提出している『障害者白書』では、障がいを「身体障害」「知的障害」「精神障害」に3区分している。各区分における障がい者数の概数は、身体障がい者（身体障がい児を含む。以下同じ）436万人、知的障がい者（知的障がい児を含む。以下同じ）109万4千人、精神障がい者614万8千人となっている。これを人口千人当たりの人数でみると、身体障がい者は34人、知的障がい者は9人、精神障がい者は49人となる。複数の障がいをあわせもつ者もいるため、単純な合計にはならないものの、国民のおよそ9.2％が何らかの障がいを有していることになる。

　障がいのある子どもに着目してみると、18歳未満の身体障がい者は7万2千人（身体障がい者全体の1.7％）、知的障がい者は22万5千人（知的障がい者全体の20.6％）、20歳未満の精神障がい者は59万9千人（精神障がい者全体の9.7％）となっている（『令和6年版障害者白書』）。わが国の出生率が低下する中、障がいのある子どもの数は増加傾向にある。

(3) 発達障がいのある子ども

　近年、「発達障がい」という言葉をよく耳にすることがあるのではないだろうか。2005（平成17）年施行の発達障害者支援法において、「『発達障害』とは、自閉症、アスペルガー症候群その他の広汎性発達障害、学習障害、注意欠陥多動性障害その他これに類する脳機能の障害であってその症状が通常低年齢において発現するものとして政令で定めるもの」と定義されている（図8-2）。こうした特性をもつ子どもは小学校、中学校では8.8％程度在籍しているとみられ、1クラスに2～3人程度は在籍していることになる。かつて、教室でじっとしていられない子どもやコミュニケーションの障がいがある子どもについて、親のしつけの問題、愛情不足が原因であるといったことがいわれていたこともあるが、今日ではこうした見方は医学的に否定されている。

　発達障がいとはそもそも、医学的見地からは、WHO（世界保健機関）の国

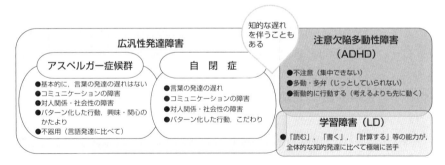

図8-2　それぞれの障がいの特性
(厚生労働省「発達障害の理解のために」リーフレットより改変)

際疾病分類（ICD-10）や，アメリカ精神医学会（APA）の精神疾患の診断・統計マニュアル（DSM-Ⅳ）[*2]において，知的障がいを含めた広義の精神障がいをさしている。このように，発達障がいという言葉は，福祉，教育，医療，保健などそれぞれの領域で一致した理解のもとに使用されているとはいいがたい。しかし，医学的診断がされていないものの，家庭や保育・教育の現場で「気になる子ども」「心配なところがある子ども」を理解し支援するためのキーワードとして定着している。そのため，以前は発見されていなかった発達障がいのある子どもが専門職や一般の人々に認識されるようになり，発見されやすくなっているために急増しているように捉えられているという側面がある。

2. 障がいのある子どもと家族を支えるしくみ

ある家庭に障がいのある子どもが生まれる。それは家族にケアの担い手が必要になることを意味する。障がいといっても，生まれる前にわかる障がいもあれば，生まれた後に成長する過程で判明する場合もある。また，事故などの何らかの事情で障がいをもつ場合もある。近年では，学齢期になって発達障がいが明らかになることも少なくない。一方で，出生前診断によって胎児の障がい

[*2] 発達障害者支援法では，国際疾病分類（ICD-10）に基づいて発達障害を定義している。DSM-Ⅳは2013年にDSM-5に改訂され，診断基準の変更により「広汎性発達障害(PDD)」と呼ばれていたものが「自閉症スペクトラム障害（APA）」となった。

を早期発見・早期治療するという医学の進歩と同時に，障がいの判明により人工妊娠中絶を選ぶという現状もあり「いのちの選別」にもつながっている。障がいのある子どもの出産を避ける背景には様々な要因が考えられるが，障がいのある子どもと家族を支える制度が不十分であることは，大きな要因のひとつであろう。

(1) 母子保健・早期療育

　1965（昭和40）年公布の母子保健法に基づき，胎児の疾病や異常の発生を早期発見・早期治療するため，妊娠中の妊娠週数に応じた妊産婦健康診査，先天性代謝異常などの新生児マス・スクリーニング検査，乳幼児期の健康診査が実施されている。先天性代謝異常等検査はすべての新生児を対象にしており，フェニルケトン尿症などの先天性異常の早期発見により，発症を抑えたり治療に結びつけたりすることを目的としている。市町村で実施される乳幼児健診は子どもの発育・発達の診査や子育て支援を目的としているが，障がいの早期発見の機能を果たしている。

　可能な限り障がいを早期発見し子育ての手立てを考えることにより，障がいのある子どもの発達を促すことを早期療育という。療育はもともと肢体不自由のある子どもの社会的自立を目標としていたが，高松鶴吉は「療育」の対象を障がいのある子どもすべてに拡大し，「療育とは注意深く特別に設定された特殊な子育て」[1]と定義した。

　障がいの有無にかかわらず，子どもが生まれた瞬間から子育てが始まる。しかし，親がわが子に障がいがあるということを受容できないために，療育の取り組みがすすまないこともある。したがって，支援者は療育の方法や社会資源に関する情報提供など，親の障がい受容のプロセス[*3]を考慮し支援をしなけ

---

*3　親の障がい受容のプロセスについて，児童精神科医の佐々木正美[2]は，次のように説明している。1. 精神的打撃と麻痺の状態，2. 否認，3. パニック，4. 怒りと不当感，5. 敵意とルサンチマン（恨み），6. 罪意識，7. 孤独感と抑うつ感情，8. 精神的混乱とアパシー（無欲，無関心），9. あきらめから受容へ，10. 新しい希望，そしてユーモアと笑いの再発見，11. 新しいアイデンティティの誕生。誰しもがこのプロセスをたどるわけではないが，親の障がい受容は困難を伴うことや新たな価値観を見出す過程でもあることを理解する際に参考になる。

ればならない。

　一方で，わが国では「男性（父親）は外で仕事，女性（母親）は家で家事・子育て」といった性別役割分業の考え方がいまだ根強く，子育ては母親が中心となって担うべきものとされていることから，子育てにおける母親にかかる負担が大きい。子どもに障がいがある場合，母親が仕事を辞めて子どもの療育に専念することも少なくない。こうした状況をふまえ，子育ては母親だけが担うものではなく，家族全体，地域全体で取り組んでいくものであるという意識を人々がもつ必要がある。

（2）福祉サービス

　障がいのある子どもが利用できる福祉サービスは，児童福祉法および障害者総合支援法（第9章参照）に定められている。表8-1に示す障がいのある子どもを対象とするサービスは，都道府県における「障害児入所支援」，市町村における「障害児通所支援」がある。障害児通所支援を利用する場合は，サービス等利用計画を経て，支給決定を受けたのち，利用する施設と契約を結ぶ。障害児入所支援を利用する場合は，児童相談所に申請する。

　先に述べた療育は，児童発達支援センターが中心となり，子ども本人への発達支援，家族や地域への支援を含めたものとして児童発達支援が位置づけられ，相談支援も含めた体制によって実施されている。しかし，とりわけ医学的診断では「障がいがある」とはっきりしないものの行動面などから少し心配なところがあるといったケースの場合，福祉サービスにつながらないこともある。多くの子どもは障がいの認定や利用できるサービスの支給決定を経て療育につながるが，サービスに応じて費用負担が生じる「応益負担」となっており，子ども期に療育，発達支援を受けるにあたって，経済的負担が生じる状況は改善の余地があるだろう。

（3）保　　育

　障がいのある子どもへの保育の実施状況の推移は図8-3の通りである。厚生労働省は，障がいのある児童の保育所での受け入れを促進するため，1974（昭和49）年度より「障害児保育事業」において保育所に保育士を加配する事業を

表8-1　障がい児を対象としたサービス

都道府県	障害児入所支援	福祉型障害児入所施設	施設に入所している障がい児に対して，保護，日常生活の指導および知識技能の付与を行っている。
		医療型障害児入所施設	施設に入所または指定医療機関に入院している障がい児に対して，保護，日常生活の指導および知識技能の付与並びに治療を行う。
市町村	障害児通所支援	児童発達支援	児童福祉施設として位置づけられる児童発達支援センターと児童発達支援事業の2類型に大別される。 様々な障がいがあっても身近な地域で適切な支援が受けられる。 ①児童発達支援センター 　通所支援の他，身近な地域の障がい児支援の拠点として，「地域で生活する障がい児や家族への支援」，「地域の障がい児を預かる施設に対する支援」を実施するなどの地域支援を実施。2024（令和6）年4月から福祉型と医療型の類型が一元化され，障がい種別にかかわらず，身近な地域で必要な発達支援が受けられるようになった。3年（2027（令和9）年3月31日までの間）の経過措置が設けられ，この間に一元化が進められる。 ②児童発達支援事業 　通所利用の未就学の障がい児に対する支援を行う身近な療育の場である。
		放課後等デイサービス	就学中の障がい児に対して，放課後や夏休み等の長期休暇中において，生活能力向上のための訓練等を継続的に提供する。 学校教育と相まって障がい児の自立を促進するとともに，放課後等の居場所づくりを推進。
		居宅訪問型児童発達支援	重度の障がい等により外出が著しく困難な障がい児の居宅を訪問して発達支援を行う。
		保育所等訪問支援	保育所等（※）を現在利用中の障がい児，今後利用する予定の障がい児に対して，訪問により，保育所等における集団生活の適応のための専門的な支援を提供し，保育所等の安定した利用を促進。 （※）保育所，認定こども園，幼稚園，小学校，中学校，高等学校，特別支援学校，放課後児童クラブ，児童館，乳児院，児童養護施設等

（全国社会福祉協議会「障害福祉サービスの利用について」2024年4月版より改変）

実施してきた。また，2015（平成27）年より開始された子ども・子育て支援新制度においては，①障がいのある児童等の特別な支援が必要な子どもを受け入れ，地域関係機関との連携や，相談対応等を行う場合，地域の療育支援を補助する者を保育所，幼稚園，認定こども園に配置，②新設された地域型保育事業について，障がいのある児童を受け入れた場合に特別な支援が必要な児童2人に対し保育士1人の配置を行っている。このような措置を講ずることにより，地域の保育所などに障がいのある子どもが通うようになることは，障がい

図 8-3　障がい児保育の実施状況
（内閣府　『令和6年版障害者白書』）

の有無にかかわらず，平等に生活できる社会がノーマルな社会であるといったノーマライゼーションの考え方や，共生社会のあり方を子どもたち自身が体験的に理解できることにつながっている。

(4) 特別支援教育

特別支援教育とは，「障害のある幼児児童生徒の自立や社会参加に向けた主体的な取組を支援するという視点に立ち，幼児児童生徒一人一人の教育的ニーズを把握し，その持てる力を高め，生活や学習上の困難を改善又は克服するため，適切な指導及び必要な支援を行うもの」（文部科学省）である。どのような障がいがあったとしても教育を受ける権利があり，教育基本法では「障害の状態に応じ，十分な教育を受けられるよう，教育上必要な支援を講じなければならない」という国および地方公共団体の責務を定めている。加えて，発達障害者支援法では，「発達障害児（18歳以上の発達障害者であって高等学校，中等教育学校及び特別支援学校に在学する者を含む。）がその障害の状態に応じ，十分な教育を受けられるようにするため，適切な教育的支援，支援体制の整備

その他必要な措置を講じるものとする」としている。

　障がいのある子どものみが在籍する特別支援学校，一般の小学校・中学校における特別支援学級，通常の学級から通級による指導を受ける子どもなど，特別支援教育のあり方は様々である。少子化のため義務教育段階の子どもは全体としては減少しているものの，特別支援教育を受けている児童生徒数は，2013（平成25）年度から2023（令和5）年度にかけて，約2倍に増加した（図8-4）。

　このような状況の中，「障害者の権利に関する条約」（2006年国連総会採択）第24条にある「インクルーシブ教育システム」の重要性が高まっている。インクルーシブ教育システムとは，人間の多様性の尊重等の強化，障がい者が精神的および身体的な能力等を可能な最大限度まで発達させ，自由な社会に効果的に参加することを可能とするとの目的のもと，障がいのある者と障がいのない者が共に学ぶしくみであり，障がいのある者が教育制度から排除されないこと，自己の生活する地域において初等中等教育の機会が与えられること，個人

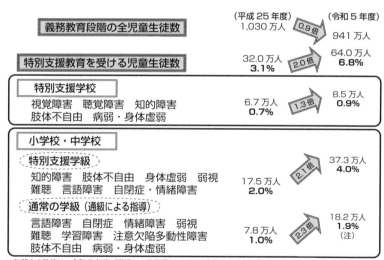

図8-4　特別支援学校等の児童生徒の増加
（文部科学省『特別支援教育の充実について』，p.3, 2023）

に必要な合理的配慮が提供される等が必要とされている。障がいのある子どもに対する教育を小中学校等で行う場合には，合理的配慮として，（ア）教員，支援員等の確保，（イ）施設・設備の整備，（ウ）個別の教育支援計画や個別の指導計画に対応した柔軟な教育課程の編成や教材等の配慮があげられている。

(5) 経済的支援

障がいのある子どもを育てる場合，その子どものケア自体に障がいのない子どもにはかからない支出が必要になることがあるかもしれないし，子どものケアをするために両親がフルタイムで働くことは難しくなるかもしれない。障がい者世帯が一般世帯との比較において低位な収入であることは，近年の研究からも明らかにされている。障がいのある子どもが家庭でケアされながら育つためには経済的支援が重要となる。経済的支援には，手当，税の控除・非課税，公共料金の割引，共済などがあり，法令で定められた手当には，特別児童扶養手当，障害児福祉手当がある。また，地方公共団体の条例に基づく障害者扶養共済制度[*4]も実施されている。

3. 障がいのある子ども支援をめぐる現状と課題

事例 8-1　知的障がいのある A さんのライフコース

Aさんは，父，母，姉の4人家族である。母親はAさんが赤ちゃんのときから，抱っこしても話しかけてもほとんど笑わず，視線が合わないことが気になっていた。1歳6か月児健康診査で，意味のある言葉を話さなかったため医療機関を紹介された。3歳で知的障がいを伴う自閉症と診断され，療育に通うこととなった。会社員だった母親は仕事を辞めて療育に専念した。その後，小学校・中学校は地域の特別支援学級に通い，高校は特別支援学校高等部に進学した。高等部卒業後は，自宅から「障害福祉サービス事業所」（就労継続支援B型）に通い，パンやクッキーなどを作っている。こうした生活が続いて20年が過ぎた。Aさんはもうすぐ40歳になる。父母は高齢になり，いつ自分たちが倒れてしまうか心配になってきており，そろそろ姉にAさんのことを任せたいと思っているが，姉は自分の将来のこともあり不安に思っている。

(1) 障がいのある子どもと家族

　障がい児・者のいる家族が抱える諸問題については,「過重な肉体的・身体的負担」「経済的負担」「低収入・貧困」「就労からの除外」「社会的孤立」「諸困難を抱えながらも福祉の制度の利用に至らないこと」[3]が指摘されており,これらの問題が個別に生じるだけでなく重複している。Aさんの事例においても,こうした問題が生じていると考えられる。

　障がいのある子どももいつかは大人になる。しかし,厚生労働省「令和4年生活のしづらさなどに関する調査」によると,障がい者の7割が家族と暮らしているが,19～64歳の療育手帳所持者(知的障がい者)の同一世帯の者をみてみると,親91.2％,兄弟姉妹39.5％となっている。このように,障がいのある子どもは成人後も親やきょうだいと生活している割合が高い。障がい者全体をみてもグループホームなどの居住支援で暮らしている人は4.8％に過ぎない。障がいのある子どもと親の親子関係は,経済的支援や日常的なケアも含めて,親が生きている限り続いていくことが少なくない。また,障がいのある子どもの世話を親から期待されることについて苦悩するきょうだいも少なくない。親亡き後の障がいのある子どもの行く末を悲観した親が無理心中したり,わが子を殺害してしまうという事件が発生している。

　かつてこうした事件が起こった際,人々が加害者である母親の立場に同情して減刑嘆願運動が起こったことについて,自身も脳性まひによる身体障がいがある横塚晃一は,「重症児に生きる権利はないのか」「罪は罪として裁け」と主張した。横塚は『母よ！殺すな』[4]の中で,障がい者を劣った存在価値のない存在とみなし,だから生きていても仕方がないと考える健常者の価値観(差別意識)こそが問題の根底にあると訴えた。

　このように,家族を障がい児・者の最大の理解者であり支援者であるとみなしてケア役割を求める場合,家族は障がい児・者のライフコースの選択肢を拡大させる場合もあるが,制限する側になってしまう可能性もある。

＊4　障害者扶養共済制度：障がい児・者を扶養している保護者が毎月掛金を納めることで,保護者が亡くなったときなどに,障がい児・者に対し,一定額の年金を一生涯支給する任意加入の制度。

(2) 障がいのある子どものライフコース

　多くの人々が青年期・成人期において経験する可能性が高い出来事としてのライフイベントには，進学，卒業，就職，結婚，出産などがあげられるが，障がいのある人と，そうでない人を比較すると，大きな違いがみられる。Aさんのように学卒後の生活スタイルがほぼ生涯にわたって続き，「障害福祉サービス事業所」での福祉的就労はあるものの，結婚や出産といった経験をする人は少ない。厚生労働省「令和4年生活のしづらさなどに関する調査」によれば，19～64歳で配偶者のいる療育手帳所持者（知的障がい者）はわずか4.2％である。

　ノーマライゼーション理念をいち早く取り入れたスウェーデンにおける脱施設化の本来の目的は，知的障がい者にノーマルな結婚生活および子どもをもつことを保障することであった[5]。「障害者の機会均等化に関する基準規則」（1993年国連総会採択）では，「障害を持つ人は自己の性的存在としての経験，性的関係を持つ，親を経験する機会を否定されてはならない」ということが明記されている。近年では，知的障がい者カップルの支援に関する取り組みが，実践や研究レベルで行われるようになってきた。

　また，「障害者の権利に関する条約」では，条約策定のプロセスから「私たち抜きに，私たちのことを何も決めないで！」というスローガンのもとに，権利行使の主体としての障がい者を位置づけており，日本は2014（平成26）年に批准した。条約に関する日本の取り組みのひとつとして，意思決定過程における障がい当事者の関与があげられる。国が障がい者に関する政策策定において設置している障害者政策委員会は，様々な障がい者の意見を聞き，障がい者の実情をふまえた調査審議が行えるよう配慮することと定めている。

　障がいの有無にかかわらず，その人の意思を尊重することは，医療機関での治療におけるインフォームド・コンセント（説明と同意）にみられるように重視されている。しかし，障がいのある人々の自己決定の権利はないがしろにされてきた歴史的経緯があり，今日では障がいのある人々の自己決定は尊重すべきものとして捉えられている。一方で，日常生活において，例えば今日の昼食を何にするか選ぶことについては当事者の好みを尊重することができるが，誰とどこで暮らすかといった人生の重要な局面における意思決定支援のための教

育や情報の保障は現実的な課題として残されている。

　障がいのある人の人生の経験と選択が制限される背景には，障がい児・者の親や，障がい児・者を支援する人々が障がいのある人々のライフコース上の選択肢を限定的に捉えていることがあげられる。一方で，そういった親や支援者の考え方は，社会が障がい者を「永遠の子ども」とみなしていることを背景に構築されているものなのではないだろうか[6]。障がいのある子どもたちのライフコースを豊かにするためには，親や支援者のみならず，地域社会も含めて多くの人々が障がいのある人々を取り巻く社会的ネットワークを充実させることが今後の課題である。

社会福祉法人　麦の芽福祉会（鹿児島県）の取り組み

　ゆりかごから墓場までをテーマに，乳幼児期の療育から学卒後の学びの場として福祉型専攻科の設置や，高齢化した親も含めて入居できる福祉ホームの開設，親亡きあとの子どもの看取りも含めた支援を事業として行っている。

　ユーススコラ鹿児島は，「青春を謳歌して自分づくり」を掲げた福祉型専攻科・大学である。どのような障がいがあっても高等部教育で終わらせることなく，教育年限を延長してもっと学びたい，もっと自分探しや友だちとのかかわりを通して失敗したり，悩んだりしながら青年期を豊かに膨らませたい，という願いに基づき2017（平成29）年に開設された。セルフマネジメントコース（自立訓練（生活訓練）事業，修業年限2年間）とライフプランニングコース（生活介護事業，修業年限4年間）が設置されている。このような専攻科の取り組みは，教育保障のひとつのかたちとして注目されている。

 討論のテーマと視点

① 親が子どもの障がいを受容するにあたって，支援者はどのような点に配慮した支援をしたらよいか，考えてみよう。

② 子ども期のインクルーシブ教育がなぜ重要であるのか，その意義について考えてみよう。

③ 障がいのある子どもが将来にわたって地域で生活するにあたって必要な社会資源にはどのようなものがあるか，具体的に出し合ってみよう。

> **基本文献の紹介**
>
> 糸賀一雄『復刊　この子らを世の光に』NHK 出版，2003
> 中村尚子『障害のある子どものくらしと権利』全障研出版部，2013
> 渡辺一史『なぜ人と人は支えあうのか』筑摩書房，2018

■引用文献

1) 高松鶴吉『療育とはなにか－障害の改善と地域化への課題』ぶどう社，1990，p.10
2) 佐々木正美『児童精神科医が語る－響きあう心を育てたい－』岩崎学術出版社，2011，pp.170-172
3) 矢嶋里絵「障がいのある子どもの育児と家族支援」社会保障法，23，日本社会保障法学会，2008，pp.115-130
4) 横塚晃一『母よ！殺すな』すずさわ書店，1975
5) Wolfensberger, W., The Principle of Normalization in Human Services, National Institute on Medical Retardation, 1981（＝中園康夫・清水貞夫編訳『ノーマリゼーション―社会福祉サービスの本質』学宛社，1982）
6) 新藤こずえ『知的障害者と自立－青年期・成人期におけるライフコースのために』生活書院，2013

■参考文献

文部科学省「特別支援教育の充実について」2024
厚生労働省「令和 4 年生活のしづらさなどに関する調査（全国在宅障害児・者等実態調査）」2024
厚生労働省「身体障害児・者実態調査（平成 18 年）」2006
黒川久美，麦の芽福祉会教育研修センター編『夢・ねがいから出発して―麦の芽が拓く"ゆりかごから墓場まで"』全障研出版部，2018

第 8 章　障がいを抱える子ども　　127

　コラム　投薬：医療化の問題―特に発達障がいの子ども

近年，発達障がいと診断される子どもが増えている。発達障がいの中でも特にADHD（注意欠如・多動性障害）と診断された子どもは，1999（平成 11）年の患者調査では 2,000 人であったが，2011 年で 1 万 7,000 人，2020（令和 2）年では 15 万 3,000 人に急増している。ADHD と診断される子どもが急増した背景には，アメリカ精神医学会が 1987 年に発表した診断基準の影響がある。アメリカでは製薬会社の大規模なキャンペーンによって，落ち着きがないとされた子どもたちに積極的に向精神薬が投与されるようになった（Smith, M., 2012=2017）。特に，学校で問題を起こした子どもや，社会的に不利な状況にある家庭の子どもに ADHD の診断名が付与されやすい傾向があることが指摘されている。

家庭や学校で「落ち着きがない」とされる子どもは昔からいた。そういった子どもを ADHD の診断基準にあてはめ，通院させ投薬を行う，すなわち医療化が進行している。医療化とは「非医療的問題が通常は病気あるいは障害という観点から医療問題として定義され処理されるようになる過程」であり（Conrad and Schneider, 1992=2003），「落ち着きがない」とされた子どもの対応を教育や福祉の枠組みではなく医療の枠組みで対応することを意味する。子どもは虐待的な環境で養育されることによって，落ち着きのない行動をとるようになり，ADHD に似た症状を示すことが知られているが（こども家庭庁，2024），ある児童養護施設の調査では，2017（平成 29）年時点で入所している子どもの 34.3％がコンサータやストラテラ，リスパダールなどの向精神薬を服用していた（吉田，2019）。

今日，家庭や学校，福祉現場では，子どもの問題行動の背景要因を十分に吟味し環境調整を通した支援を行う余裕がない中で，向精神薬を投与し，「おとなしくさせる」という対応をせざるを得ない状況が推察される。もしそうであるならば，その投薬は，子どもにとって本当に必要なものなのだろうか。

参考文献
・厚生労働省「令和 2 年患者調査」
・Conrad, P. and Schneider, J.W., Deviance and Medicalization-From Badness to Sickness, Temple University Press, 1992（＝進藤雄三，杉田聡，近藤正英訳『逸脱と医療化―悪から病いへ』ミネルヴァ書房，2003）
・Smith, M., Hyperactive The Controversial History of ADHD, ReaktionBooks, 2012（＝石坂好樹，花島綾子，村上晶郎訳『ハイパーアクティブ：ADHD の歴史はどう動いたか』星和書店，2017）
・吉田耕平「体罰から向精神薬へ―Z 県の児童養護施設 Y で働く施設職員の語りから」地域科学研究，9，2019，1-22

第Ⅲ部 子ども家庭福祉の制度と実施体系

第9章 子ども家庭福祉の制度と法体系

1. 子ども家庭福祉の制度

(1) ライフサイクルからみた子ども家庭福祉制度

　児童福祉法をはじめとする子どもの福祉と子育て家庭の支援に関連する様々な法律や命令（政令・省令・規則など）に基づいて，社会全体で子どもの育ちと子育てを支援するのが子ども家庭福祉の制度である。

1) ライフサイクルからみた子ども家庭福祉制度

　子どもの育ちや保護者の子育ての営みには，子どもが出生して保護者など特定の大人に守られながら愛着関係を形成し，他者との遊びを通して関係を結びながら乳幼児期を過ごし，小学校からの学習や集団生活を体験する児童期へと発達・成長する子育ちの過程がある。そして青年期を通じてアイデンティティを確立する中で大人となり，社会生活を送り親となる準備期間として成人期を過ごし，妊娠，出産を経て子どもを育てるというサイクルがある。このライフサイクルのそれぞれの時期には，子どもの育ちの過程で生じるライフイベントがあり，課題に直面して保護者とともに悩み，適応・解決しながら過ごす循環がある。子どもの育ちを保障するにあたっては，子どもを当事者として支援するだけではなく，子どもの育つ場である家庭への支援が不可欠であるとともに，子どものライフサイクルを見通したかかわりや子どもの育ちに影響を与える保護者のライフサイクルも考慮した支援が求められる。

　子ども家庭福祉の制度は，このような子どもの育ちと保護者の子育てのライフサイクルにそったしくみを構築してきており（図9-1），子どもが大人へと成長する過程で子ども家庭福祉制度を利用し，保護者は法制度を社会資源とし

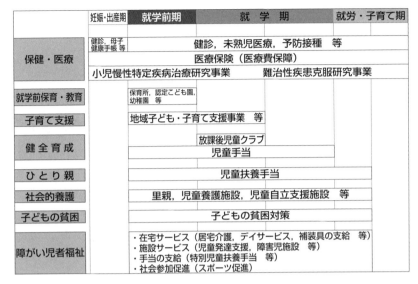

図9-1 ライフサイクルにそった支援

て利用しながら子育て期を過ごすことになる。

　ライフサイクルにそった子ども家庭福祉制度で，妊娠・出産期には妊産婦に対する保健・医療サービスとして母子健康手帳の交付や健康診査，保健指導などの制度がある。2015（平成27）年度からは市町村が妊娠・出産を経て子育て期にわたるまで，切れ目のない支援を強化するため，様々なニーズに対して総合的相談支援を提供する子育て世代包括支援センター（母子健康包括支援センター）を立ち上げ，母子保健サービスと子育て支援サービスを提供する体制の構築を図った。同センターは，2024（令和6）年度より，こども家庭センターとして再編された（第10章参照）。

　就学前には，保育所や認定こども園などの保育・教育支援サービスや利用者支援，乳児家庭全戸訪問事業などの子育て支援サービス，就学期には子どもの健全育成サービスとして放課後児童クラブなどがある。経済的な保障としては，子育て家庭に支給される児童手当やひとり親家庭支援には児童扶養手当，障がい児支援には特別児童扶養手当等の手当がある。

　このように，子ども家庭福祉制度はライフサイクルにそった視点から，子どもの育ちや親の子育てを支援する包括的なサービス体系として整理される。

(2) ニーズからみた子ども家庭福祉制度の体系

　子どもや子育て家庭には様々なニーズがあり，そのニーズの特性にから生じるリスクの程度に応じ，子ども家庭福祉制度のサービスが提供される。そのような側面から，子ども家庭福祉サービスの体系をみていこう。

　ひとつは，市町村による家庭での子育てを支援する普遍的なサービスで，ライフサイクルからみた子ども家庭福祉制度でみてきたように，子どもが出生してから就学前期，就学期へと発達・成長する過程で，子どもの育ちや保護者の子育て家庭のニーズに対するリスクの程度は低い。

　もうひとつは，子どもの育ちや子育て家庭の保護者などでリスクの程度が高く，家庭での子育てが不適切な場合に，行政機関などが家庭に介入するサービスである。例えば，普遍的なサービスである乳児家庭全戸訪問事業で家庭訪問を受けることで，保護者の養育力の低さが明らかとなり支援が必要な家庭として生活状況の把握や相談，助言，情報提供をする養育支援訪問事業などの訪問サービス，保護者の養育を補完するために保育所などを利用する支援がある。さらに，保護者による不適切な養育から子どもを保護する必要があると児童相談所が判断し，子どもを一時的に保護し，里親への委託や児童養護施設などへの入所措置をして親の代わりに社会的に養育するサービスもある。

　このように子ども家庭福祉の制度は，そのしくみが充実する過程で家庭での保護者の養育に，社会的にかかわるすべての家庭を対象とした普遍的な支援サービスのしくみとなるとともに，より支援が必要な子育て家庭には，リスクの程度に応じて社会的な関与の度合いを強めるための充実が図られている。

1）子育てを支援する普遍的なサービス

a）少子化対策

　1989（平成元）年には，わが国の合計特殊出生率が1.57と戦後最低を記録した。このことを背景に少子化対策として，1994（平成6）年に「今後の子育て支援のための施策の基本的方向について（エンゼルプラン）」が策定された。これを契機として，「新エンゼルプラン」「健やか親子21」「男女共同参画計画」など，少子化対策のための計画が策定・実施されている。2003（平成15）年には少子化社会対策基本法の成立により「少子化社会対策大綱」が決定され，子育て家庭を社会全体で支援するという基本的考えで「子ども・子育て応援プラ

ン」が具体的な実施計画として策定・実施された。さらに同年には，家庭や地域の子育て力の低下に対応して，次世代を担う子どもを育成する家庭を社会全体で支援することを目的に次世代育成支援対策推進法が成立した。

また，男性を含めた働き方の見直しが検討され，2007（平成19）年には政労使の代表などから構成される，仕事と生活の調和推進官民トップ会議において「仕事と生活の調和（ワーク・ライフ・バランス）憲章」と「仕事と生活の調和推進のための行動指針」が決定されている。

b）子ども・子育て支援

2010（平成22）年の新たな「少子化社会対策大綱」（「子ども・子育てビジョン」）では，「子どもが主人公（チルドレン・ファースト）」，「少子化対策」から「子ども・子育て支援へ」，生活と仕事と子育ての調和の3つの基本的視点を掲げてこれまでの方向性からの転換を図っている。また，これらの施策に合わせて，同年に少子化社会対策会議に「子ども・子育て新システム検討会議」を設置し，子育て支援施策の充実強化を図るために2012（平成24）年「子ども・子育て支援法」，「就学前の子どもに関する教育，保育等の総合的な提供の推進に関する法律の一部を改正する法律（改正認定こども園法）」，「子ども子育て支援法及び就学前の子どもに関する教育，保育等の総合的な提供の推進に関する法律の一部を改正する法律の施行に伴う関係法律の整備に関する法律（関係法律整備法）」の子ども・子育て関連3法が成立し，2015（平成27）年から子ども・子育て支援新制度が実施されている。

c）子ども・子育て支援新制度の創設

2012（平成24）年の子ども・子育て関連3法に基づいた子ども・子育て支援制度（図9-2）には，就学前の子どもに教育・保育を提供する「施設型給付」「地域型保育給付」と地域の実情に応じて子育てを支援する「地域子ども・子育て支援事業」，仕事と子育ての両立を支援する「仕事・子育て両立支援事業」がある。基礎自治体である市町村が地域のニーズをふまえた「市町村子ども・子育て支援事業計画」，都道府県が市町村を支援する「都道府県子ども・子育て支援事業支援計画」を5年1期で策定して実施する。

子ども・子育て支援給付では，教育と保育を利用する子どもについて3つの認定区分が設けられ，これに従って教育・保育施設を選択，施設型給付等が行

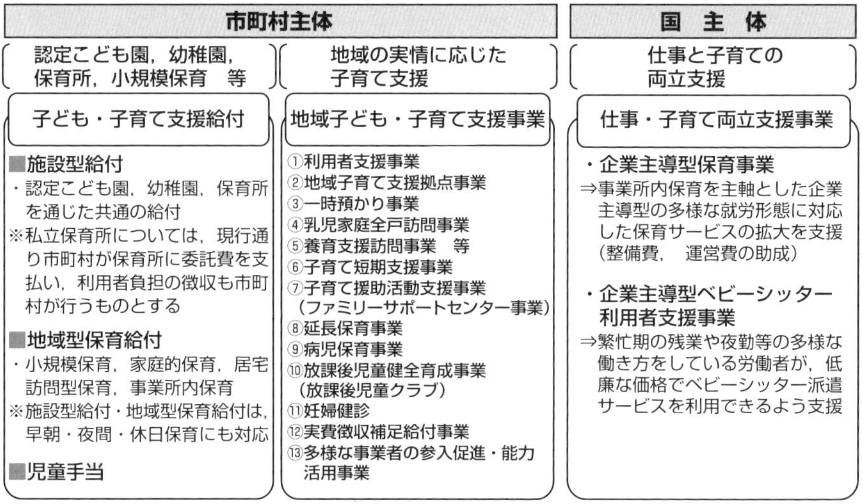

図9-2 子ども・子育て支援制度の概要

市町村主体

- 認定こども園，幼稚園，保育所，小規模保育 等
  - **子ども・子育て支援給付**
    - ■施設型給付
      - 認定こども園，幼稚園，保育所を通じた共通の給付
      - ※私立保育所については，現行通り市町村が保育所に委託費を支払い，利用者負担の徴収も市町村が行うものとする
    - ■地域型保育給付
      - 小規模保育，家庭的保育，居宅訪問型保育，事業所内保育
      - ※施設型給付・地域型保育給付は，早朝・夜間・休日保育にも対応
    - ■児童手当

- 地域の実情に応じた子育て支援
  - **地域子ども・子育て支援事業**
    - ①利用者支援事業
    - ②地域子育て支援拠点事業
    - ③一時預かり事業
    - ④乳児家庭全戸訪問事業
    - ⑤養育支援訪問事業 等
    - ⑥子育て短期支援事業
    - ⑦子育て援助活動支援事業（ファミリーサポートセンター事業）
    - ⑧延長保育事業
    - ⑨病児保育事業
    - ⑩放課後児童健全育成事業（放課後児童クラブ）
    - ⑪妊婦健診
    - ⑫実費徴収補足給付事業
    - ⑬多様な事業者の参入促進・能力活用事業

国主体

- 仕事と子育ての両立支援
  - **仕事・子育て両立支援事業**
    - ・企業主導型保育事業
      - ⇒事業所内保育を主軸とした企業主導型の多様な就労形態に対応した保育サービスの拡大を支援（整備費，運営費の助成）
    - ・企業主導型ベビーシッター利用者支援事業
      - ⇒繁忙期の残業や夜勤等の多様な働き方をしている労働者が，低廉な価格でベビーシッター派遣サービスを利用できるよう支援

われ，地域子ども・子育て支援事業は，多様な施設や事業の中から利用者が選択して地域型保育給付が行われるしくみである。また，仕事と子育ての両立支援は，多様な就労形態に対応する保育サービスに助成を行うことで仕事と子育てとの両立に資することを目的としている。

2）子育て家庭に介入するサービス

　子ども虐待や配偶者暴力の相談件数の増加に対応して，子育て家庭などに積極的に介入するしくみも整備されてきている。2000（平成12）年に児童虐待の防止等に関する法律（児童虐待防止法），2001（平成13）年に配偶者からの暴力の防止及び被害者の保護等に関する法律（DV防止法）が成立した。

　2004（平成16）年には，児童虐待防止法の改正により，虐待の定義の見直しや通告義務の範囲が拡大され，市町村が子ども虐待の一義的窓口に位置づけられた。あわせて改正された児童福祉法で市町村の要保護児童対策地域協議会の設置が法定化され，2007（平成19）年の法改正で設置が努力義務化された。この他，同年の児童虐待防止法改正で児童相談所の権限が強化され，子どもの安全確認・確保のため，これまでの立入調査に加え，出頭要求や要求に応じない場合には裁判所の許可状を受け，臨検・捜索ができることになった。

2011（平成23）年には，子ども虐待防止と子どもの権利を擁護するために民法等の一部改正が行われ，親権者の監護や教育は「子の利益のため」に行うものと明記された他，親権停止制度が創設されるなど司法の関与が強化された。

さらに，2016（平成28）年には，すべての子どもが健全に育成されるよう，子ども虐待について，発生予防から自立支援までの一連の対策強化などを図るため，児童福祉法の理念を明確化するとともに，子育て世代包括支援センターの法定化，市町村および児童相談所の体制強化，里親委託の推進などを目的に児童福祉法が改正された。そして，2017（平成29）年には虐待を受けている子どもの保護を図るため，児童福祉法の改正で，虐待を受けている子どもの保護者に対する都道府県の指導を家庭裁判所が勧告するしくみや家庭裁判所による一時保護の審査が導入された。児童虐待防止法の改正で接近禁止命令を行うことができる場合の拡大など司法関与のしくみが強化された。

このように子ども家庭福祉制度が充実する過程で子どもを取り巻く環境の変化を受けて，子育てを私的な養育から社会的な支援が必要な養育へと転換し，虐待など子どもへの不適切なかかわりから子どもを保護するために必要に応じて家庭に介入する方向が強化されてきている。

なお，子どもの権利に関しては，子どもの権利条約に基づいて国連に設置されている子どもの権利委員会（CRC）によって，わが国に対して子どもの権利に関する包括的な法律の成立や国内機構の地位に関する原則（パリ原則）に基づいた政府から独立した国内人権機構の創設，オンブズマンなど子どもの権利を擁護するしくみの設置などを勧告している。このような子どもの権利を包括的に保障する法制度の整備とともに，子どもを権利の主体として尊重するためには，保護者をはじめとした大人の側が子どもの権利の内実を理解し，子どもとのかかわりにおいてその権利を実体的に遵守することが求められる。

2. 子どもの福祉と子育て家庭を支援する法律

日本国憲法および子どもの権利条約では，基本的人権の尊重や思想および良心の自由，労働における子どもの酷使の禁止など基本的な権利を保障している。また，子どもと子育て家庭支援にかかわる基本的な権利を保障することを目的

に関係する法律が制定され，関連する命令（政令・省令・規則など）に基づいて具体的な福祉サービスが展開されている。子どもと家庭を支援する理念的な法律としては，少子化社会対策基本法や男女共同参画社会基本法などがあり，これからの社会における基本理念を明らかにして方向性を示している。

わが国の子ども家庭福祉を支える法律は，社会福祉，教育，司法，労働，保健・医療など多岐にわたる。表9-1は，子どもの育ちと子育て家庭への支援に直接的・間接的に関連する主な法律をその内容の性格に基づいて分類している。ここではその中から児童福祉法のほか，主要な法律を紹介する。

表9-1 子ども家庭福祉を支える主な法律（国内法）

（1）子ども家庭福祉の基本法
　児童福祉法，こども基本法
（2）子どもの福祉と子育て家庭を支援する法律
　1）子どもの福祉に関連する法律
　　児童虐待の防止等に関する法律，発達障害者支援法，障害者の日常生活及び社会生活を総合的に支援する法律（障害者総合支援法），子ども・若者育成支援推進法，こどもの貧困の解消に向けた対策の推進に関する法律など
　2）子育て家庭支援に関連する法律
　　児童手当法，児童扶養手当法，特別児童扶養手当等の支給に関する法律，母子及び父子並びに寡婦福祉法，母子保健法，次世代育成支援推進法，子ども・子育て支援法，就学前の子どもに関する教育，保育等の総合的な提供の推進に関する法律（認定こども園法），育児休業，介護休業等育児又は家族介護を行う労働者の福祉に関する法律など
（3）子どもの福祉と子育て家庭支援に関連する分野の主な法律
　1）司法に関する法律
　　民法，少年法，少年院法，少年鑑別所法，児童買春，児童ポルノに係る行為等の規制及び処罰並びに児童の保護等に関する法律（児童買春・児童ポルノ禁止法），配偶者からの暴力の防止及び被害者の保護等に関する法律（DV防止法），家事事件手続法など
　2）女性の福祉を支援する法律
　　困難な問題を抱える女性への支援に関する法律（女性支援法）
　3）社会福祉分野の法律
　　社会福祉法，生活保護法，身体障害者福祉法，知的障害者福祉法，民生委員法，障害者基本法，社会福祉士及び介護福祉士法，生活困窮者自立支援法，障害者虐待の防止，障害者の養護者に対する支援等に関する法律（障害者虐待防止法）など
　4）教育分野の法律
　　教育基本法，学校教育法，社会教育法，特別支援学校への就学奨励に関する法律，いじめ防止対策推進法
　5）労働分野の法律
　　労働基準法，職業安定法，最低賃金法，青少年の雇用の促進に関する法律（若者雇用促進法）など
　6）保健・医療分野の法律
　　精神保健及び精神障害者福祉に関する法律（精神保健福祉法），学校保健安全法，学校給食法，感染症の予防及び感染症の患者に対する医療に関する法律（感染症法），地域保健法，母体保護法など

（1）子ども家庭福祉の基本法
1）児童福祉法の理念

　児童福祉法は1947（昭和22）年12月に制定され，要保護状態にあるか否かにかかわらず，18歳未満のすべての児童の健全育成と福祉の向上を図ることを目的にした児童の福祉の基本的な法律である。

　2016（平成28）年の児童福祉法改正により，第1条～第3条において次のように示されている。

> 第1条　全て児童は，児童の権利に関する条約の精神にのつとり，適切に養育されること，その生活を保障されること，愛され，保護されること，その心身の健やかな成長及び発達並びにその自立が図られることその他の福祉を等しく保障される権利を有する。
> 第2条　全て国民は，児童が良好な環境において生まれ，かつ，社会のあらゆる分野において，児童の年齢及び発達の程度に応じて，その意見が尊重され，その最善の利益が優先して考慮され，心身ともに健やかに育成されるよう努めなければならない。
> ②　児童の保護者は，児童を心身ともに健やかに育成することについて第一義的責任を負う。
> ③　国及び地方公共団体は，児童の保護者とともに，児童を心身ともに健やかに育成する責任を負う。
> 第3条　前2条に規定するところは，児童の福祉を保障するための原理であり，この原理は，すべて児童に関する法令の施行にあたつて，常に尊重されなければならない。

　第1条では，子どもの権利条約の理念や原則にのっとり児童の福祉が保障されている権利があることを規定している。また，第2条1項では国民に児童の健全育成についての努力義務を規定，第2項では児童の保護者に養育の第一義的責任を明確にし，第3項は，保護者のみならず，国や地方公共団体にも児童の養育責任があることが明記された。さらに，第3条では児童福祉の原理を尊重するために環境整備が必要であることを規定してしている。

2）児童福祉の対象

　児童福祉法では，児童福祉の対象である「児童」を原則として「18歳に満たない者」として，これを以下のように区分している。

① 乳児：満1歳に満たない者
② 幼児：満1歳から，小学校就学の始期に達するまでの者
③ 少年：小学校就学の始期から，満18歳に達するまでの者

　また，障がい児については，「身体に障害のある児童，知的障害のある児童，精神に障害のある児童（発達障害児を含む。）又は治療方法が確立していない疾病その他の特殊の疾病であつて障害者の日常生活及び社会生活を総合的に支援するための法律第4条第1項の政令で定めるもの（筆者注：難病）による障害の程度が同項の厚生労働大臣が定める程度である児童」と規定している。

　この他，妊産婦を「妊娠中又は出産後1年以内の女子」と定めて児童福祉の対象とし，児童の親権者，未成年任後見人など子どもの養育を行っている者を保護者と規定している。

3）児童福祉法による児童福祉の内容

　子ども家庭福祉にかかわる機関には，それらに関する事項を調査，審議する児童福祉審議会やその実務を担う機関として，市町村，都道府県，児童相談所，保健所がある。

　関連する事業には，養育支援訪問事業，子育て短期支援事業，子育て支援拠点事業などがあり，保育所，幼保連携型認定こども園，乳児院，児童養護施設，障害児入所施設などの児童福祉施設や里親に関する規定がある。

　資格や職種には，児童相談所で子どもの保護や相談・援助を行う児童福祉司，市町村の区域で子どもとその家庭の福祉に関する援助を行う児童委員や主任児童委員，子どもの保育および保護者への保育に関する指導を行う保育士などの規定がある。

　また，措置および保障としては，障がいのある子どもに対する療育の指導や障害児通所支援，障害児入所支援，保育所などへの入所，要保護児童に対する保護措置，被措置児童等虐待の防止などを規定している。

4）こども基本法

　こども基本法は2022（令和4）年に制定され，こども施策を総合的に推進することを目的としている。具体的には，こども施策の基本理念や国・地方公共団体の責務，こども大綱の策定，こども推進会議の設置などを規定している。

　なお，この法律では，「こども」を「心身の発達の過程にある者」として，

年齢を定めていない。

(2) 子どもの福祉と子育て家庭を支援する法律
1) 子どもの福祉に関連する法律
a) 児童虐待の防止等に関する法律（児童虐待防止法）

　2000（平成12）年に成立した児童虐待防止法は，児童虐待が児童の人権を著しく侵害し，その心身の成長および人格の形成に重大な影響を与え，わが国の将来世代の育成にも懸念を及ぼすことから，児童に対する虐待の禁止，児童虐待の予防および早期発見など児童虐待の防止に関する国と地方公共団体の責務や児童虐待を受けた児童の保護と自立の支援のための必要な手続きを定めて児童虐待の防止等に関する施策を促進し，児童の権利利益の擁護に資することを目的としている。具体的には，児童虐待の定義，児童への虐待の禁止，児童虐待の防止に関する国や地方自治体の責務，関係者による早期発見，虐待を受けた子どもの保護措置などを規定している。

b) 障害者の日常生活及び社会生活を総合的に支援するための法律（障害者総合支援法）

　2012（平成24）年に改正された障害者総合支援法は，障がい児・者がその能力と適性に応じて自立した日常生活や社会生活を営むことができるよう基本的な支援のしくみを定めた法律である。

　障がい児・者が基本的人権を享有する個人としての尊厳にふさわしい日常生活または社会生活を営むことができるよう，必要な障害福祉サービスに係る給付，地域生活支援事業その他の支援を総合的に行うことで障がい児・者の増進を図り，障がいの有無にかかわらず国民が相互に人格と個性を尊重し安心して暮らすことのできる地域社会の実現に寄与することを目的としている。

c) 子ども・若者育成支援推進法

　子ども・若者育成支援推進法は，2009（平成21）年に制定され，子ども・若者の健全育成と円滑な社会生活を営むことができるよう支援するために，基本理念，国および地方公共団体の責務と施策の基本となる事項を定めている。内閣府に子ども・若者育成支援推進本部を設置して，他の関係法律による施策と連携して総合的な子ども・若者育成支援のための施策の推進を目的としている。

2）子育て家庭支援に関連する法律

a）児童手当法
　児童手当法は，1971（昭和46）年に制定され，家庭等における生活の安定に寄与するとともに，次代を担う児童の健やかな成長に資することを目的とした法律で，子どもの養育者に現金給付を行う。

b）児童扶養手当法
　1959（昭和34）年に国民年金法が制定されたことに伴い死別母子家庭のみを対象とした母子福祉年金（現・遺族基礎年金）制度が創設された。受給資格がない離別母子家庭も経済的状況に変わりはないことから，父と生計を同じくしていない児童に手当を支給し，その離別母子家庭の経済的な安定を図ることを目的に1961（昭和36）年に児童扶養手当法が制定された。
　その後改正が重ねられ，2010（平成22）年の改正によって父子家庭も対象に加えられ，母子・父子家庭の子どもが育成される家庭の生活の安定と自立の促進に寄与することを目的に現金給付を行っている。

c）特別児童扶養手当等の支給に関する法律
　特別児童扶養手当等の支給に関する法律は，精神または身体に障がいを有する者の福祉の増進を図るために手当を給付する法律である。
　1964（昭和39）年に20歳未満の障がい児を対象とした重度精神薄弱児扶養手当法が制定され，1966（昭和41）年には身体に重度の障がいを有する児童も手当の支給対象とすることで特別児童扶養手当制度となり，さらに1974（昭和49）年に重度の知的障がいと身体障がいが重複している者の監護者等に特別福祉手当を支給することで特別児童扶養手当等の支給に関する法律となった。

d）母子及び父子並びに寡婦福祉法
　この法律は，母子福祉対策を総合的に推進することを目的に1964（昭和39）年に母子福祉法として制定された。しかし対象が20歳未満の子どものいる母子家庭だったため，子どもが20歳になると保護を受けられなくなり，自立が困難になるという実態がみられた。そのため1981（昭和56）年に母子及び寡婦福祉法と改正され，子どもが成人した後の寡婦家庭も対象とした。さらに2014（平成26）年の法改正で父子家庭を加えて現行法名となり，母子・父子家庭および寡婦の福祉に関する原理を明らかにするとともに，その生活の安定と

向上のために必要な措置を講じ，母子家庭等の福祉を図ることを目的としている。

e）母子保健法

母子保健法はそれまでは児童福祉法で対応していた3歳児健康診査や母子手帳制度（現・母子健康手帳制度）などを独立させて1965（昭和40）年に制定された。この法律は母性と乳幼児の健康の保持増進を図るため，母性，乳児，幼児に対する保健指導，健康診査，医療その他の措置を講じ，国民保健の向上に寄与することを目的としている。

f）次世代育成支援対策推進法

この法律は，2003（平成15）年に次世代育成支援対策に関する基本理念や国，地方公共団体，事業主および国民の責務を明らかにし，次代を担う子どもが健やかに生まれ，育成する社会を形成することを目的に制定された，2015（平成27）年3月31日までの時限立法であったが，有効期限が2035（令和17）年3月31日まで延長されている。この期間に国は行動計画策定指針，地方自治体に対しては市町村行動計画および都道府県行動計画と特定事業主行動計画，一般事業主（従業員101人以上の従業員を抱える事業主）に対しては一般事業主行動計画の策定をそれぞれ義務づけている。

g）育児休業，介護休業等育児又は家族介護を行う労働者の福祉に関する法律（育児・介護休業法）

育児・介護休業法は，育児や介護を行う労働者が充実した職業生活と家族の役割を果たした家庭生活を営めるように，育児休業および介護休業に関する制度ならびに子の看護休暇，介護休暇に関する制度を設けている。さらに，育児と家族の介護を行いやすくするため所定労働時間等に関し事業主が講ずべき措置や，育児または家族の介護を行う労働者等に対する支援措置を講ずること等を定めている。これにより労働者の雇用が継続するようにし，育児や家族の介護のために退職した労働者の再就職の促進を図り，その人たちの職業生活と家庭生活の両立が図られるよう支援することでその福祉を増進しわが国の経済および社会の発展に資することを目的としている。1995（平成7）年に育児休業等に関する法律を改正して新たに介護休業制度を創設，その後，育児休業，介護休業等育児または家族介護を行う労働者の福祉に関する法律となった。

3) 子どもの福祉と子育て家庭支援に関連する分野の主な法律
a) 民　法

　民法は，私たち市民同士が日常生活を送る際，お互いの権利義務関係を定めた法律である。このため民法には，財産にかかわる「財産法」と，家族にかかわる「家族法」を規定しており，家族法は，親族関係について規定する「親族」と相続関係について規定する「相続」に分けられる。

　親族に関する規定では，未成年の子どもは父母の親権に服するとされており，親権とは子どもの監護および教育をする権利および義務のことである。親権は，居所指定権や職業許可権など子どもの生活全般に効力がおよぶため，親による適切な親権の行使は子どもの福祉にとって大きな影響を与える。このためこれら権利は，子の利益のために行使しなければならないと規定されているが，これに反する場合に備えて，親権の停止や喪失の制度がある。また，父母に子どもの監護が期待できない場合には，子の利益のために父母との親子関係を終了させて養子縁組を成立させる制度がある。

b) 少年法

　少年法は，1948（昭和23）年に少年を健全に育成し，非行のある少年に対して性格の矯正および環境の調整を図る保護処分を行うことなどを目的としている。同法では，満20歳未満を少年とし（18・19歳は特定少年，p.94参照），審判に付すべき少年，調査や審判などの手続きなどを規定している。

c) 児童買春，児童ポルノに係る行為等の規制及び処罰並びに児童の保護等に関する法律（児童買春・児童ポルノ禁止法）

　児童買春・児童ポルノ禁止法は，児童買春，児童ポルノなど子どもに対する性的搾取や性的な虐待により子どもの権利を著しく侵害する行為を処罰し，これらの行為によって心身に有害な影響を受けた子どもの保護措置を定めて，子どもの権利を擁護することを目的に制定された。国内だけではなく，国際的な動向もふまえて1999（平成11）年に制定され，児童買春，児童買春周旋，児童買春勧誘，児童ポルノの提供，児童買春を目的とした人身売買など，国外犯も含めた処罰の対象となる行為や量刑などについて規定をしている。

d) 配偶者からの暴力の防止及び被害者の保護等に関する法律（DV防止法）

　DV防止法は，2001（平成13）年に配偶者からの暴力に係る通報，相談，保護，

自立の支援などを行うことにより，配偶者からの暴力の防止および被害者の保護を図ることを目的に制定された。2013（平成25）年の改正によって「保護」が「保護等」となり現行法名となった。

e）困難な問題を抱える女性への支援に関する法律（女性支援法）

女性支援法は，2022（令和4）年に制定され，困難な問題を抱える女性の福祉の増進を図り，人権が尊重され，女性が安心し，自立して暮らせる社会の実現を目的としている。具体的には，国の基本方針，都道府県・市町村基本計画，女性相談支援センター，女性相談支援員，女性自立支援施設，民間団体との協働による支援などを規定している。

なお，「困難な問題を抱える女性」とは，性的な被害，家庭の状況，地域社会との関係性などの事情で，日常生活や社会生活を営むうえで困難な問題を抱える女性（そのおそれのある女性を含む）をいう。

 討論のテーマと視点
① 児童福祉法の理念で示されている保護者と国および地方公共団体の養育責任について，考えてみよう。
② 子どもと子育て家庭への公的な関与について，考えてみよう。

 基本文献の紹介

柏女霊峰『これからの子ども・子育て支援を考える：共生社会の創出をめざして』ミネルヴァ書房，2017
喜多明人『子どもの権利—次世代につなぐ』エイデル研究所，2015

■参 考 文 献
　厚生労働省編『平成29年版　厚生労働白書』，2017
　内閣府編『平成30年版　少子化社会対策白書』，2018
　網野武博『児童福祉学—子ども主体への学際的アプローチ』中央法規出版，2002

コラム 「こども」と「児童」-こども基本法と児童福祉法とのかかわり

　2022（令和4）年にこども基本法が制定され、日本国憲法および児童の権利に関する条約の精神にのっとり、こども施策を社会全体で実施していくための包括的な基本法と位置づけている。こども基本法における「こども」とは、「心身の発達の過程にある者」をいい、年齢によって法律の対象から外れることがないように定義している。そして、「こども施策」とは、「こどもに関する施策」と「一体的に講ずべき施策」からなる。「こどもに関する施策」は、こどもの健やかな成長や結婚・妊娠・出産・子育てに対する支援が主な目的で、「一体的に講ずべき施策」とは、こどもや子育て家庭に関係する施策、「こどもに関する施策」と連続性をもって行われるべき若者に係る施策である。

　一方、児童福祉法は1947（昭和22）年に制定され、2016（平成28）年に児童福祉の理念を明確化して、児童の権利に関する条約の精神にのっとり、適切な養育を受け、健やかな成長・発達や自立等を保障されると規定している。この法律における「児童」とは、「満18歳に満たない者」と年齢で対象を区切っている。

　こども基本法と児童福祉法とのかかわりからみると、こども基本法の「こども」が大人になるまで切れ目なく支援されるとしているのに対し、児童福祉法の「児童」は、18歳までと期限を区切っている。18歳が壁となって、社会的養護経験者や引きこもりなど、大人になるまでの切れ目ない支援に課題がある。2022年の児童福祉法改正で、児童自立生活援助事業において児童養護施設などの年齢制限が撤廃された。社会的養護を巣立つこども・若者について、こども基本法の考えに沿った方向性が示されたといえる。しかし、この年齢制限の撤廃は、「措置の延長」が対象で、措置を解除されると対象外となるので、切れ目なく支援するという点で改善の余地があるなど、一人一人の子ども・若者の状態や意向などからていねいにアセスメント・支援できる期間を延長する法制度の見直しが望まれる。　（尾里育士）

第Ⅲ部 子ども家庭福祉の制度と実施体系

第10章
子ども家庭福祉の実施体系

　子どもの最善の利益を基本とした子どもと家庭のウェルビーイング（well-being）の実現のためには，様々な行政機関，実践機関の存在が欠かせない。併せて，近年の子ども虐待問題をはじめとした複雑化・深刻化・多様化する子どもの育ちと子育てをめぐる状況に対応していくためには，それぞれの機関の連携と協働が求められる。

　そこで本章では，子ども家庭福祉の実践を支える機関とネットワークによる支援体制について学ぶこととする。

1. 子ども家庭福祉行政のしくみ

(1) 子ども家庭福祉の行政機関

　子ども家庭福祉に関する施策の実施および展開について重要な役割を担っているのは，国および都道府県・政令指定都市，市町村である。これらの行政機関には，子どもの保護者との協働による子どもの健全育成責任がある（児童福祉法第2条第3項）。

1) 国の子ども家庭福祉行政

　国において，子ども家庭福祉行政に関する企画調整，監査指導，事業に必要な予算措置等の業務を担っているのは，2023（令和5）年4月に新設されたこども家庭庁である。

　こども家庭庁は，それまで厚生労働省子ども家庭局と内閣府子ども・子育て本部が担っていた業務を引き継ぎ，内閣府の外局に設置されている。子ども政策を担当する内閣府特命担当大臣が置かれており，各省庁などに子ども政策の改善を求めることができる「勧告権」をもっている。こども家庭庁は，①結婚・

144　第Ⅲ部　子ども家庭福祉の制度と実施体系

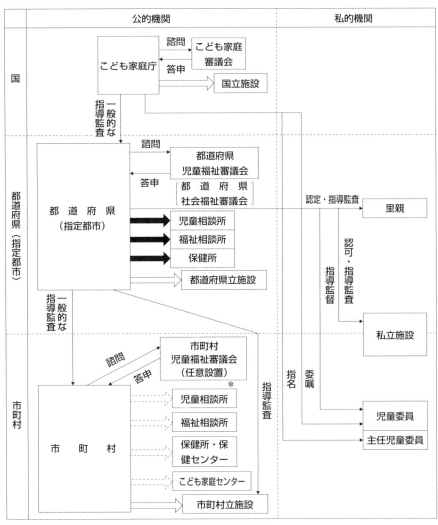

(注)　＊政令で定める市は児童相談所を設置することができる
　　　▶印は，下部の行政機関を示す
　　　⇨印は，下部の付属機関を示す
　　　┄▷印は，全部の市町村には設置しない下部の行政機関を示す

図 10-1　子ども家庭福祉行政のしくみ
(吉田幸恵，山縣文治『新版　よくわかる子ども家庭福祉』ミネルヴァ書房，2018，p.57，一部改変)

妊娠・出産・子育てに夢や希望を感じられる社会を目指す，②すべてのこどもに，健やかで安全・安心に成長できる環境を提供する，③成育環境にかかわらず，誰一人取り残すことなく健やかな成長を保障するという3つの政策の柱を掲げ，生育局（保育政策，母子保健等），支援局（児童虐待・いじめ・不登校防止，ひとり親家庭・障がい児支援等）などの組織からなる。

2）地方自治体の子ども家庭福祉行政

a）都道府県・政令指定都市

都道府県・政令指定都市が担う子ども家庭福祉行政業務には，各自治体における事業の企画・立案と予算措置の他，児童相談所・福祉事務所，保健所の設置と運営，児童福祉施設および里親の認可と指導監査，保育所を除く児童福祉施設への入所決定，市町村（特別区を含む）が実施する子ども家庭福祉に関する施策に対する指導監査および支援がある（児童福祉法第3条の3第2項）。このように多くの行政業務を担当しており，子ども家庭福祉行政の中心を担っているといえる。

b）市区町村

市区町村は，地域住民に最も身近な行政機関であるという特性を活かして，2004（平成16）年の児童福祉法改正以降，子ども家庭福祉に関する第一義的な相談窓口として地域密着型の子ども家庭福祉行政業務を行ってきている。具体的な業務としては，子どもと家庭および妊産婦の福祉に関する実情把握，情報提供，相談，調査，指導等をはじめとして，障害児通所支援事業および子育て支援事業の整備，乳幼児健康診査の実施，保育所を中心とした児童福祉施設の設置および保育の提供である（児童福祉法第3条の3第1項）。

加えて，2016（平成28）年の児童福祉法改正では，市区町村における子どもと家庭および妊産婦の福祉に関する支援業務の適切な運営・実施の責任が明確化された。これにより，子どもと家庭および妊産婦への直接的支援をはじめとして，地域の社会資源やサービスを有機的につなぐコミュニティを基盤としたソーシャルワーク機能を担う市区町村子ども家庭総合支援拠点の設置が図られた（表10-1）。これは，子どもと家庭にとって最も身近な機関である市区町村の在宅支援の強化を図り，子ども虐待対応における事例の重篤化を予防することなどを含む取り組みである。2021（令和3）年4月現在で，全国に716か所

表10-1　市区町村子ども家庭総合支援拠点の業務内容

子ども家庭支援全般	実情把握	母子保健事業に基づく状況，親子関係，夫婦関係，きょうだい関係，家庭環境および経済状況，保護者の心身状態，子どもの特性などの養育環境全般の実情把握
	情報提供	子どもと家庭および妊産婦への地域の実情や社会資源に関する情報提供，関係機関への連携に資する情報提供
	相談対応	子育て相談から養育困難状況や子ども虐待に関する相談および妊娠期から子どもの自立に至るまでの相談全般への対応
	総合調整	地域の子育て支援に係る社会資源間のサービスの調整
要支援児童・要保護児童・特定妊婦への支援	相談・通告の受付	主たる担当者および調査範囲の決定
	受理（緊急受理）会議	児童相談所送致の判断
	調査	事実および経緯の把握
	アセスメント	子どもの安全に関する緊急度およびリスクの判断
	支援計画の作成	支援の内容およびプロセスの作成
	支援および指導	支援計画に基づいた支援の実践 児童相談所の指導措置委託を受けて行う指導
	児童記録票の作成	ケース概要および支援経過に関する記録の作成
関係機関との連絡調整	要保護児童対策地域協議会の活用	
	児童相談所との連携・協働	
	関係機関および地域における各種協議会等との連携	
その他必要な支援	児童相談所の一時保護および措置解除後の子ども家庭への支援	
	里親家庭への支援	
	非行相談への対応	

(厚生労働省雇用均等・児童家庭局長通知「市区町村子ども家庭総合支援拠点の設置運営等について」（平成29年3月31日発出）より筆者作成）

設置された。

　さらに，同年の母子保健法の改正により，妊産婦および乳幼児の健康の保持と増進に関する包括的な支援を行う体制を構築することを目的として，子育て世代包括支援センター（法律上の名称は，母子健康包括支援センター）の設置も図られた。主な業務は，妊産婦と乳幼児およびその保護者の実情の把握，妊娠・出産・子育てに関する各種の相談への対応，支援計画の策定，地域の保健医療および福祉関係機関との連絡調整など，母子保健施策と子育て支援施策との一体的な提供を行うこととされている。さらに，地域の実情によっては，18

第10章　子ども家庭福祉の実施体系　　*147*

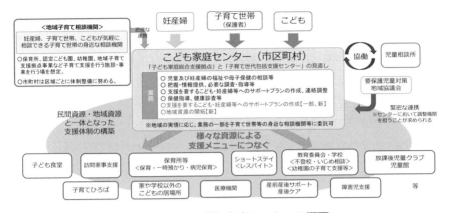

図10-2　こども家庭センターの概要
（こども家庭庁「児童福祉法等の一部を改正する法律（令和4年法律第66号）の概要」p.2）

歳までの子どもとその保護者についても支援の対象とする場合もあるとされている。母子保健施策と子育て支援施策は、子ども虐待の予防的施策としても位置づけられるため、重要な役割を担っているといえる。実施主体は、市町村（特別区および一部事務組合を含む）と市町村が委託を認めた事業者である。2021年4月現在で全国に2,451か所設置された。

なお、この市区町村子ども家庭総合支援拠点と子育て世代包括支援センターは、2024（令和6）年度より子ども家庭福祉と母子保健の一体的支援を行う機能を有するこども家庭センターとして再編された（図10-2）。

このことにより、今後ますます、市区町村を中心とした実施体制による子ども家庭福祉実践が展開されていくことになる。

(2) 子ども家庭福祉の審議機関
1) こども家庭審議会

こども家庭審議会は、2023（令和5）年にこども家庭庁が創設されることに伴い、こども政策に関する重要事項等を審議する機関として同庁に設置された。

内閣総理大臣またはこども家庭庁長官の諮問に応じて、子ども・子育て支援法の施行に関する重要事項、子どもと子育て家庭および妊産婦その他母性の福祉の増進と保健の向上に関する重要事項、子どもの権利擁護に関する重要事項

について調査・審議することを目的としている。

なお，従来の社会保障審議会児童部会は廃止されたが，小児慢性特定疾病対策については難病対策と一体のものとして引き続き厚生労働省が所掌することとされたため，社会保障審議会小児慢性特定疾病対策部会として再編された。

2) 児童福祉審議会

児童福祉審議会は，都道府県・政令指定都市および市町村に設置されている審議機関である。都道府県・政令指定都市および中核市には設置が義務づけられている。特別区を含む市町村は任意で設置できることとなっている（児童福祉法第8条）。

各自治体の子ども家庭福祉に関することについて，諮問を受け，調査・審議し，答申，意見具申を行うことが主な業務である。中でも，特徴的なものとしては，児童相談所からの援助方針に関する諮問に対する答申または具申がある。これは，子どももしくは保護者の意向が児童相談所の援助方針と一致しない場合に，児童相談所からの諮問により必要な調査と審議を行い，児童相談所に対して答申または意見具申が行われるものである。表10-2は，その主な事例を整理したものである。

また，これらの他に，施設における支援に関連した子どもからの苦情相談や虐待相談など，権利侵害性が強いと考えられる事例についても意見を求めることが望ましいとされている。このように，児童福祉審議会は児童相談所の援助方針の妥当性を担保する役割を担っている第三者機関でもあるといえる。

3) 子ども・子育て会議

子ども・子育て支援の政策プロセスなどに参画・関与することができるしくみとして，子ども・子育て支援法に基づき内閣府に設置された審議会のことで

表10-2　児童相談所が児童福祉審議会に諮問する主な事例

事例の内容
① 子どももしくは保護者の意向が児童相談所の措置と一致しない場合
② 保護者の意に反して一時保護が2か月を超過する場合
③ 児童福祉法28条申立てまたは親権停止により施設入所した子どもが家庭復帰する場合 　その他，児童相談所長が必要と認める場合

（厚生労働省児童家庭局長通知「児童相談所運営指針」（平成30年10月25日）より抜粋）

ある。構成員は，子どもの保護者をはじめ，都道府県知事，市町村長，事業主や労働者の代表，子ども・子育て支援に関する事業に従事する者，学識経験者であり，内閣総理大臣によって任命される。子ども・子育て支援の施行に関する事項について調査および審議を行う主な審議事項は，幼保連携型認定こども園の設備および運営に関すること，特定教育・保育施設の基準に関すること，特定地域型保育事業者の基準に関すること，施設型給付費，特例施設型給付費の額の算定基準に関すること，などである。また，同様に都道府県，市町村においても地方版子ども・子育て会議の設置が努力義務とされ，各自治体の子ども・子育て支援事業計画の策定などの役割を担っている。

2. 子どもの育ちと家庭・地域における子育てを支える子ども家庭福祉の実践機関

(1) 児童相談所

1) 設置・運営

　児童相談所は，児童福祉法第12条に規定された第一線の子ども家庭福祉の実践機関である。都道府県・政令指定都市に設置義務があるが，中核市および特別区は任意設置[*1]とされている。2024（令和6）年4月現在で全国に234か所設置されている。現在では，市町村が子ども家庭福祉に関する第一義的な相談窓口となっていることから，虐待や非行など要保護性の高い事例への対応を中心としつつ，市町村の後方支援的な役割を担っている。

2) 児童相談所の相談援助活動

　児童相談所の相談援助活動の対象は，表10-3に示した6つの相談内容である。近年，著しい増加を示している虐待相談は養護相談に含まれる。なお，2022（令和4）年度中に全国の児童相談所が対応した総相談件数は566,013件であった。相談種別の内訳は，養護相談292,119件（51.6％），障害相談

[*1] 児童相談所の設置義務：2016（平成28）年の児童福祉法改正によって，中核市（政令で指定する人口20万人以上の都市のこと）に加えて，特別区にも児童相談所を設置することが可能となった。なお，中核市で児童相談所を設置しているのは2024（令和6）年現在，金沢市，横須賀市と明石市の3か所である。

表10-3 児童相談所が受け付ける相談の種類および主な内容

養護相談	1. 児童虐待	児童虐待の防止等に関する法律の第2条に規定する次の行為に関する相談 (1) 身体的虐待：生命・健康に危険のある身体的な暴行 (2) 性 的 虐 待：性交，性的暴行，性的行為の強要 (3) 心理的虐待：暴言や差別など心理的外傷を与える行為，児童が同居する家庭における配偶者，家族に対する暴力 (4) 保護の怠慢，拒否（ネグレクト）：保護の怠慢や拒否により健康状態や安全を損なう行為および棄児	
	2. その他	父または母等保護者の家出，失踪，死亡，離婚，入院，稼働及び服役等による養育困難児，迷子，親権を喪失・停止した親の子，後見人をもたぬ児童等環境的問題を有する子ども，養子縁組に関する相談	
保健相談	3. 保健	未熟児，虚弱児，ツベルクリン反応陽転児，内部機能障害，小児喘息，その他の疾患（精神疾患を含む）等を有する子どもに関する相談	
障害相談	4. 肢体不自由	肢体不自由児，運動発達の遅れに関する相談	
	5. 視聴覚障害	盲（弱視を含む），ろう（難聴を含む）等視聴覚障害児に関する相談	
	6. 言語発達障害等	構音障害，吃音，失語等音声や言語の機能障害をもつ子ども，言語発達遅滞を有する子ども等に関する相談。ことばの遅れの原因が知的障害，自閉症，しつけ上の問題等他の相談種別に分類される場合は該当の種別として取り扱う	
	7. 重症心身障害	重症心身障害児（者）に関する相談	
	8. 知的障害	知的障害児に関する相談	
	9. 発達障害	自閉症，アスペルガー症候群，その他広汎性発達障害，学習障害，注意欠陥多動性障害等の子どもに関する相談	
非行相談	10. ぐ犯等	虚言癖，浪費癖，家出，浮浪，乱暴，性的逸脱等のぐ犯行為もしくは飲酒，喫煙等の問題行動のある子ども，警察署からぐ犯少年として通告のあった子どもまたは触法行為があったと思料されても警察署から法第25条による通告のない子どもに関する相談	
	11. 触法行為等	触法行為があったとして警察署から法第25条による通告のあった子ども，犯罪少年に関して家庭裁判所から送致のあった子どもに関する相談。受け付けたときには通告がなくとも調査の結果，通告が予定されている子どもに関する相談についてもこれに該当する	
育成相談	12. 性格行動	子どもの人格の発達上問題となる反抗，友だちと遊べない，落ち着きがない，内気，緘黙，不活発，家庭内暴力，生活習慣の著しい逸脱等性格もしくは行動上の問題を有する子どもに関する相談	
	13. 不登校	学校および幼稚園ならびに保育所に在籍中で，登校（園）していない状態にある子どもに関する相談。非行や精神疾患，養護問題が主である場合等には該当の種別として取り扱う	
	14. 適性	進学適性，職業適性，学業不振等に関する相談	
	15. 育児・しつけ	家庭内における幼児の育児・しつけ，子どもの性教育，遊び等に関する相談	
その他		1～15のいずれにも該当しない相談	

（厚生労働省児童家庭局長通知「児童相談所運営指針」（平成30年10月25日発出）より筆者作成）

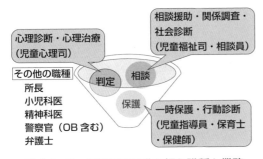

図10-3 相談援助活動を担う職種と業務

186,299件（32.9％），育成相談40,161件（7.1％），非行相談11,966件（2.1％），保健相談1,254件（0.2％），その他34,214件（6.0％）である。

これらの相談内容に対して，主として相談，判定，保護の3つの部門のチームワークによって援助活動が実践される。3つの部門には，それぞれ主にソーシャルワークを担う児童福祉司・相談員，心理的な診断やカウンセリングを中心とした心理的支援を担う児童心理司，一時保護所において日常生活支援を中心として子どもの保護と行動観察を担う児童指導員・保育士といった専門職が配置されている。ひとつの事例に対して，児童福祉司が中心となってチームを組み，それぞれの専門性を活かして相談援助活動を展開するのが児童相談所である。また児童相談所には，これらの専門職以外に，図10-3に示したような職種も常勤で配置されるようになってきている。特に，子ども虐待事例の法的対応における弁護士の役割に対する期待が高まっている[*2]。

3）児童相談所の機能

児童相談所には，表10-4に示した6つの機能がある。

児童相談所は，ソーシャルワークを基本に，これらの機能を効果的に活用して，子どもへの支援を中心としつつ，その家庭への支援を展開するというファミリーソーシャルワークを実践する機関としての役割を担っている。加えて，市町村による子育て支援事業や地域の関係機関による支援ネットワーク（要保護児童対策地域協議会）また，市区町村に2024（令和6）年度より新設された子ども家庭福祉と母子保健の一体的支援を担うこども家庭センターとも連携をもちながら，切れ目のない社会的養護を実践する中心的役割も担っている（図10-4）。

[*2] 児童相談所への弁護士の配置義務：2010（平成22）年の児童福祉法改正によって弁護士配置が義務づけられた。

表10-4 児童相談所の機能

機　能	内　容	
相談援助	子どもに関する家庭のその他からの相談のうち，専門的な知識および技術を必要とするものについて，必要に応じて子どもの家庭，性格，行動等について専門的な角度から総合的に調査，診断，判定（総合診断）し，それに基づいて援助指針を定め，自らまたは関係機関等を活用し一貫した子どもの援助を行う機能（法第12条第2項）	
	相談受付	家庭や関係機関からの子どもに関する問題についての相談に応じる
	調　査	子どもやその家庭が抱える問題について，必要な調査を行う
	判　定	子どもやその家庭が抱える問題ついて，医学的，心理学的，教育学的，社会学的および精神保健上の判定を行う
	援　助	相談を受け付けた子どもやその保護者に対して，問題解決のため援助を行う
一時的保護	必要に応じて子どもを家庭から離して一時保護する機能（法第12条第2項，第12の4，第33条）	
措　置	子どもまたはその保護者を児童福祉司，児童委員（主任児童委員を含む。以下同じ），児童家庭支援センター等に指導させ，または子どもを児童福祉施設，指定医療機関に入所させ，または里親に委託する等の機能（法第26条，第27条（法第32条による都道府県知事（指定都市または児童相談所設置市の市長を含む）の権限の委任））	
市町村援助	市町村による児童家庭相談への対応について，市町村相互間の連絡調整，市町村に対する情報の提供その他必要な援助を行う機能（法第12条第2項）	
ネットワーク	①子どもと家庭にかかわる地域の各関係機関のネットワーク化を推進する ②地域のおける子どもと家庭に対する相談援助活動の総合的企画およびその実行	
その他 （民法上の権限）	親権者の親権喪失宣告の請求，未成年後見人選任および解任の請求を家庭裁判所に対して行うことができる（法第33条6，7，8）	

（厚生労働省「児童相談所運営指針（平成30年10月25日発出）」より筆者作成）

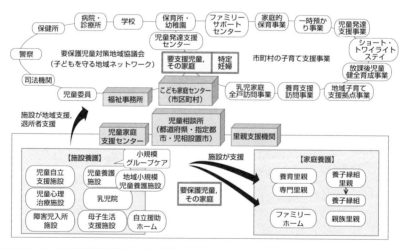

図10-4 児童相談所およびこども家庭センターを中心とした社会的養護の概要
（厚生労働省「社会的養護の推進に向けて」（平成31年4月）を一部改変）

第10章 子ども家庭福祉の実施体系　153

　児童相談所の援助活動のながれと援助内容を示したものが，図10-5である。児童相談所による援助内容には，児童福祉施設への入所措置および里親等への委託措置（児童福祉法第27条第1項第3号）の他，在宅指導のひとつである児童福祉司指導（児童福祉法第27条第1項第2号）など7つがある。

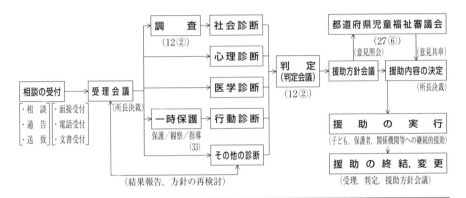

援　　助

1　在宅措置等
　(1)　措置によらない指導（12②）
　　ア　助言指導
　　イ　継続指導
　　ウ　他機関あっせん
　(2)　措置による指導
　　ア　児童福祉司指導（26①Ⅱ，27①Ⅱ）
　　イ　児童委員指導（26①Ⅱ，27①Ⅱ）
　　ウ　市町村指導（26①Ⅱ，27①Ⅱ）
　　エ　児童家庭支援センター指導
　　　　（26①Ⅱ，27①Ⅱ）
　　オ　知的障害者福祉司，社会福祉主事
　　　　指導（26①Ⅱ，27①Ⅱ）
　　カ　障害児相談支援事業を行う者の指導（26①Ⅱ，27①Ⅱ）
　　キ　指導の委託（26①Ⅱ，27①Ⅱ）
　(3)　訓戒，契約措置（27①Ⅰ）

2　児童福祉施設入所措置（27①Ⅲ）
　　指定発達支援医療機関委託（27②）
3　里親，小規模住居型児童養育事業委託措置（27①Ⅲ）
4　児童自立生活援助の実施（33の6①）
5　市町村への事案送致（26①Ⅲ）
　　福祉事務所送致，通知（26①Ⅲ，63の4，63の5）
　　都道府県知事，市町村長報告，通知（26①Ⅳ，Ⅴ，Ⅵ，Ⅶ）
6　家庭裁判所送致（27①Ⅳ，27の3）
7　家庭裁判所への家事審判の申立て
　　ア　施設入所の承認（28①②）
　　イ　特別養子縁組適格の確認の請求（33の6の2①）
　　ウ　親権喪失等の審判の請求又は取消しの請求（33の7）
　　エ　後見人選任の請求（33の8）
　　オ　後見人解任の請求（33の9）

（数字は児童福祉法の該当条項等）

図10-5　児童相談所における相談援助活動の体系と展開
（こども家庭庁「児童相談所運営指針」（令和6年3月30日））

(2) 福祉事務所

　福祉事務所は，社会福祉法第14条に「福祉に関する事務所」と規定されている社会福祉六法[*3]を扱う社会福祉の実践機関である。都道府県および政令指定都市と特別区を含む市に設置義務があり，町村は任意設置である。

　2024（令和6）年4月現在，全国に1,244か所（都道府県205，特別区・市740，政令・中核市252，町村47）が設置されている。社会福祉六法を扱っているため，子ども家庭福祉はその業務の一部であるが，母子保健，ひとり親家庭，各種手当，相談業務と幅広い内容の業務を担当している。また，虐待などの要保護児童に関する通告先としての役割もある（児童福祉法第25条および児童虐待の防止等に関する法律第6条）。

(3) 保健所・市町村保健センター

　保健所・市町村保健センターは，地域保健法に規定された地域住民の保健・衛生に関する業務を担う地域保健の実践機関である。保健所は都道府県および政令指定都市，中核市，特別区に設置されており，一方，市町村保健センターは市町村に任意で設置されている。

　業務内容は，精神保健，母子保健，老人保健，食品衛生，公衆衛生，疾病対策など多岐にわたる。子ども家庭福祉に関する業務としては，母子保健法に関することが中心であるが，こんにちは赤ちゃん事業（乳児家庭全戸訪問事業）や養育支援事業を担当するなど，子ども虐待の発生予防に大きな役割を担っている。図10-6は，主な母子保健施策の保健所と市町村保健センターにおける推進体制を示したものである。2024（令和6）年4月現在で，全国に保健所は支所も含めて591か所，市町村保健センターは2,422か所設置されている。

　また，これらに加えて，非行少年への支援，子ども虐待への法的対応，養子縁組・特別養子縁組の手続きなどの役割を担っている家庭裁判所や，ドメスティック・バイオレンス（DV）被害者である親とその子どもの緊急避難にかかわる重要な役割を担っている配偶者暴力相談支援センターおよび女性相談セ

[*3] 生活保護法，児童福祉法，老人福祉法，身体障害者福祉法，知的障害者福祉法，母子及び父子並びに寡婦福祉法のことである。

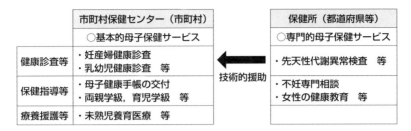

図10-6　保健所と市町村保健センターの母子保健施策推進体制
(吉田幸恵，山縣文治「新版 よくわかる子ども家庭福祉」ミネルヴァ書房，2018，p.72)

ンター*4などの関連機関がある。

3. ネットワークによる子ども家庭福祉の支援体制

(1) 子どもを守る地域ネットワーク～要保護児童対策地域協議会

　要保護児童対策地域協議会は，地域の要保護児童等に関する関係者間の情報交換と支援に関する協議を行うことを目的として設置された機関である（児童福祉法第25条の2）。運営の中核となる調整機関の設置および同機関への専門職の配置*5の義務化や構成員*6に対する守秘義務など機能強化が図られている（図10-7）。運営は，調整機関が中心となって，個別の事例について担当者レベルで検討する会議（個別ケース検討会議），具体的な援助を行っている実務担当者による会議（実務者会議），構成員の代表者による会議（代表者会議）

---

*4　女性相談センター：2024（令和6）年施行の「困難な問題を抱える女性への支援に関する法律」によって，これまで売春防止法第34条に基づいて都道府県に設置が義務づけられていた婦人相談所が女性相談支援センターへと改称された。

*5　2016（平成28）年の児童福祉法改正により要保護児童対策調整機関への児童福祉司や保健師などの専門職の配置が義務化された。

*6　要保護児童対策地域協議会の構成員
　　市町村の児童福祉，母子保健等の担当部局の他，児童相談所，福祉事務所（家庭児童相談室），保育所（地域子育て支援センター），児童家庭支援センター，民生・児童委員協議会，主任児童委員，民生・児童委員，社会福祉協議会，市町村保健センター，保健所，医療機関，教育委員会，幼稚園，小学校，中学校，高等学校，警察，弁護士，人権擁護委員などである。

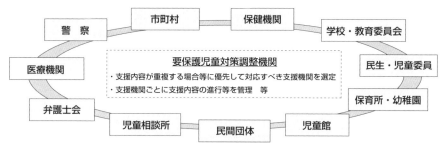

図10-7　要保護児童対策地域協議会の概要
（厚生労働省「要保護児童対策地域協議会設置・運営指針について」（平成21年3月31日発出））

の三層構造の会議によって展開される。要保護児童とその家庭に対する地域における支援を展開するうえでも，児童相談所がその機能を有効に発揮するためにも，重要な役割を担っているといえる。

(2) 妊娠・出産から子育て期における子ども家庭福祉と母子保健の一体的・継続的な支援ネットワーク～こども家庭センター

　こども家庭センターは，市区町村における子どもと子育て家庭に対する支援のさらなる充実と強化を図ることを目的に設置が図られたものである。これまでの市区町村子ども家庭総合支援拠点と子育て世代包括支援センターにおいて実施している相談支援に加えて，妊産婦への支援，子どもの育ちや子育てに関する相談を支援につなぐためのマネジメント（サポートプランの作成），民間団体との連携による支援体制の充実・強化を図るための地域資源の開拓を行う。それによって，子ども家庭福祉と母子保健の一体的かつ継続的に実践するネットワークの要となることが求められている（図10-2参照）。

　配置される職員には，子ども家庭福祉に関する専門職として子ども家庭支援員，虐待対応専門員，心理担当職員，安全対応・事務職，母子保健に関する専門職として保健師等，利用者支援専門員，困難事例対応職員とそれらをコーディネートする役割を担う総括支援員がある。

(3) 子育て家庭と行政機関をつなぐネットワーク～地域子育て相談機関

　地域子育て相談機関は，子育て家庭と継続的につながるための工夫を行い，

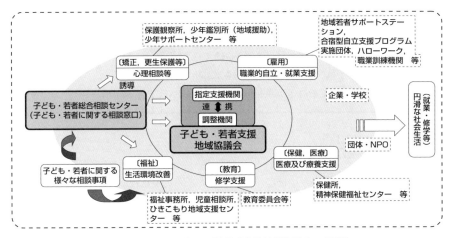

図10-8　子ども・若者支援地域協議会の概要
(内閣府『平成30年版子ども・若者白書』)

　妊産婦，子育て家庭および子ども自身が気軽に相談できる身近な機関として，こども家庭センターを補完する機関として位置づけられている。保育所，認定こども園，幼稚園，地域子育て支援拠点事業などの子育て支援を行う施設や事業を行う場に設置され，こども家庭センターと連携・調整を行いながら，支援を行うこととされている。

　これらの他にも，ひきこもり地域支援センター[*7]，子ども・若者支援地域協議会（図10-8）[*8]，学校をプラットホームとした支援[*9]など地域における関係機関の連携と協働による支援が展開されている。

---

*7　2009（平成21）年のひきこもり地域支援センター設置運営事業により，都道府県，指定都市に設置されたひきこもりに特化した専門的な第一次相談窓口である。社会福祉士，精神保健福祉士，臨床心理士等のひきこもり支援コーディネーターが配置されている。

*8　2009（平成21）年の子ども・若者育成支援推進法において，社会生活を円滑に営むうえでの困難を有する子どもや若者に対して，機関間のネットワークによる発達段階に応じた支援を効果的かつ円滑に実施するしくみとして，地方公共団体に設置することが求められている（法第19条）。

*9　2013（平成25）年の子どもの貧困対策の推進に関する法律（現・こどもの貧困の解消に向けた対策の推進に関する法律）に基づき閣議決定された「子供の貧困対策に関する大綱」をふまえ，学校を子どもの貧困対策の基盤（プラットフォーム）と位置づけ，スクールソーシャルワーカーを配置し，総合的な子どもの貧困対策の推進や教育費負担の軽減を実施する取り組みのことをいう。

158　第Ⅲ部　子ども家庭福祉の制度と実施体系

 討論のテーマと視点
① 自分が住んでいる地域の子ども家庭福祉の実践機関について調べてみよう。
② 子ども家庭相談における市町村の役割について考えてみよう。
③ 子ども虐待対応における児童相談所の課題を考えてみよう。

髙橋重宏他編『子ども家庭福祉とソーシャルワーク−児童福祉論　第3版』有斐閣，2007
髙橋重宏編『子ども虐待 - 子どもへの最大の人権侵害　新版』有斐閣，2008
大久保真紀『ルポ児童相談所』朝日新書，朝日新聞出版，2018
川島亮『日本の児童相談所』明石書店，2022

■参考文献
山田勝美，艮香織編著『シードブック新版子ども家庭福祉』建帛社，2019
社会福祉士養成講座編集委員会編集『児童・家庭福祉』(社会福祉士養成講座3)中央法規出版，2021
厚生労働省雇用均等・児童家庭局長通知「市町村児童家庭相談援助指針の改正について（雇児発1031第2号）」(平成28年10月31日)
厚生労働省子ども家庭局長通知「児童相談所運営指針の改正について（子発0720第3号）」(平成30年7月20日)
こども家庭庁支援局長通知「児童相談所運営指針の全部改正について（こ支虐第164号）」(令和6年3月30日)
厚生労働省子ども家庭局「自治体向け改正児童福祉法説明会資料，改正児童福祉法について」，2023
こども家庭庁「こども家庭福祉をとりまく現状と対応」，2023

コラム　児童相談所の現状と今後

　こどもまんなか社会*のスローガンのもと，こども基本法の制定やこども家庭庁の創設をはじめとして，子ども家庭福祉にかかわる実施体制や施策の整備がすすんでいる。その一方で，児童相談所が受け付ける子ども虐待に関する相談・通告件数は，2022（令和4）年度では214,843件となり，児童相談所の総相談件数のおよそ3分の1を占めるまでになっている。いまや児童相談所の業務は，子ども虐待対応が，そのほとんどを占めているといっても過言ではない。

　子ども虐待は，世代間連鎖という言葉に代表されるように，何世代にもわたって繰り返される家族・家庭の問題であったり，時には一刻を争うような緊急対応が必要であったりするなど，従来の共感・受容を基本とした援助スタイルでは対応が難しい場合が多い。そのため，体制や法律の整備とともに，この問題に対応する十分な人員配置とスペシャリストの育成が急務である。しかしながら，増え続ける子ども虐待相談・通告件数に追いついているとはいえない。また，異動サイクルの短さなどから，十分な経験を積む時間的余裕がない中で，個人としても，組織としてもノウハウの蓄積しにくい状況にあり，スペシャリストが育ちにくい環境でもある。

　本文にも示したように児童相談所は，子どもの育ちと家庭における子育てを社会的に支える中心的役割を担っている。その児童相談所の子どもと家庭への支援力が低下するということは，社会的子育て力が脆弱化することを意味する。そういう意味では，市区町村子ども家庭総合支援拠点と子育て世代包括支援センター両者の機能を併せもつこども家庭センターの創設は，疲弊化した児童相談所を支える地域の子ども家庭相談機関として，期待が大きい。

　子どもの育ちと家庭における子育てを支える機関の両輪として，児童相談所とこども家庭センターとの協働・連携による支援の展開が求められる。　　　（村田一昭）

*こどもまんなか社会：子どもや若者の視点に立ち，子どもにとって最善の利益を第一に考え，当事者の意見を政策に反映する社会ビジョンのことであり，すべての子どもたちが権利を保障されながら幸せに暮らし，健やかに成長できるよう，社会全体で支えることを目標としている。

第Ⅲ部　子ども家庭福祉の制度と実施体系

第11章　児童福祉施設

　児童福祉施設とは何だろうか。児童は，児童福祉法上で18歳未満と定義されている。児童は「子ども」のことであるから，なんらかのニーズがある子どもに建物および備えている設備，専門職などを通して，保護，養護，保育，自立支援，相談援助などを提供する福祉サービスであるといえる。また，諸条件は付せられつつも後述する児童自立生活援助事業を活用することで，児童福祉法上で対象者の上限年齢である18歳や20歳，さらには22歳[*1]を超えても，「子ども」にとって住み慣れた環境での生活継続が可能になった。さらには子どもを中心においたうえで，養育者である親などへのサービスも提供している。

　加えて児童福祉施設の入所者や通所者に限定せず，それぞれの地域のニーズに合った子ども・子育て家庭に，その児童福祉施設の建物や設備などを開放・提供していることも散見される。

　本章では，児童福祉法に定義されている児童福祉施設の役割や機能を中心に整理しつつ，子ども家庭福祉および児童福祉施設にかかわる制度・事業に触れながら，いくつかの事例を紹介したい。

1. 児童福祉施設の役割と機能

　2024（令和6）年度施行の改正児童福祉法により，児童福祉施設が規定されている第7条にあらたに里親支援センターが加わり，児童福祉施設は13種類となった。この児童福祉施設の役割や機能を整理しつつ，関連するひとつの事

[*1]　従来の社会的養護自立支援事業では措置解除となった者を同施設で22歳になる年度末まで継続して生活することが可能であった。現在は後述する児童自立生活援助事業（p.169）のあらたな展開により社会的養護自立支援事業は廃止となった。

業についても記す。

(1) 助産施設

　助産施設は，児童福祉法第36条において，「保健上必要があるにもかかわらず，経済的理由により，入院助産を受けることができない妊産婦を入所させて，助産を受けさせることを目的とする施設」と定めている。助産施設は，2022（令和4）年度末時点で全国418か所の産科病院や助産所が指定されており，利用する際には，都道府県や市町村の窓口や福祉事務所に申請する必要がある。経済的状況に応じて出産費用の一部または全部が助成される。

(2) 乳児院

　乳児院は，児童福祉法第37条において，「乳児（保健上，安定した生活環境の確保その他の理由により特に必要のある場合には，幼児を含む。）[*2]を入院させて，これを養育し，あわせて退院した者について相談その他の援助を行うことを目的とする施設」と定めており，2021（令和3）年度末時点では全国145か所で運営されている。条文にあるように就学前まで生活することは可能であるが，2023（令和5）年2月時点で入所している子どもの年齢は，2歳までが78.5％を占めており，3歳は14.6％，4～6歳は6.8％である。入所時点で98.1％の子どもに両親または父母のいずれかが保護者として存在しており，入所している子どもの家庭状況の理由としては，割合の高い順から母の精神疾患等，母の放任・怠惰，母の虐待・酷使と続く。また，半数を超える50.5％の子どもが虐待を受けた経験がある。

　乳児院は，2016（平成28）年改正児童福祉法や2017（平成29）年に発出された「社会的養育ビジョン」による家庭養育原則などを契機とし，従来の乳児院から乳幼児総合支援センターへの転換を打ち出し，病虚弱児・障がい児・被虐待児への専門養育や親子関係構築支援機能，特定妊婦（p.172参照）・要保護児童等のハイリスクケースに対する予防的支援機能など高機能化・多機能化をよ

[*2]　「乳児」「幼児」の児童福祉法上の定義は，第9章 p.135「(2) 児童福祉の対象」を参照のこと。

り強めていくとしている。

(3) 母子生活支援施設

　母子生活支援施設は，児童福祉法第38条において，「配偶者のない女子又はこれに準ずる事情にある女子及びその者の監護すべき児童を入所させて，これらの者を保護するとともに，これらの者の自立の促進のためにその生活を支援し，あわせて退所した者について相談その他の援助を行うことを目的とする施設」と定めており，2021（令和3）年度末時点で215か所が運営されている。児童福祉法制定時に，子どもとともに母親を保護することで，子どもの福祉を増進させるという趣旨で児童福祉施設のひとつに加えられた。

　母子生活支援施設は，乳児院や児童養護施設などとは異なって，唯一子どもと母親が分離せずに生活することができる入所型の児童福祉施設である。入所にいたった理由は，2023（令和5）年2月時点で配偶者からの暴力が50.3％で半数を占める。

(4) 保　育　所

　保育所は，児童福祉法第39条第1項において，「保育を必要とする乳児・幼児を日々保護者の下から通わせて保育を行うことを目的とする施設（利用定員が20人以上であるものに限り，幼保連携型認定こども園を除く。）」と規定されている。

　都市部への人口集中や共働き，ひとり親家庭の増加などから保育所利用のニーズが高まり，2016（平成28）年2月にインターネット上の匿名掲示板に「保育園落ちた日本死ね」と題された文章が投稿され，子どもを保育所に預けることができなかったと思われる親の怒りを伴った切迫した状況が，社会問題として顕在化した待機児童の象徴となった。図11－1のように，2014（平成26）年度以降急激に保育所・認定こども園・地域型保育事業所が整備され，2022（令和4）年度時点で3万9,138か所が設置・運営されている。在園している子どももほぼ一貫して増え続け，2013（平成25）年に2万2,741人だった待機児童数は2023（令和5）年時点で2,680人に減少した。

　また，保育所等を利用した子育て家庭の多くが「孤立した育児」で不安や悩

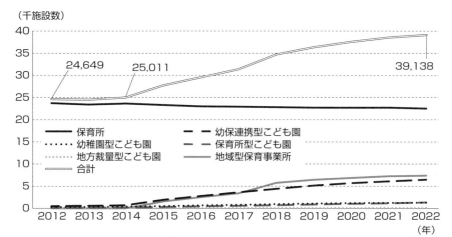

図 11−1　保育所等施設推移
(2012～2022年の厚生労働省「社会福祉施設等調査（各年10/1現在）」および2012～2022年の内閣府「認定こども園に関する状況について（各年4/1現在）」から筆者作成)

みを抱えているという実態などから，2026（令和8）年度から就労要件を問わない「こども誰でも通園制度（仮称）」の実施が予定されており，2024（令和6）年度中に全国100を超える地方公共団体で試行的な事業実施が行われている。本制度は，養育者の負担軽減を目的とし，ひいては虐待予防・早期発見などの効果が期待される。

(5) 幼保連携型認定こども園（認定こども園）

　幼保連携型認定こども園は，児童福祉法第39条の2において，「義務教育及びその後の教育の基礎を培うものとしての満3歳以上の幼児に対する教育及び保育を必要とする乳児・幼児に対する保育を一体的に行い，これらの乳児又は幼児の健やかな成長が図られるよう適当な環境を与えて，その心身の発達を助長することを目的とする施設」と規定されている。

　認定こども園は，①幼保連携型，②幼稚園型，③保育所型，④地方裁量型の4つに区分される。また，保護者の就労状況などが変化しても子どもは退園す

る必要がないため，認定こども園でこれまで培われた人間関係が継続され，同様の環境で過ごすことが可能である。前項の保育所利用ニーズとともに設置数が増え続けている。

(6) 児童厚生施設

児童福祉法第40条において，「児童厚生施設は，児童遊園，児童館等児童に健全な遊びを与えて，その健康を増進し，又は情操をゆたかにすることを目的とする施設」と定めている。児童厚生施設は，屋外の児童遊園と屋内の児童館に大別される。児童遊園は2022（令和4）年10月時点，全国で2,074か所が設置されており，年々設置数が減少傾向にある。また都市公園法上との公園とは異なり，例えば児童厚生員の配置義務（兼任および巡回も可）や遊具，広場，ベンチ，便所などの設備を設ける必要がある。

児童館は2022年10月時点，全国で4,301か所が設置されており，小型児童館（2,468か所）および児童センター（1,707か所），大型児童館（18か所），その他の児童館（108か所）に区分される。児童館は従来の目的に加えて，子どもの居場所，子どもの意見表明・参加する場，子育て支援，配慮を必要とする子どもへの対応などの役割・機能を掲げている。

(7) 児童養護施設

児童養護施設は，児童福祉法第41条において，保護者のない児童，虐待されている児童その他環境上養護を要する児童を入所させて，これを養護し，あわせて退所した者に対する相談その他の自立のための援助を行うこととされている。2022（令和4）年10月時点，全国で601か所が設置されている。2004（平成16）年改正児童福祉法で，安定した生活環境の確保その他の理由により特に必要のある場合には，乳児も生活できるようになったが，2023（令和5）年2月時点の実態として0歳は0.3%，1歳は1.8%であり，2歳以上が97.9%を占める。かつては名称を「孤児院」と規定し，その名の通り多くの孤児が生活をしていたが，現在は入所時点の95.4%の子どもには両親または父母のいずれかが保護者としている。現在入所している子どもの最も多い入所理由は児童虐待であり，入所している子どもの71.7%は虐待を受けた経験がある。

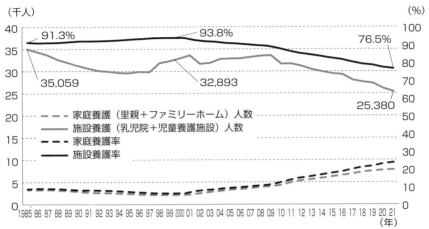

注：地域型保育事業所は，小規模保育事業所 A 型 B 型 C 型，および家庭的保育事業所，居宅訪問型保育事業所，事業所内保育事業所の合算（2012〜2017 年までは小規模保育事業所のみ）

図 11-2　家庭養護と施設養護で生活する子どもの数と割合
(行政報告例（1985〜2001 年）・福祉行政報告例（2002〜2021 年）から筆者作成。社会的養護内の児童養護施設および乳児院を「施設養護（率）」，里親およびファミリーホームを「家庭養護（率）」としてカウントをした)

　図 11-2 で示すように，徐々に里親や小規模住居型児童養育事業（ファミリーホーム）で生活する子どもの割合は増加しつつも，2021（令和 3）年度末時点で，施設養護で生活をしている子どもの割合は 76.5％を占める。とりわけ児童養護施設で生活をしている子どもは同時点で 2 万 3,013 人であり（乳児院は 2,367 人），依然として当該児童福祉施設が社会的に果たすべき役割・責任は大きいといえる。

(8) 障害児入所施設

　障害児入所施設は，児童福祉法第 42 条に規定されており，「保護並びに日常生活における基本的な動作及び独立自活に必要な知識技能の習得のための支援」を行う福祉型障害児入所施設と，「保護，日常生活における基本的な動作及び独立自活に必要な知識技能の習得のための支援並びに治療」を行う医療型障害児入所施設に分けられる。それぞれ 2022（令和 4）年 10 月時点で 243 か所，221 か所が設置・運営されている。

「障害児入所施設運営指針」では，社会的役割として，①法令，既存のあり方検討等における役割，②子どものウェルビーイングの実現，③家庭に代わり，家庭の機能を子どもに提供することの3点をあげており，とりわけ1点目の具体的な役割・機能に関して，「発達支援機能」「自立支援機能」「社会的養護機能」「地域支援機能」を掲げている。

措置としての入所理由は，福祉型障害児入所施設，医療型障害児入所施設ともに虐待（疑いありを含む）が最も多く，障害児入所施設全体で入所している子どものうち虐待を受けた経験のある子どもは31.5%である。

(9) 児童発達支援センター

児童発達支援センターは，児童福祉法第43条において，「地域の障害児の健全な発達において中核的な役割を担う機関として，障害児を日々保護者の下から通わせて，高度の専門的な知識及び技術を必要とする児童発達支援を提供し，あわせて障害児の家族，指定障害児通所支援事業者その他の関係者に対し，相談，専門的な助言その他の必要な援助を行うことを目的とする施設」と規定されている。

児童発達支援センターは，従来福祉型と医療型に区分され，2022（令和4）年10月時点でそれぞれ703か所，91か所が設置されていた。しかし多様な障がいを有する子どもたちが身近な地域で支援を受けられる体制整備を促進する観点から，2024（令和6）年4月施行の改正児童福祉法により，両者の類型が一元化された。

当センターが地域で中核機能としての役割を促す観点として，①幅広い高度な専門性に基づく発達支援・家族支援機能，②地域の障害児支援事業所に対するスーパーバイズ・コンサルテーション機能，③地域のインクルージョンの中核機能，④地域の発達支援に関する入口としての相談機能が求められている。

(10) 児童心理治療施設

児童心理治療施設は，児童福祉法第43条の2において，「家庭環境，学校における交友関係その他の環境上の理由により社会生活への適応が困難となつた児童を，短期間，入所させ，又は保護者の下から通わせて，社会生活に適応す

るために必要な心理に関する治療及び生活指導を主として行い，あわせて退所した者について相談その他の援助を行うことを目的とする施設」と規定されている入所および通所施設である。2022（令和4）年10月1日時点で51か所が設置・運営されている。

2023（令和5）年2月時点で，児童養護施設や里親で生活をしている子どもと比して，発達障がいや精神障がいなどを有する子どもが最も高い87.6％，また虐待経験でも最も高く83.5％の割合である。

児童心理治療施設は，施設内で行っているすべての活動が治療とする「総合環境療法」という立場をとっており，①医学・心理治療，②生活指導，③学校教育，④家族との治療協力，⑤地域の関係機関との連携を治療の柱に掲げている。多くの児童心理治療施設では，施設内に小学校，中学校が設置されている。また，児童精神科などの医師，および概ね10人の子どもに1名の割合で心理療法担当職員が配置されている。

(11) 児童自立支援施設

児童自立支援施設は，児童福祉法第44条において，「不良行為をなし，又はなすおそれのある児童及び家庭環境その他の環境上の理由により生活指導等を要する児童を入所させ，又は保護者の下から通わせて，個々の児童の状況に応じて必要な指導を行い，その自立を支援し，あわせて退所した者について相談その他の援助を行うことを目的とする施設」と規定されている入所および通所施設である。2022（令和4）年10月時点で，国立2か所，公立54か所，私立2か所の計58施設が設置・運営されている。また多くの児童自立支援施設内で施設内に小学校や中学校が設置されている。

児童自立支援施設への入所経路として，里親や児童養護施設などと同様に児童相談所からの措置の他，家庭裁判所における保護処分による入所が当施設の性格としてあげられる。また，国立児童自立支援施設の2施設では児童福祉法で規定されている強制的措置によって，必要に応じて鍵のかかる部屋の使用が許されている。

全国児童自立支援施設協議会の「児童自立支援施設の高機能化等に関する検討委員会報告書」（2023（令和5）年）によると，近年入所する子どもたちには，

発達障がいや虐待を受けた経験，精神疾患の受診歴，性的課題を有する子どもなどのケアニーズがあり，高機能化が求められている。

(12) 児童家庭支援センター

　児童家庭支援センターは，児童福祉法第44条の2第1項において，「地域の児童の福祉に関する各般の問題につき，児童に関する家庭その他からの相談のうち，専門的な知識及び技術を必要とするものに応じ，必要な助言を行うとともに，市町村の求めに応じ，技術的助言その他必要な援助を行うほか，(中略) あわせて児童相談所，児童福祉施設等との連絡調整その他内閣府令の定める援助を総合的に行うことを目的とする施設」と規定されており，2022 (令和4) 年10月時点で164か所が設置・運営されている。多くの児童家庭支援センターが児童養護施設，乳児院，母子生活支援施設を本体施設とした社会福祉法人が設置・運営をしている。

　また児童家庭支援センターには，児童相談所や警察，市町村，児童福祉施設，里親など関係機関と連携を図りつつ，夜間・緊急時対応や一時保護などが迅速かつ適切に対応できることが求められる。「児童家庭支援センター設置運営要綱」によると，①地域・家庭からの相談に応ずる事業，②市町村の求めに応ずる事業，③都道府県（指定都市および児童相談所設置市を含む）または児童相談所からの受託による指導，④里親等への支援，⑤関係機関等との連携・連絡調整の5点を取り組むべき事業としている。

(13) 里親支援センター

　里親支援センターは，2024 (令和6) 年4月施行の改正児童福祉法で児童福祉施設として位置づけられた。児童福祉法44条の3において，「里親支援事業を行うほか，里親及び里親に養育される児童並びに里親になろうとする者について相談その他の援助を行うことを目的とする施設」と規定されている。また同条第2項には，この援助を行うにあたり，都道府県や市町村，児童相談所などの関係機関と相互的かつ緊密な連携を図るよう努めなければならないと明示している。

　2024年4月以降，既存のフォスタリング機関（里親養育を支援するための

民間機関）から里親支援センターに組織変更をするなどして事業を開始している事業所が散見される。「里親支援センター及びその業務に関するガイドライン」では業務内容として，①里親制度等普及促進・リクルート業務，②里親等研修・トレーニング業務，③里親等委託推進業務，④里親等養育支援業務，⑤里親等委託児童自立支援業務があげられている。

(14) 児童自立生活援助事業（自立援助ホームなど）

　児童自立生活援助事業は，児童福祉法第6条の3に規定され，「共同生活を営むべき住居その他内閣府令で定める場所における相談その他の日常生活上の援助及び生活指導並びに就業の支援を行い，あわせて児童自立生活援助の実施を解除された者に対し相談その他の援助を行う」事業であり，児童福祉施設ではない。社会福祉法における第二種社会福祉事業として位置づけられる。

　本事業は，従来「自立援助ホーム」として認知されており，2024（令和6）年5月時点で全国306か所が運営されている。2024年改正児童福祉法において，従来の自立援助ホームを想定するⅠ型に加え，母子生活支援施設，児童養護施設，児童心理治療施設，児童自立支援施設を実施場所としたⅡ型，里親や小規模住居型児童養育事業（ファミリーホーム）を実施場所としたⅢ型の3つに類型化された。また対象者についても，大学などに在学している者や就職活動を行っている者，疾病などにより就学や就労などの活動が困難な者など幅広く，上限年齢を設けていないことも特徴である。

2. 児童福祉施設が果たすべき地域における役割と関係機関連携

　今日の児童福祉施設では，それぞれの地域でその施設が備えている機能を発揮することが求められている。以下では2つの架空事例をあげ，その後に解説を記載する。架空事例を通して是非皆さんも情景を浮かべながら，あれこれと支援方法を考察していただきたい。

（1）地域のニーズに即した児童福祉施設運営

> **事例 11-1　ひとり親家庭の子どもたちの居場所づくり**
>
> 　ある大都市で運営されているA児童養護施設の地域小規模型児童養護施設（グループホーム）で働く職員Bは，担当している子どもが通う小学校の保護者会に出席したところ，親御さんの欠席が目立った。保護者会を終えて施設に戻ってきた職員Bは，先輩職員にその話をしたところ，この地域ではひとり親家庭が多く，近年は欠席者が多い状況が続いていると聞いた。
>
> 　この地域では一人親家庭が多いと聞いてからモヤモヤが解消されなかった職員Bは，思い切って職員会議で地域の子どもたちのサードプレイスをつくりたいと提案をした。するとこの地域の要保護児童対策地域協議会の委員でもある家庭支援専門相談員（ファミリーソーシャルワーカー）や他職員からも賛同の声があがった。
>
> 　手始めに放課後の居場所づくりとしてA児童養護施設の多目的室を開放すると，徐々に利用する子どもが増えてきた。学童クラブ[*3]の定員枠に入れなかった小学高学年などの利用が目立ち，各々の時間を過ごしている。開始してから数か月経過した頃，試行的に安価で夕食を提供したところ数名の利用があり，いつも一人で夕食をとっていると話していた小学生が，友人らと会話をしながら楽しそうに食事をする姿がみられた。
>
> 　今後は定期的に夕食を提供する機会をつくりたいと考え，また利用する子どもたちが参加できるイベントも企画したいと思案している。

　児童養護施設は，子どもが生活をする「家」である。職員は保護者の代わりに子どもと寝食をともにし，小・中学校や高校などの保護者会や学校行事にも出席をする。職員Bが勤務をしている地域小規模型児童養護施設とは，一般的にグループホームと呼称されており，児童養護施設（本園）に対して分園という位置づけである。家庭的な環境を子どもたちに提供するため，子ども4～6人の小規模ユニットであり，また住宅地の中にある一軒家などを活用するこ

[*3]　学童クラブの他にも放課後児童クラブなどとも呼称されるが，正式には放課後児童健全育成事業という。地域や利用者数によっては，ひとり親家庭の子どもは優先して利用できる。

とで，地域住民との交流が図りやすくなるなどの特徴がある。

　職員Bは，放課後に開催されている保護者会で親御さんの欠席が目立つ事由として，親御さんはこの時間帯に仕事をしていることが多いのではないか，ひいては，放課後の時間を一人で過ごしている子どもが地域に一定数いるのではないかと考えたのである。さらには試行的な取り組みの結果，一人で夕食をとっている子どもが少なからずこの地域に存在していることもわかった。

　近年盛んになった「こども食堂」も子どもの居場所づくりのひとつである。A児童養護施設はこども食堂も兼ねた居場所づくりの整備を行う意向である。この居場所づくりをA児童養護施設として継続して実施していくには，人的資源や物的資源などの確保のために，補助金や寄付金などを活用して財政的な基盤を確保していくこともソーシャルアドミニストレーション（社会福祉運営管理）として重要な視点である。

　またこの居場所づくりの利用者の中には，要保護児童対策地域協議会内で要保護児童や要支援児童などとして名前があがった子どももいる可能性や，この取り組みで気になる子どもなどがいた場合には，要保護児童対策地域協議会で共有することも可能である。すなわち虐待や非行などの予防や早期発見につなげることも可能となり得るのである。

（2）地域に根差した関係機関連携

> **事例 11－2　関係機関連携による一時保護**
> 　ある児童家庭支援センターで勤務をしているCさんは，担当している母親Dさんと1歳のEくんの世帯を気にかけている。Dさんは，乳児期にネグレクト，身体的虐待を主訴に乳児院に預けられ，その後措置変更によって里親宅で生活をしていた。DさんはEくんを未婚で出産し，一時期特別養子縁組も考えていた。なお，Eくんの父親についてDさんは明かそうとしない。
> 　Dさんには出産前から特定妊婦として，児童家庭支援センターをはじめ，こども家庭センターや児童相談所，医療機関がかかわっていた。Cさんからみて，DさんからEくんへの愛情は感じられる一方で，叱責する声で数回児童相談所に通告されており，また自宅内はコンビニ弁当やおむつ，たばこの空き箱，ビールの空き缶などのごみが散乱している。以前は，関係機関が支援をしながらも

時折自ら自宅内を片づける様子がみられていたが，最近はみられなくなった。
　そのため児童相談所は，子どもの安全，被虐待の観点から一時保護の秒読み段階に入った。Cさんは，Eくんの安全を第一としながらも，できればDさんが納得したうえで，Eくんの一時保護が実行されることが望ましいと考えた。そこでCさんは，児童相談所と連携をしたうえでDさんを養育していた里親と乳児院職員に相談をもちかけた。その後，里親と乳児院職員がDさんと話をしたところ，DさんはEくんを一時保護することを受け入れた。またDさんは一時保護を受け入れたと同時に，一時保護期間中に生活の立て直しを図り，Eくんを迎え入れる準備を整えることを誓った。

　本事例の児童家庭支援センターは，地域に根差し，児童相談所やこども家庭センターなどと連携を図る重層的な取り組みの中でDさんとEくんの母子ふたり世帯を支援してきた。「特定妊婦」とは，児童福祉法で「出産後の養育について出産前において支援を行うことが特に必要と認められる妊婦」と規定され，具体的には若年，未婚，妊婦健康診査未受診，虐待を受けた経験，ドメスティック・バイオレンス（DV）を受けている，経済的な問題，多胎などが指標となるため，Dさんはいくつかの項目が当てはまる（第4章コラム参照）。また「特別養子縁組」[*4]は，民法の条文内で「子の利益のため特に必要があると認めるときに」と記されている通り，子どもの利益・福祉のための制度であり，子どもにとって，養育者や養育環境が継続される重要性を鑑みた際に有効であると考えられる（パーマネンシー保障）。特別養子縁組は，普通養子縁組とは異なり，子どもが新たに親となる者（養親）との縁組が成立すると，それ以前の親（実親）との親子関係が終了する。
　子どもの権利条約および子どもの代替養育に関するガイドラインなどで示されているように，できるだけ母子分離とならないように在宅支援をしてきたが，児童相談所はEくんの一時保護は避けられない状況であると判断をした。無

[*4] 特別養子縁組の成立は，児童相談所，および「民間あっせん機関による養子縁組のあっせんに係る児童の保護等に関する法律」における許可を受けた事業者を通じて行う，2通りに大別される。また，以下の条件や手続きを経て家庭裁判所の審判によって成立する。①養子となる子どもの年齢は原則15歳未満，②原則として実親の同意が必要，③養親は夫婦，かつ夫婦の一方は25歳以上で，もう一方は20歳以上，④6か月間の試験養育期間。

論一番大切なことはEくんの安全であり，最優先事項である。ただ同時にDさんも過去に一時保護をされ，親元から離れて生活をしていたことがある社会的養護経験者（ケアリーバー）の「元子ども」であることを念頭におく必要がある。

Dさんは，Eくんが一時保護になることで自身の過去と連動する可能性があり，それはひいてはEくんへの子育てにも影響し得る。そのためCさんは，Dさんと信頼関係が構築されている里親と乳児院職員にお願いをした結果，①Dさんは児童相談所などとトラブルにならずに一時保護を受け入れ，②Dさんの親への怒り，自身への失望感などへのケアに対応しやすい体制を整えたのである。

3. 児童福祉施設の社会的責任

　ここまで本章ではほとんど触れることはできなかったが，児童福祉施設には，保育士，社会福祉士，精神保健福祉士，心理士，看護師，栄養士など多くの専門職が従事しており，これら専門職も児童福祉施設が備えている施設内外に提供できる社会資源のひとつである。

　児童福祉施設は，人里離れた山奥などに存在するのではなく，地域住民が日常生活を送るその地域に位置し，運営されることが肝要である。その開かれた児童福祉施設で子どもたちが生活をすることによって，施設内のみの人間関係に限定されることがなくなる。子どもが地域住民や，その地域で活動する人とふれ合う中で，例えば学校教員や習い事のコーチ，友人の親御さんなど幅広いロールモデルを子どもが自ら選択することが可能となる。また児童福祉施設で働く職員にとっても，地域の人とのふれ合いは，施設内で固定化した考え方を見直し，組織を活性化させる契機などにもなるだろう。

　児童福祉施設が備える機能，期待される役割は，旧態依然の体制に固執することなく，その時代のニーズ，その地域のニーズに応じて，変化をし続けなければならない。それが，地域で存在する児童福祉施設の使命であり，なによりも児童福祉施設が積極的に地域とつながることで子どもたちがより多くの地域社会とつながる契機になり得るのである。

> **討論のテーマと視点**
> ① 事例11-1以外にも児童養護施設が地域に貢献できること,また児童養護施設以外の児童福祉施設が地域に貢献できることを考えてみよう。
> ② 皆さんが住んでいる地域で設置・運営されている児童福祉施設を調べ,その施設が地域とつながるためのしくみを調べてみよう。
> ③ 事例11-2に登場する関係機関以外にもEくんとDさんを支える関係機関をあげてみよう。また,事例からEくんが育つ環境として危惧される点を考えてみよう。

> **基本文献の紹介**
>
> 楢原真也『児童養護施設で暮らすということ―子どもたちと紡ぐ物語』日本評論社,2021
> 生地新『児童福祉施設の心理ケア―力動精神医学からみた子どもの心』岩崎学術出版社,2017

■参 考 文 献

第1回国会衆議院本会議第49号,1947年10月25日,p.595
こども家庭庁「児童養護施設入所児童等調査の概要(令和5年2月1日現在)」,2024
厚生労働省「令和4年福祉行政報告例」,2023
厚生労働省「令和4年社会福祉施設等調査」,2023
厚生労働省「障害児入所施設運営指針」,2021
厚生労働省「児童家庭支援センター設置運営要綱」,2021
厚生労働省「児童自立生活援助事業実施要綱」,2024
全国社会福祉協議会,全国乳児福祉協議会「『乳幼児総合支援センター』をめざして～乳児院の今後のあり方検討委員会報告書～」,2019
全国児童自立支援施設協議会「児童自立支援施設の高機能化等に関する検討委員会報告書」,2023
全国児童心理治療施設協議会ホームページ
  https://zenjishin.org/index.html(2024年7月31日アクセス)

コラム　子どもの権利──多角的な視点

　社会的養護を必要とする子どもたちが生活する環境として，子どもの権利条約や「子どもの代替養育に関する国連ガイドライン（以下ガイドライン）」などを読み解くと，グローバルな潮流は施設養育ではなく里親養育である。子どもへのケアがより個別的であり，養育者が交代勤務ではない，一般家庭で養育が営まれるという点で里親養育の意義は大きい。これからますます社会的養護における里親養育への期待が大きくなるからこそ，2つの懸念点をあげたい。

　1つ目は里親不調（Foster Care Drift）である。2011（平成23）年のデータになるが，日本では4人に1人の子どもが里親を委託解除となっている。里親不調が頻繁に起きたとしても乳幼児期に施設で生活を過ごすほうが子どもにとって害悪であるという論調もあるが，例えばオーストラリアの2つの州では，32%の子どもが11回以上，養育の場が変わっていると指摘がされている。

　2つ目は，（実）親と会う権利である。2023（令和5）年2月時点で，里子として生活をしている86.1%の子どもの親について「両親又は父母のどちらかあり」となっており，児童養護施設では同項目で95.4%である。また「家族との交流なし」は，前者63.9%と後者24.9%の違いがある。そもそも里親に委託する子どもは，親との交流が乏しいという意見もあるかもしれない。しかしながら筆者の現場経験の中で里親宅から措置変更として入所してきた数名の子どもはいずれも里親委託中は親との交流はなかったが，児童養護施設入所後はいずれの子どもも交流頻度の差はあれど交流は開始され，そして継続された。

　里親養育が「子どもの権利」にとって有益であるという価値と同時に，ガイドラインパラグラフ60「養育環境の頻繁な変更は，子どもの発達と愛着研究の能力にとって有害であり，避けるべき」も，子どもの権利条約第9条「親の一方または双方から分離されている子どもが，子どもの最善の利益に反しないかぎり，定期的に親双方との個人的関係および直接の接触を保つ権利を尊重する」も，ないがしろにしてはいけない。いわば「子どもの権利」は，多角的な視点をもち，そのケースに応じた価値基準を勘案すべきなのである。

参考文献
浅井春夫，黒田邦夫編『〈施設養護か里親制度か〉の対立軸を超えて──「新しい社会的養育ビジョン」とこれからの社会的養護を展望する』明石書店，2018
全国児童相談所長会「児童相談所における里親委託及び遺棄児童に関する調査報告書」全児相（通巻第91号別冊），2011

第Ⅲ部　子ども家庭福祉の制度と実施体系

第12章
子ども家庭福祉の専門職

1. 福祉専門職とは何か

(1) 福祉専門職とは

　社会福祉分野の専門職のことを「福祉専門職」といい，介護や保育など手助けが必要な人の身の回りの世話を行うケアワーカーや，相談援助を行うソーシャルワーカーなどがいる。これらの福祉専門職は，社会福祉について体系的に学び，必要に応じて資格を取得することで就くことができる。

　しかし，社会福祉分野で働く専門職のすべてが福祉専門職というわけではない。医師や看護師，理学療法士などの保健医療分野や，弁護士，家庭裁判所調査官などの法律の専門職，さらに教育や心理の専門職もいる。また，介護支援専門員は福祉専門職であるが，保健師などの資格をもつ者が担う場合もある。

(2) 子ども家庭福祉を担う専門職が働く場

　子ども家庭福祉を担う専門職が働く場には，児童福祉法により定められた児童福祉施設がある（第11章参照）。2022（令和4）年の社会福祉施設等調査によれば，児童福祉施設等は全国に46,997か所あり，中でも最も設置数の多い種別は保育所（幼保連携型認定こども園，保育所型認定こども園含む）で，30,358か所ある（2022年10月現在）。

　また，障害者総合支援法に定める障害者支援施設等，行政機関（市町村や児童相談所，保健所），教育機関（小中学校や幼稚園），医療機関，司法機関等も働く場である。

2. 子ども家庭福祉を担う専門職

(1) ケアを行う専門職
1) 保 育 士
　保育士は，児童福祉法第18条の4に「保育士の名称を用いて，専門的知識及び技術をもって，児童の保育及び児童の保護者に対する保育に関する指導を行うことを業とする者」と定められた専門職である名称独占の国家資格であり，守秘義務・信用失墜行為の禁止・保育指導業務に関する自己研鑽の努力義務の3つの義務を負う。主に保育所（幼保連携型認定こども園，保育所型認定こども園含む），児童福祉施設に勤務する。保育所では子どもの保育や保護者支援を担い，児童福祉施設では子どもと生活を共にしながら養育し，自立支援を行う他，保護者支援や家族再統合支援を行う。
　社会福祉施設等調査によれば，2022（令和4）年の従事者数は415,655人で，そのうち保育所等に勤務している者が393,927人，地域型保育事業所が1,999人，その他の児童福祉施設が19,718人となっている。保育士の資格をもちながら保育士として従事していない，いわゆる潜在保育士も，保育士従事者の数倍にのぼるとも推計されている。

2) 児童指導員
　児童指導員は，児童養護施設や障害児施設などで，子どもと生活を共にしながら養育し，保護者対応，自立支援計画の策定や施設運営を担う職員である。「児童福祉施設の設備及び運営に関する基準」に社会福祉士・精神保健福祉士の資格を有する者，3年以上児童福祉事業に従事した者などの資格要件が定められている。

3) 保 育 教 諭
　保育と学校教育を一体的に提供する幼保連携型認定こども園には，保育教諭を配置することが「就学前の子どもに関する教育，保育等の総合的な提供の推進に関する法律（認定こども園法）」に定められている。保育教諭は，幼稚園教諭の普通免許状と保育士資格をもつ者がなれる。いずれかの資格・免許を有していれば保育教諭として勤務できる特例措置期間が2029（令和11）年度末

まで延長された。この間にもう一方の資格・免許を取得する必要があるが，実務経験によって試験科目免除の特例がある。

4）母子支援員・少年指導員

母子支援員は，母子生活支援施設で入所する母親の就労や養育の相談に応じ，助言を与えるなど母子の生活指導を行う職員である。保育士，社会福祉士，精神保健福祉士の資格を有する者等の資格要件がある。少年指導員（少年を指導する職員）は，20世帯以上の母子生活支援施設には2名以上配置し，事務職員を兼務する。

5）児童自立支援専門員・児童生活支援員

児童自立支援専門員・児童生活支援員は，児童自立支援施設に勤務する職員で，児童と生活を共にしながら，生活指導，自立指導，職業指導を行う。前者は医師，社会福祉士，1年以上児童自立支援事業に従事した者，後者は保育士，社会福祉士，3年以上児童自立支援事業に従事した者などの資格要件がある。

6）児童の遊びを指導する者

児童の遊びを指導する者は，「児童福祉施設の設備及び運営に関する基準」において，児童厚生施設に配置しなければならない職員である。児童館等の児童厚生施設で，子どもの自主性，社会性，創造性を高め，健全育成を助長する遊びを指導する。資格要件としては，保育士，社会福祉士，教諭免許状を有する者，大学で社会福祉学，心理学，教育学，社会学，芸術学，体育学を専修した者などとなっている。民間機関が認定する認定児童厚生員資格もある。

7）放課後児童支援員

放課後児童支援員は，小学1年生から6年生までの児童の放課後や長期休暇中の生活を見守る職員である。児童の放課後の遊びと生活の場を保障する放課後児童健全育成事業所には，放課後児童支援員を支援の単位ごとに2人以上配置（うち1人を除き，補助員が代替可）しなければならない。資格要件は児童の遊びを指導する者と同様で，都道府県知事が行う研修を修了した者となっている。

8）里親・ファミリーホーム

里親は，社会的養護の担い手として，要保護児童を家庭に引き取り，養育する民間の専門職であり，養育里親・養子縁組里親・親族里親・専門里親の4種

類がある。里親を希望する者は，研修と実習を受け，都道府県知事に適切と認められると養育里親名簿に登録される。里親に同時期に委託される子どもは4人以内であるが，小規模住居型児童養育事業（ファミリーホーム）は最大6人まで子どもを養育することができる。

(2) ソーシャルワークを行う専門職
1) 児童福祉司

児童福祉司は児童相談所で子どもとその家庭を支援するソーシャルワーカーである。保護者や子どもからの相談に応じ，必要な調査や社会診断を行い，家族の関係調整や，他機関・施設との連絡調整を行っている。医師や社会福祉士，大学で教育学，心理学，社会学等を学び，相談援助に1年以上従事した者，社会福祉主事として児童福祉事業に2年以上従事した者，看護師や保育士資格をもち，一定の要件を満たした者などが任用され，任用後に内閣総理大臣が認める研修を受けることが義務づけられている。配置基準は「人口3万人に1人以上」であるが，業務量に応じた増員が図られている。また，児童福祉司を指導するスーパーバイザー（SV，児童福祉司歴5年以上の者）を児童福祉司5人につき1人配置することが配置目標となっている。児童虐待相談対応件数が年々増加していることから，国は2022（令和4）年に「新たな児童虐待防止対策体制総合強化プラン」を策定し，2023（令和5）年度から2026（令和8）年度にかけて段階的に児童相談所職員を増員する計画である（図12-1）。

2) こども家庭ソーシャルワーカー

児童相談所や市町村，児童福祉施設をはじめとした，子ども家庭福祉に係る支援を行う幅広い現場で活躍できる任用資格が必要と考えられてきたことから，2024（令和6）年度よりこども家庭ソーシャルワーカーが導入された。社会福祉士・精神保健福祉士の資格を有し子ども家庭福祉の相談援助業務の経験がある者，保育所等で主任保育士等として相談援助業務経験のある者などが，指定研修を受講し，試験に合格することで認定資格が得られる。

3) 家庭支援専門相談員（ファミリーソーシャルワーカー）

家庭支援専門相談員は，虐待等の家庭環境上の理由で施設入所している子どもの保護者に対して，子どもの早期家庭復帰や里親委託が推進されるよう，児

童相談所と連携して相談援助や調整等のソーシャルワークを行う専門職で，乳児院，児童養護施設，児童自立支援施設，児童心理治療施設に配置されている。保護者への面接，家庭訪問等により，親子関係の再構築や早期家庭復帰を図る他，施設退所後の子どもや家庭への支援，要保護児童対策地域協議会への出席など地域の子育て家庭への支援も行う。資格要件は社会福祉士や精神保健福祉士の資格をもつ者，児童養護施設等において児童の養育に5年以上従事した者となっている。

4）里親支援専門相談員

里親支援専門相談員は，地域の里親やファミリーホームを支援する拠点機能をもたせ，児童相談所と連携して里親委託推進，支援を充実する目的で児童養護施設および乳児院に配置される専門職である。里親の新規開拓や候補者の調整，里親への研修・相談支援，レスパイトケアの調整などを行う。資格要件は社会福祉士・精神保健福祉士の資格をもつ者や，児童養護施設等において児童の養育に5年以上従事した者である。

また，2024（令和6）年度から新設された里親支援センターには，里親等支援員，里親トレーナー，里親リクルーターが配置されている。

5）母子・父子自立支援員

母子・父子自立支援員は，ひとり親家庭に対して，精神的支援や住宅，子育て，就業など生活基盤上の相談支援，自立に必要な支援を行う職員として，福祉事務所に配置される。ひとり親家庭の自立のための支援は多岐にわたるため，福祉，労働，住宅，保健，医療，教育等の関係部局や，民生委員，児童委員，福祉施設等の協力を得て，総合的な支援を行っている。

6）スクールソーシャルワーカー（SSW）

困難を抱える家庭の児童生徒を早期に生活支援や福祉制度につなげていく相談援助の専門職として，スクールソーシャルワーカーをすべての中学校区に配置する目標である。いじめや虐待，ヤングケアラーの児童生徒を早期に発見し，家庭に働きかけるとともに，福祉のしくみ等に関する教員研修も行う。福祉に関する専門的知識と技能を有し，相談援助活動の実績がある者が担っている。

(3) 心理的支援にかかわる専門職
1) 児童心理司
　児童心理司は，児童相談所において子どもや保護者の相談に応じ，診断面接，心理検査，観察等によって心理診断をし，子ども・保護者，関係者に心理療法やカウンセリング，助言指導を行う。児童福祉司2人につき1人以上の児童心理司を配置しているが，「新たな児童虐待防止対策体制総合強化プラン」による増員計画がある（図12-1）。

2) 心理療法担当職員
　心理療法担当職員は，虐待やドメスティック・バイオレンス（DV）による心的外傷のために心理療法を必要とする子どもや母子に，遊戯療法（プレイセラピー），カウンセリング等を実施して心理的困難を改善し，自立を支援する専門職である。乳児院・児童養護施設・児童自立支援施設・母子生活支援施設に配置されており，対象となる子どもへの心理アセスメント，心理療法，生活場面面接，施設職員への助言指導やメンタルケアを行う。資格要件は，大学で心理学を学び，心理療法の技術を有する者とされている。

3) スクールカウンセラー（SC）
　スクールカウンセラーは，学校において児童生徒の情緒面での支援をする心理の専門家である。子どものカウンセリングや，子どもの心のケアに関する保護者への助言，子どもの心理や対応に関する教職員への研修を行うため，全公

	児童福祉司	児童心理司	SSW 2008年より	SC 1995年より
2015年	2,930人	1,290人	1,399人	7,542校
	↓	↓	↓	↓
2024年	6,850人 SV 1,210人	3,300人	10,000人	27,500校

図12-1　子ども家庭福祉専門職の配置強化目標
（こども家庭庁「令和5年全国児童福祉主管課長，児相長会議資料」，内閣府「教育の支援について」2016，文部科学省「文部科学省における平成31年度児童虐待対策関連予算要求について」2018を基に筆者作成）

立小・中学校に配置が目指されている（図12-1）。臨床心理士等の児童生徒の心理について高度に専門的な知識と経験を有する者が担う。

(4) その他の専門職
1) 意見表明等支援員（こどもアドボケイト）
　意見表明等支援員（こどもアドボケイト）は，一時保護や措置の際に，子どもの立場に立って子どもの話を聞き，子どもを中心とした意見形成支援・意見表明等支援を行う者である。都道府県が適当と認める研修を修了した者が担い，行政や施設から独立した立場で活動する。
2) 児童委員・主任児童委員
　児童委員は，民生委員法および児童福祉法に定められた公的なボランティアで，民生委員が児童委員を兼ねる。児童委員は担当する地区の児童および妊産婦の生活や環境を把握し，サービス利用に必要な情報提供を行うとともに，児童福祉事業を行う者と連携して，児童福祉司や市町村の職務に協力する。主任児童委員は，児童福祉に関する機関と児童委員との連絡調整を行い，児童委員の活動を援助する。市町村の民生委員推薦会から社会福祉に対する理解と熱意があり，地域の実情に精通した者として推薦された者について，都道府県知事が地方社会福祉審議会の意見を聴いて推薦し，厚生労働大臣が委嘱する。

3. 子ども家庭福祉の専門職の専門性

(1) 福祉専門職の専門性
　医療や看護，社会福祉，教育，臨床心理などの対人援助専門職は，専門的知識と技術とともに，専門職の価値や倫理を有していなければならない。その職種が社会的に認められる専門職性を備えているかどうか，市川はグリーンウッドやリーバーマンらの指標を統合して5点に整理している（図12-2）[1]。
　子ども家庭福祉にかかわる福祉専門職は，伝統的な専門職である医師，弁護士，聖職者などと同様に公共の福祉に貢献する職種である。高度な専門的知識や技術を必要とし，専門的価値に基づいて仕事をしなければならないが，実は多くはその職種独自の養成課程も専門職団体ももたない。いくつかの職種で任

用要件となっている社会福祉士は，子ども家庭福祉分野に特化しないジェネラリストソーシャルワーカーの国家資格であり，社会福祉主事は社会科学全般を幅広く学んだことを保障する任用資格にすぎない。その中で，保育士は国家資格として専門性を担保された福祉専門職である。養成課程を修了するか，国家試験に合格することで取得できる名称独占の国家資格であり，職能団体である全国保育士会が，すべての保育士が遵守すべき指針として倫理綱領を定めている。だが，保育士に期待される役割は多岐にわたり，他の専門職に比べて職務の範囲が明確ではなく，独占的でもないという課題もある。

---

① 一般の人には許されぬユニークで，社会のすべての人々にとって不可欠なサービスを任務とし，その範囲と機能が明確に定められている

② 高度に複雑な知的技術を中核とする仕事であるため，長期の知的な専門訓練を必要とし，そのために制度化された高等教育機関において，派生分化した研究専門家によって依拠すべき体系的理論が形成され，あわせて科学的批判精神が醸成される

③ カスタマーの選択に依存するのではなく，クライアントに指示を与える専門家的権威，上司や雇用者から専門的判断および措置について指図をうけない職務上の自律性をもつ

④ 免許・養成・開業，除名等広範な自主規制権をもち，サービスの維持改善に責任をもち，倫理綱領を実施する総合的な自治組織としての職業団体を形成している

⑤ 営業の独占，他人のプライバシーへの関与などの特権を社会的に是認される半面，クライアントに対する感情の中立性，同僚との協調などの普遍主義的精神，経済的報酬よりは社会的サービスを強調し，全生涯と全生活を仕事に没頭させる精神など，専門職的な文化と倫理を要求される職業

図12-2　5つの専門職性
(市川昭午『専門職としての教師』明治図書出版，1969，pp.35-36 より抜粋)

全国保育士倫理綱領

　すべての子どもは，豊かな愛情のなかで心身ともに健やかに育てられ，自ら伸びていく無限の可能性を持っています。
　私たちは，子どもが現在（いま）を幸せに生活し，未来（あす）を生きる力を育てる保育の仕事に誇りと責任をもって，自らの人間性と専門性の向上に努め，一人ひとりの子どもを心から尊重し，次のことを行います。
・私たちは，子どもの育ちを支えます。
・私たちは，保護者の子育てを支えます。
・私たちは，子どもと子育てにやさしい社会をつくります。

1．子どもの最善の利益の尊重
　私たちは，一人ひとりの子どもの最善の利益を第一に考え，保育を通してその福祉を積極的に増進するよう努めます。

2．子どもの発達保障
　私たちは，養護と教育が一体となった保育を通して，一人ひとりの子どもが心身ともに健康，安全で情緒の安定した生活ができる環境を用意し，生きる喜びと力を育むことを基本として，その健やかな育ちを支えます。

3．保護者との協力
　私たちは，子どもと保護者のおかれた状況や意向を受けとめ，保護者とより良い協力関係を築きながら，子どもの育ちや子育てを支えます。

4．プライバシーの保護
　私たちは，一人ひとりのプライバシーを保護するため，保育を通して知り得た個人の情報や秘密を守ります。

5．チームワークと自己評価
　私たちは，職場におけるチームワークや，関係する他の専門機関との連携を大切にします。
　また，自らの行う保育について，常に子どもの視点に立って自己評価を行い，保育の質の向上を図ります。

6．利用者の代弁
　私たちは，日々の保育や子育て支援の活動を通して子どものニーズを受けとめ，子どもの立場に立ってそれを代弁します。
　また，子育てをしているすべての保護者のニーズを受けとめ，それを代弁していくことも重要な役割と考え，行動します。

7．地域の子育て支援
　私たちは，地域の人々や関係機関とともに子育てを支援し，そのネットワークにより，地域で子どもを育てる環境づくりに努めます。

8．専門職としての責務
　私たちは，研修や自己研鑽を通して，常に自らの人間性と専門性の向上に努め，専門職としての責務を果たします。

（全国社会福祉協議会，全国保育協議会，全国保育士会（平成15年2月26日，平成14年度第2回全国保育士会委員総会採択））

(2) 子ども家庭福祉の分野で働くということ

　福祉専門職の専門性を裏づける知識・技術・価値について，子ども家庭福祉の分野にあてはめて考えてみよう。

1) 知　　識
① 子どもや家族を理解する知識
　乳幼児の発達や障がい，子どもの心理，子ども虐待，家族システムや家族療法，DV 等について理解していなければならない。
② 子育て家庭を取り巻く社会環境に関する知識
　少子高齢化の動向や，保護者の労働問題と保育政策，現代の貧困問題，住環境や子どもの居場所など，広範な知識が必要となる。
③ 子どもと家族を支援する援助実践に関する知識
　保育や介助の技術，ソーシャルワークに関する知識が必要である。加えて，社会資源に関する知識も不可欠である。子どもと家族を支援するには，他機関との連携が欠かせない。日頃から職場のある市町村の福祉を所管する部署や都道府県の諸機関，保健福祉・学校教育の諸制度を知っておかなければならない。

2) 技　　術
① 子どもを保育・養育する技術
　保育所や幼稚園などのように同年齢の子ども集団を保育する場合もあれば，児童養護施設などでは異年齢の子ども集団を養育することもある。また，子どもの発達特性や障がい，生育歴に応じた個別のかかわりも求められる。
② 保護者支援にかかわる対人関係形成力
　困難な状況にあり，支援者に対する不信感や敵対心を示し，自分の子どもに無関心なようにみえる保護者とのかかわりは難しい。しかし，困った保護者は困っている保護者であることを理解し，信頼関係を築いていく能力が求められる。現象の背景にある問題を多角的にアセスメントする技術も必要である。

3) 価　　値
　福祉専門職には人間尊重の価値に基づいた支援が求められる。子ども家庭福祉の分野では，子どもの人権を保護者が侵害するなど，親と子の対立関係に介入しなければならないこともある。その際，子どもの権利が何よりも尊重されるべきことはいうまでもないが，保護者を批判することは専門職のすることで

はない。虐待という行為は許容されるものではないが，そうせざるを得なかった保護者の抱える困難や成育歴を理解しなければならない。つまり，行動は批判しても，人を批判しないということである。子どもに対しては，変化や成長の可能性を信じることも福祉専門職が準じるべき価値であろう。障がいのある子どももその子なりのペースで成長・発達する。虐待で傷つき大人を信用できない子どもも，いつか回復し人を信頼できるようになる。非行少年も育ち直しが可能である。このような子どもの変化を信じることが必要である。

（3）保育者に求められるソーシャルワーク

　保育士・保育教諭・幼稚園教諭には子育て支援が職務として明記され，保育所等に通園する子どもの保護者支援はもちろんのこと，地域の子育て支援も担うこととされている。保育者は，子どもと保護者に日々接し，継続的に子どもの発達と子育てを支援できる立場にあり，保護者が感じている子育ての難しさ，家族関係や生活上の課題に気づきやすい。保護者の不適切な養育が疑われる場合には，主任保育者や園長と連携し，市町村や児童相談所に通告する義務も負う。子育てが難しい時代の子育て支援機関として，保育所等にはソーシャルワーク機能が求められている。

　しかし，ソーシャルワークを保育者のケアワークの延長線上に位置づけるか，それとは異なる専門職を配置すべきかについては議論が分かれている。保育者が行う保育指導は，ソーシャルワークとは一線を画するといわれながら，従来の保育者の専門性だけでは対応困難な事例が増えたため，「保育ソーシャルワーク」という言葉を用いて，保育者がソーシャルワークの知識や技術を活用することを求めてきた。

　保育所等で保育者によって行われるソーシャルワークには，①子どもと保護者をそれぞれ権利主体として捉え，両者の権利を擁護しながら親子関係や子育て環境に働きかけるもの，②子育てに支援的な地域コミュニティ形成に働きかけるものがある。一方で，児童福祉施設では，ケアワークとソーシャルワークがより一体的に行われる必要があり，保育士や児童指導員等のケアワーカーにその役割が期待されている。

(4) 専門職間の連携

　虐待による子どもの死亡事件の中には，複数の機関がその家庭にかかわっていながら，なぜ防げなかったのかと疑問に感じることがあるだろう。深刻な虐待が生じる家庭には，貧困や社会関係の断絶，暴力的な文化など，いくつもの困難が重なる複合的困難と呼ばれる状態にあることが珍しくない。それぞれの機関が，問題の一部だけをみて全体をみようとしなければ，虐待の重大なリスクを見落とすことになりかねない。しかし，ひとつの機関や一人の支援者が支援をすべて引き受けることには限界がある。

　そこで，他職種や関係他機関と連携し，チームで家庭を支えることが重要である。要保護児童対策地域協議会は，子育てに困難を抱える家庭が，地域で安心して生活できるよう，様々な機関や関係者が情報共有し，役割分担を明確にして見守りを行うシステムとして設置された。家庭をチームで支えるということは，集団で監視するということではない。子どもの立場に立って権利擁護する者，保護者の感じている困難に共感的に寄り添う者，時には保護者と対立的になっても強く指導する者など，それぞれの専門性を活かして役割分担しながら，最終的には家庭を自立に導くことである。そのためには，子ども家庭福祉にかかわる専門職は，自身の専門性をよく自覚するとともに，協働する他職種や他機関の専門性についてもよく知っておく必要がある。

4．子ども家庭福祉の専門職の課題

(1) 福祉専門職養成の課題

　保育士を除く福祉専門職の多くに定められた養成課程がない代わりに，研修制度がある。全国社会福祉協議会や子どもの虹情報研修センターなどが，児童相談所や児童福祉施設職員向けの研修を行っており，職種によってはこれらの研修を受ける義務を有する。児童福祉施設職員は施設長などを除き研修は義務ではないが，内部研修だけでは知識や技術を学ぶ機会が限られる。権利侵害が生じていても，それが当たり前になって気づかないおそれもある。そこで，施設長は職員に外部の研修を受けさせ，基本的人権を尊重する福祉専門職の価値をいつも意識できるよう促すことが望ましい。また，施設の垣根を越えて職員

同士が自発的に学び合い，問題を共有することも有用である。

　保育士養成については，2017（平成29）年の保育所保育指針改定を受け，2019（平成31）年から新保育士養成カリキュラムがスタートした。新カリキュラムでは，0歳児保育のニーズ増加を背景に，乳児保育の講義時間が増えた。また，子ども家庭支援に関する講義や演習がより重視されている。しかし，依然として保育所保育士を養成することを主としたカリキュラムであり，施設等で働く保育士に必要な知識・技術を身につけるには十分とはいえず，仕事に就いてからのOJT[*1]や研修が不可欠である。

(2) 福祉専門職の労働環境の課題

　行政機関，児童福祉施設，保育所等のいずれで働く専門職にとっても，子どもの発達や困難な状況にある保護者を支援するためには，一定程度の経験の蓄積が不可欠である。しかし，行政職員は概ね3年で人事異動があり，保育士は待遇等の問題で長期に働き続けにくい構造的な問題がある。

　例えば保育士の離職率は，10％前後と他の産業に比べて特段に高いわけではない。しかし，経験年数の浅い職員が半数以上を占めていることから賃金が低い傾向にあり，全産業の平均賃金と比べて，月額で10万円程度低いことがわかっている。現職の保育士にも，業務量や業務内容に見合う給与・賞与の改善を求める声は多い。

　このような傾向は保育士に限らず，ケアを行う専門職に共通している。ケアを行う専門職は女性従事者の割合が高く，保育士は約95％が女性である。ケアは，乳幼児や要介助・介護者の身体に直接触れるなど，生死に直結する専門性の高い仕事であるにもかかわらず，家庭内で女性によって担われてきたことから，その専門性が評価されにくく，社会的評価が低いという課題がある。

　児童福祉施設の場合には，子どもの成長を間近に感じられるやりがいのある仕事である反面，長時間勤務や宿直勤務の多さや，子どもからの暴言・暴力に接して傷つき疲れてしまう，いわゆるバーンアウトに陥る職員も少なくない。子どもの権利を擁護する職員が，労働者としての権利を守られていない状況で

───────────────

[*1] OJT（on the job training）とは，従事する職場の実務を通して行う職業教育のこと。

はよい支援は行えない。現在の職員配置基準は，子どもの養育環境の面でも，職員の労働環境の面でもけっして十分とはいえず，改善は不可欠である。

このような福祉専門職の労働環境をめぐる課題の改善には，業界団体や養成機関が協力して声をあげていかなければならない。福祉専門職従事者全体の賃金や職員配置基準の改善はもちろんのこと，事業所内に無意識に残る「男性は管理職，女性はケア職」という任用の慣例をあらためなければならない。意識的に女性管理職を増やしたり，ケアにかかわる男性職員を積極的に養成することも必要であろう。業界内で男女平等を実現することを通じて，各家庭での性別役割の固定化に一石を投じる責務もあるだろう。そして，福祉専門職の専門性の高さを評価してもらうためには，一人一人が日々研鑽に励むことも必要である。

　　討論のテーマと視点
① 保育者の行う家庭支援について，考えてみよう。
② 子ども虐待をなくすために，専門職間連携はどのようにあるべきか，考えてみよう。
③ 子どもの最善の利益を保障し，かつ，子どもの意見を尊重するために専門職制度はどうあるべきか，考えてみよう。

基本文献の紹介

菅原哲男，岩崎まり子『隣る人』いのちのことば社，2016
櫻井慶一『福祉施設・学校現場が拓く児童家庭ソーシャルワーク−子どもとその家族を支援するすべての人に−』北大路書房，2017
伊藤冨士江『福祉が世界を変えてゆく−社会の課題に取り組む現場の声』上智大学出版，2017

■引用文献
1）市川昭午『専門職としての教師』明治図書出版，1969

■参考文献
こども家庭庁「令和5年度全国児童福祉主管課長・児童相談所長会議」資料，2023
こども家庭庁　こ支虐第224号「『子どもの権利擁護スタートアップマニュアル』及び『意見表明等支援員の養成のためのガイドライン』について」，2023
厚生労働省「令和4年社会福祉施設等調査結果の概要」，2023
厚生労働省　子発0218第8号「家庭支援専門相談員，里親支援専門相談員，心理療法担当職員，個別対応職員，職業指導員及び医療的ケアを担当する職員の配置について」，2022
厚生労働省「保育士等に関する関係資料」，2015
厚生労働省「社会的養護の現状について（平成29年12月）」，2017
厚生労働省　子発1025第1号「児童相談所運営指針について」，2018
浅井春夫編著『シードブック子ども家庭福祉　第3版』建帛社，2017
青木紀『ケア専門職養成教育の研究－看護・介護・保育・福祉　分断から連携へ』明石書店，2017
櫻井奈津子編『保育と児童家庭福祉　第2版』みらい，2016
千葉茂明編『エッセンシャル児童・家庭福祉論　第3版』みらい，2016
土田美世子「保育現場におけるソーシャルワーク支援の可能性と課題」社会福祉研究，第127号，2016，pp.11-19
日本保育ソーシャルワーク学会監修『保育ソーシャルワークの思想と理論』晃洋書房，2018
日和恭世「専門職としてのソーシャルワークの再検討―専門職の概念に焦点をあてて―」別府大学紀要，No.57，2016，pp.57-66
堀場純矢編『みらい×子どもの福祉ブックス　児童家庭福祉』みらい，2017
増沢高「子どもの虹情報研修センターの研修事業からみえる人材育成の課題」月間福祉，99（2），2016，pp.22-25
松田園子，堀口美智子ほか『子どもと家庭の福祉を学ぶ』ななみ書房，2017
吉田眞理『児童の福祉を支える　子ども家庭福祉』萌文書林，2018

コラム　子どもの専門家と子どもの味方

　児童相談所の体制強化をはじめ，自立支援や親子関係形成支援，里親支援などの各事業にも多数の専門家が必要とされている。これまで多くのポストで任用要件となってきた社会福祉士は，分野を特化しないジェネラリストソーシャルワーカーの資格である。だが子どもと子育て家庭を取り巻く環境が目まぐるしく変化する昨今，子ども家庭福祉分野を専門とするスペシャリストソーシャルワーカーの必要性が指摘されてきた。そこで2024（令和6）年度に導入されたのが「こども家庭ソーシャルワーカー」である。社会福祉士や精神保健福祉士の資格をもち，相談援助業務に従事した経験が一定年数以上ある者等が，100時間程度の指定研修を受け，試験に合格することで得られる任用資格である。資格をもたない者や，保育所など相談機関以外での実務経験者の場合には，さらに100〜160時間程度のソーシャルワークに係る研修が課されるため，取得は決してやさしくないが，子どもの専門家と呼ぶにふさわしい資格である。将来的には社会福祉士等の養成校で卒業までに追加で取得できるようにすることも検討中である。

　一方で，子どもの権利擁護をめぐっても新しい動きがある。子ども支援にかかわる専門家たちは常に子どもの最善の利益を優先してはいるが，必ずしも子どもの意見や気持ちを聞いているわけではない。そこで子どもの立場に立って話を聞き，必要に応じて意見表明の支援や代弁を行うのがこどもアドボケイトである。2024年度からは意見表明等支援事業も開始されており，こどもアドボケイトの養成が急がれる。こどもアドボケイトは行政や施設から独立した立場であることが重要だ。これまで多職種・他機関間の連携には緊密な情報共有が必要であったが，これからはあえて情報共有せず，子どもの専門家と子どもの味方が互いの専門性を尊重して協働することが必要になる。

（大澤朋子）

第Ⅳ部　子ども家庭福祉と実践

第13章　子ども家庭福祉実践の基本的視点

　子どもや保護者と向き合うとき，私たちに求められている大切にすべき視点とは何だろうか。本章では，このことを試論として述べてみたい。

　本章では「実践」という言葉を用いた。「実践」とは，広辞苑（2018）によると「人間が行動を通じて環境を意識的に変化させること」とされている。子ども家庭福祉の実践に携わった経験のある者であるならば，この「意識的に変化させる」ことの難しさを誰もが知っているのではないだろうか。「子どもを変えるのではない」，「子どもが変わるのを支援する」ことが重要だとわかっていて，懸命に働きかけても状況は好転しないことがよくある。このことを援助者はどう考えたらよいのだろうか。

　そこで，本章では，こうした日々の実践を展開するにあたって，基本的におさえておきたい要点を，筆者自身の実践経験を交えながら論じ，明確化することを目的にしたい。

1．実践の特質を認識し，その特質と向き合うということ

　私たちは，何かに働きかけ，何を求めるだろう。多くの場合，よい結果を求めてしまう存在ではないだろうか。そして，その結果がうまくいかないときにこそ，よい結果をほしがり，「空回りする」ということが実践をしていてよくあることだと感じている。

　「空回りする」とは，結果がほしいが，よい結果が出ない原因もよくわからないから，結果的に自分に原因を求めざるを得ず，自分を責めてしまう。そうした自己非難的な眼差しをもつため，「余計によりよい実践を展開することが難しくなるという状態をさすもの」と仮に定義しておきたい。

第 13 章　子ども家庭福祉実践の基本的視点　　*193*

このとき，実践とはそもそもどういう特質を有しているのかを知っておくことが，そうした「空回り」を回避することにつながる場合があると考える。そこで，いくつかの特質について論じてみたい。

(1) 不確かさ

　実践とは，そもそも不確かではないだろうか。努力していても，はっきりといつ結果が出るのかわからないという特質を有していると考えられる。『子どもの育みの本質と実践』[1] (2009 年 3 月) という調査研究報告書がある。この報告書に「不確実性を受けとめる」ことが次のように述べられている。
　「そもそも養育とは，ひとすじなわでいかないものであって，そのいとなみは不確実性にみちている。このことは諦念ではなく，養育をめぐる生活事象からもたらされる帰結（経験的事実）である，といってよいだろう」(p.106)
　筆者が児童養護施設の職員として働き始めたとき，自分なりに懸命に働いた。このとき，子どもに受け入れられ，子どもの問題行動を変えることが成果であり，それができる職員がよい職員であると考えていた。だが，懸命に子どもと向き合うのだが，そうした意味での成果がまったく感じられない。筆者は正直焦った。その原因は何だろうとかなり自問した。その原因を自らの力だけでは見出せなく（当たり前であるが），結局，自分の能力のなさに帰結するしかなかった。そのことは，余計に自分を苦しめた。先ほど述べた「空回り」である。
　このとき「実践とは不確かであり，そういうものなんだ」と認識できていれば，現実との向き合い方はおそらく変わっていたと思う。
　よくよく考えてみれば，例えば，虐待を受けた子どもを支援するとする。その傷は個別的であり，ある子どもにうまくいったという方法もある子どもには通用しないかもしれないという側面もある。
　さらにいえば，援助者という立場に置かれている自らをさえ変えることが難しいのに，相手を変えようと思うこと自体が傲慢なのかもしれない。子どもからすれば，援助者自身が自分と向き合い変わっていこうとしていないのに，「私だけを変えようとしている」ことに不信感を抱くこともあるだろう。
　また，不確かさに耐えるということの本質のひとつは，自らが認められたい，評価されたいという自分と向き合うことなのではないか。認められたいゆえに，

確かさを示したくなるのだ。大切な視点は，相手を変えられたという結果にあるのではなく，どれだけ付き合えるかという過程にこそ意味があると思えるかどうかであると考える。付き合うとは，子ども自身が自分と向き合い，変化していくその過程に付き合うという意味である。

相手の力を信じ，そして，共に歩むことこそが役割なのだと認識し，付き合えるという信念をもつことが不確かさに耐えるためには必要である。

(2) 平　凡　さ

日々の実践は，平凡にみえてしまう側面がある。日々，同じことを単純に繰り返しているようにみえてしまうのである。もっと効果のある場面，例えば，子どもが問題行動を起こし，それに適切に対処することがより有効な支援であると考えてしまう。普通の生活を営めるようにすることは，「変化」がないゆえに，どこか価値の低いことであるように思えてしまうことはないだろうか。

しかし，一見平凡にみえている生活を営むことには，相当の準備が必要なのであり，そこに価値があるのだ。食事を一例にあげてみよう。

食事の準備をするにも，それなりの手間がかかる。今日は何にしようか，昨日と違うメニューにすることを考えることに始まる。次に，食事に必要な食材の購入があり，そこではより品質のよいものを適切な値段で購入することが必要だ。そして，調理にあたっては，何から作ることが効率的であるかを検討しながら，おいしく作れるよう努力する。そして，作ったものをよりおいしくみせるために盛り付けを工夫する。

大切なことは，準備の過程にあって，「手間暇かけること」にあり，そこにこそ価値がある。こうした日々の連続は，大きな効果を一見生まないようにみえ，直接的なかかわりの方が重要かのように思われがちであるが，この営みには，決定的に大切なことがある。それは，食の場合でいえば，「おいしい物を食べてほしい」という準備段階から作る側の「想い」がそこにあり，子どもはそれを食しているのである。この意義を自覚して，その平凡さを維持することこそが大切なのである。

そして，この平凡さは，むろん食事だけではない。睡眠や入浴においても同じことがいえる。生活はつながっており，食事，睡眠，入浴という生活するう

えで欠くことのできない営みにおいて，それぞれに手間暇をかける。そうした一見平凡にみえる準備された生活の中で，子どもは，自らが大切だと実感することができ，そうした平凡さ，つまり，変化なく持続的にそうした日々が継続されていくとき，大切にされているという実感もあたりまえのものとなる。

若いころは，この意義がよくわかっていなかった。あまり平凡であることの深さや重みを感じずに「こなしていた」ように思う。子どもが問題を起こす契機にあったときには，こうした平凡にみえる生活の中で，「こなし」が生まれ，それがたまたまではなく，積み重なっていくときに起きていたように思う。子どもは感じ取っていた。そこに「想い」がないことを。

2. 子どもという存在をいかに捉えるか

(1) 子どもを権利の主体者として捉える

子どもは，その年齢が幼ければ幼いほど，自分の考えや意見を述べることが難しい。また，自らの力だけで成長・発達することができず，大人（多くの場合保護者）に依存することになる。

したがって，ここで支援者に問われているのは，子どもを権利の主体として確かに認識していないと，子どもが自分の考えや意見を述べることができず，支援者主体の援助となってしまう危険性があることである。

これは筆者の体験である。小学校6年生のとき，市の体育大会でソフトボール投げの選手に選出された。学年で3名だけの選出であり，名誉なことであったが，途中で投げ出してしまった。3人の中の1人が筆者の比ではないほどにボールを遠くに投げたのだ。それをみた瞬間に出場する意味を見失い，当時の担任の先生に，一番になることができないのに出る意味がないと，ありのままを伝えた。すると，先生はそれを非難することなく，一言「本当にそれでいいのか？」とおっしゃった。この瞬間に，何か引っかかるものがあったのだが，後には引けない自分がいた。この後，筆者は，この「引っかかった」ものの意味を探求し続けることになる。

大切なことは，子どもが自分の意見を主張できること，そうした関係性にあること，そして，その主張が，自己中心的であるときでさえも，それを否定す

ることなく，いったん受けとめる。受けとめるとは，認めることとは違う。「あなたがそう考える」ということ自体を保障するということだ。そのうえで，「それがあなたにとって本当にふさわしいのか」と返し，共に探求していく。その意味づけをしていく主体も子ども自身である。答えを与えるのではない。こうした態度が権利擁護ではないだろうか。権利擁護とは，子どもが発達し，成長していくことを保障するものとして結実していかなくてはならない。

(2) 子どものストレングス（強み）を捉える

　子どものストレングス（強み）をしっかりと見据えるということも重要である。

　子どもは未熟である。精神的に自分を統制する力も弱い。それはある意味当然のことなのであるが，日々，連続的にわがままを言い続けられたり，それがエスカレートするときに，いつしか支援者は子どもの問題ばかりに目がいくことになりやすい。いつの間にか注意することが多くなっているのである。

　ここで重要なのは，支援している側は，自らの行為に非がないと思えてしまう点にある。「悪いことを注意している」ことを，正しい行為であると捉えてしまう。すると，子どもの方は，非難・叱責されてばかりなので，そのしんどさゆえに，問題を改めるどころか，エスカレートしてしまうことがある。このことを支援する側は，さらに「言うことを聞かない問題児」のようにみてしまうのである。こうした悪循環にはまることが起こり得る。

　つまり，問われているのは支援者側なのである。問題行動が示されても，行動ばかりに捉われず，その子どもなりのストレングス（強み）をみることがとても重要なのである。子どもは，支援者の持続的な「あなたにはよいところがある，大丈夫」という眼差しに支えられて，自分のよいところに目が向けられるようになるのだ。

3. 実践のもつ力

(1) 逡巡するということ

　ゆらぎと実践の関係を議論した代表的人物は，尾崎新[2]であろう。尾崎は，ゆらぎを動揺や葛藤，混乱等の否定的意味だけで捉えるのではなく，幅広い見

方や新たな考え方を創造する契機と捉えることの重要性を唱えた。尾崎はこれを「ゆらぐことのできる力」と命名した。

　尾崎の指摘する通り，ゆらぐというのは，子ども自身が示す問題の意味を考察するにあたり，「これでいいのだろうか」と迷い，「ひょっとしたら違うのではないだろうか」と自問する営みである。ゆらぐゆえに，新たな見方が生まれる余地がある。つまり，迷ったり，ゆらいだりすることは，新たな自分をつくり出す契機という一面を有しているのである。

　なぜゆらぐかといえば，自分に自信がもてないからであることが多いように思う。自分の課題をわかっていても，そういう自分とうまく付き合えないもどかしさを感じるときでもある。そういうとき，自己否定につながりやすい。私たちはもっと「逡巡」してよいのではないか。逡巡とは，広辞苑によると，「ぐずぐずすること，ためらうこと，しりごみすること」とある。前述した通り，実践は不確かで，曖昧で，しかも，人が変わるには一定の時間がかかる。ぐずぐずして，ためらうことはつきものなのである。そう思うからこそ，付き合っていけるのではないだろうか。

(2) 居続けるということ

　「とどまる」という言葉がある。この言葉の意味は，思考することや行動すること，先に進むことを一度やめてみることであるといってよいだろう。人は迷ったときや悩んだ際に「とどまる」ように思う。ここでまず大切なことは，その悩みや迷いの意味をそのままにして流さずに，とどまり，探求することなのである。そして，その迷いの中で，大切にすべき視点を自ら言語化してみる作業が大切なのである。悩んだ末に自分の中で得られた「気づき」（「こういうことを大切にすべきだったんだ」）は，その後の自らの実践を支えるものとなっていく[3]。

　さらにいえば，この際に，単にとどまるだけでは駄目なのではないかと考える。例えば，子どもがまったく言うことを聞かないとする。何度言っても行動をあらためようとしない。支援者は，腹も立つし，感情的にもなる。さらに，こうした状況が続くときに，子どもを「あきらめて」しまうことも起こり得る。「この子は駄目だ」と心の中で思ってしまう。

ここで求められていることは、「ふみとどまる」ことだ。とどまることをさらに強める。そこに居続けることだ。「がんばったのに子どもが変わらない。どうにもできない、私にこれ以上どうしろというの？」と自らを追い詰め、子どもに求めすぎず、そこにふみとどまることでよいように思う。必要なことは「いつづけてくれる」ことよる安心感なのだと思う。

　逆説的であるが、こうしたぎりぎりの状況にあっても、自分を追い詰めすぎず、子どもにも無理に求めようとしすぎず、そこにいるだけで、子どもが変わっていくことがあるように思う。

　それはなぜだろうか。子どもが問題を繰り返し行う中で、それでもそこに居続けることは、相当なエネルギーがいる。しかし、だからこそ意味がある。そのエネルギーが子どもの信頼を獲得し得るのではないかと考えるのだ。怒りや憤りと向き合いながらも、それでもそこにいるのは、自分のことを巻き上げ続けようとしてくれる存在がいることを伝えているのだ。一人ではないことを伝えているのだ。だから、前を向くことができるのだと思う。

(3) 社会問題という認識をもつこと

　「虐待をした親」を事件で知るたびに、「許せない」という感情が喚起される。それは当たり前のことであるように思うが、感情に流されてはいけない。どうしてそのような問題が起きるのかを冷静に分析する姿勢が重要である。

　虐待をする親もまた虐待を受けたという経験をしている場合が多いといわれる。つまり、親の生育史をていねいにみなければならないのである。このことはとても重要な因子ではあるが、個人的な要因にだけ注目するだけでは不十分である。

　例えば、十分な教育や成長の機会を受けられたのか、生きづらさを抱え、それを非難されることもなく、共感的に支えてくれる場所や人との出会いはあったのか。いまだ家族が子どもをみるのは当たり前といった風潮が支配的な社会にあって、社会や他者が自らを否定的に思っているのではないかと懐疑的になっている親が主体的に相談に行ける場、そうした親の相談のしづらさを理解し、支援の手を差し伸べるインフォーマルおよびフォーマルな社会的なしくみは整っているといえるのであろうか。

つまり，虐待は，極めて社会的に引き起こされている部分があり，そうした視点を有し，社会をどのように変えていくことが虐待を防ぐことになるのかを考え抜く姿勢をもつことがとても重要なのである。

(4) 自らに付与されている「力」を問う

私たちは，子どもやその保護者と関係形成を図る。そこで大切になってくることのひとつが，そうした援助を必要としている人たち（ここでは「利用者」とあえて述べておくこととする）に私たちがどう映じているのかを考える姿勢ではないだろうか。そのことを考えるにあたって大事なのは，「決して対等にはなれない」という自覚をもつことであろう。むろん，ここでは対等になる必要があるということを前提に述べているのではない。そもそも私たち援助者は，利用者にとって「権力」をもっているものだという自覚をもつ必要があると述べたいのだ。

それはどういうことなのだろうか。そもそも，利用者は，自分の置かれている状況を客観的に認識できているわけではない。いやむしろ，不安ゆえに，自分でもどうしていいかわからない状態であり，無力な状態に置かれていることがある。そうした場合，援助者はとても注意が必要である。ある方向に「操作」することもできるからである。そして，「操作」されているにもかかわらず，利用者が感謝の意を述べることもある。私たちは，「操作」しているにもかかわらず，その自覚もなく，感謝をそのまま受け取ることもできるのである。

大切なことは，利用者自身が自分の置かれている状況を可能な限り認識し，自らの判断で自分の人生を生きていけるよう支援することが重要であるのだ。そのためにもまず，私たちが，意図もせずに，援助者の望む方向に（たとえ，それが相応しい判断だとしても）もっていってしまう「力」が付与されていることを自覚する必要があるのだ。

4. 目指すべき実践の方向性

(1) 共同作業ということ

窪田[4]は，「援助は共同作業である」と述べた。また，「両者間に簡明な共通

の言葉で，援助の目標と方法，想定される期間の合意が行われるべきである。この原則は，両者間のコミュニケーションの食い違いや，誤解，思い込みなどを発見して必要な修正を加えるうえで，極めて効果的である」とも述べている。

　この「共同作業」という原則は，人間の尊厳の尊重という価値に支えられている。それは，可能な限り自分のことは自分で決めるという価値であるといってもよい。そう考えたとき，私たちがもつべき，子どもと共同作業を行ううえで大切な視点とは何だろうか。ここにおいて再び，子どもという存在を一人の人として尊重できるかという，私たちの認識が問われることになるように思う。

(2) 聴くこと，待つこと，共に悩むこと

　大切なことは子ども自身が能動的に自ら何かに働きかけ，そこから何かを学びとり，自らを成長させていくことだ。むろん，それは直線的にすすむわけでなく，何度もつまずき，時には後退することもある。

　そうしたつまずきにあって，私たちに求められていることのひとつは，そのつまずきに苦しむ声に耳を傾け続けることであると考える。決して，「何かを言うことではない」と加えたい。

　もちろん，時に何かを伝えたり，言わなければならないことを言うことが求められることもある。だが基本は，その子が，自らと向き合い，どうしてそうなってしまったのかを考え，言葉にできないもどかしさを抱え，そこを頼ろうとする，もしくは投げやりになりそうになる，その子を支え，何とか言葉にするのを待つことなのだろう。聴かなければならないのは，子どもが自らと向き合い，自らのどうしようもなさと向き合っている「声にならない声」なのだと考える。

　だが，このことは容易ではない。援助者は，自分の有能さを，それは無意識である場合が多いと思われるが，証明するために安易に助言をしてしまう。すると，子どもは考えることや悩むことが少なくなるので，そういう意味で「助かっている」のだが，本当の意味でいえば，その子の成長の機会を疎外している可能性もある。

　筆者は，時折，その有能さの「罠」にはまってしまっていた。いや，今もそうである。大切なことは，困っている子どもを目の前にして，「手を差し伸べ

たい」という気持ちを基本に，できるだけ具体的な助言や本人のできることを疎外しないことであり，そうした意味で，共に悩みつつ，「何もしない」ことに徹することなのだと思う。

(3) 自分たちもまた支えられるという自覚をもつこと

　有能であることとは，一人で何でもこなせること，やり遂げることではない。そもそも，こうした発想が自らを追い込む。

　虐待を受けた子どもを支援していると，子どもの感情に巻き込まれることもある。これは，まだ現場感覚であり，今後何らかのかたちで客観性をもたせたいと考えているが，虐待を受けた子どもの中には，特定の人，それは担当者であったり，本来関係性を形成する人なのであるが，そうした人にだけ，悪態をついたり，暴言を吐いたりするが，関係性のない第三者的な人とはまったく問題のない関係を図る，もしくは特定の人に見せつけるということがよくあったと記憶している。

　こうした状況にあって，先ほど述べた有能感をもっていることは弊害となりやすい。援助者もまた，人に頼れること，自らのできなさを開示することへのためらいを超えて，「助けてください」と言えること。この力が求められている。

　実践における大切な視点を整理した。これを参考にしながら，自らも実践を展開し，自らの実践を「吟味」しながら，あるべき方向性を自らの言葉で述べられるようになっていただきたい。

 討論のテーマと視点
　よい実践とは何だろうか？　考えてみよう。

> **基本文献の紹介**
>
> 全国社会福祉協議会他『この子を受け止めて,育むために:育てる・育ちあういとなみ:児童養護における養育のあり方に関する特別委員会報告書』,全国社会福祉協議会・全国児童養護施設協議会,2008

■引用・参考文献
1) 全国社会福祉協議会『子どもの育みの本質と実践—調査研究報告書』(社会的養護を必要とする児童の発達・養育過程におけるケアと自立支援の拡充のための調査研究事業),2009,p.106
2) 尾崎新編著『「ゆらぐ」ことのできる力』誠信書房,1999
3) 山田勝美「子どもの家族の現実にともに向き合う」児童養護,52(4),2022
4) 窪田暁子『福祉援助の臨床』誠信書房,2013

終 章
子ども家庭福祉の これから—明日への提言—

1. 私たちが生きている社会のすがた

　各章の学びを通して，子ども家庭福祉の現状と課題，それを生み出す社会のしくみに目を向けることができただろうか。子ども家庭福祉を含む社会福祉は，その時代の経済状況に強い影響を受けてきた（いる）という側面がある。社会福祉の変遷をたどると，戦後の混乱期には多くの国民が生活困窮にあったことから，中央集権型の福祉供給体制であった。その後，高度経済成長期になると，社会福祉は障がい者や子ども，母子，高齢者，生活保護が必要な人などの社会的弱者を主な対象とした，福祉六法体制へと伸展していく。これは，右肩上がりの経済を前提とした施策であったが，1973（昭和48）年のオイルショック以降，福祉国家の危機が訪れる。さらに，1990（平成2）年以降はバブルの崩壊によって景気が悪化し，社会保障構造改革が打ち出されたことによって，新自由主義的な経済原理が福祉領域に入ってくることとなった。福祉の市場化により，その利用者にとっては応益負担制により，サービスの利用に格差が生まれ，またサービス提供側も労働環境の問題等が発生することとなった。

　これによって，健康で文化的な最低限度の生活が保障される社会のしくみが根本から揺らいでおり，私たちの暮らしにも影響を及ぼしている。それは特定の生き方が「当たり前」「ふつう」とされたり，「勝ち組」「負け組」というようなランキングづけをされ，自分の生き方が少しでも上位になるように競争させられるといったかたちでも表れている。

　また，子ども家庭福祉にかかわって，痛ましい事件が連日のように報道されているが，そのとき，一般社会で語られる際に，自分たちと切り離して個人や

家族の自己責任の問題として断罪する傾向にある。

　しかしその背景にある，個人・家族と社会とのつながりから事象を捉えることによって，一面的でない社会のすがたを捉えることができる。また，どこに課題があるかを知ることができ，未然に防ぐために，または解決に向けてどのような実践を展開し得るかにもつながるのではないだろうか。

2．子どもをどのように捉えるか

　人権が保障されるということは，自分で自分の人生を自己肯定に基づいた選択や決定が保障されている状態である。当然ながら，個々人がどのように生きるかにあたってのニーズや，どのように資源を活用するかも多様である。第1章で述べたように，子どもにも当然ながら人権が保障されなければならない。

　ところで，子どもを「権利行使の主体」として捉えるとは，実際にどのような状態をいうのだろうか。

　まず，子どもにどのような力を育みたいかを，今一度考えてもらいたい。大人や社会にとって，都合のよい子ども像を無意識に描いていないだろうか。「権利よりも管理」になってはいないだろうか。子どもの権利条約では，子どもを「権利行使の主体」としたことに大きな特徴がある。つまり自らの権利を知り，権利を実際に使える者（権利の保持者）として子どもを捉えている。子どもを含む誰もが生まれながらにして権利をもつ人間として，尊厳をもった暮らしができ，様々な選択が保障されたうえで自己決定できること，そのための情報や教育が十分に保障されること，権利擁護や支援の必要があれば意見表明ができ，それを責務の保持者である国や自治体などによってしっかりと受けとめられ，法制度の整備を含めた改善に向けた道筋が保障されるということである。

　日本の子どもの人権の現状が国際基準に照らしてどのように捉えられているかは，2019（平成31）年の国連子どもの権利委員会による「日本の第4・5回統合定期報告書に関する総括所見」からみてとれる。日本において子どもの権利の捉え方やそのための条件整備が不十分であることがわかるが，「伝統的な子ども観」がそれに影響していることは明白である。いくつかをあげると，競争的な社会から「子ども期」を守り，「子どもがその子ども期を享受する」こと

を確保するのに必要な措置を取るべきとの勧告を受けている。また日本社会において，力の強い者（大人）が弱い者（子ども）を暴力で押さえつけたり，悪いことをすれば罰をしてよいとするような暴力容認，懲罰の考えが根深い。しつけや教育という名のもとに，家庭や学校において暴力（虐待，体罰）が起きている。これは，子どもの権利条約においても学校や家庭における体罰の禁止と，体罰や懲罰からの保護が求められている。また，子どもに影響を与えるすべての事柄について，意見を自由に表明する権利を確保することや，聞かれる権利を子どもが行使することを可能とする環境を提供すること，子どもがエンパワーメントされるような（力を伸ばし，発揮させるような）参加を求めている。こうした勧告をされている現状にあって，子ども観を捉え直すのは簡単なことではない。子ども自身に権利に関する当事者としての学習を保障すべきであるし，またその権利を行使する場所を設定することに意識的になる必要がある。

3. 子どもの人権を保障するとはどういうことなのか

　この社会において，大人－子どもには力関係が発生しやすい。身体の大きさが大きい－小さい（子ども），指導する側－される側（子ども），様々な手続き等で大人が最終的な決定権をもつといった場面でも権力関係は生まれやすい。また，何か意見を表明したいと思っても，どのように伝えればよいかや，どこに発信するか，受けとめてもらえるかは，十分に保障されているとは言い難い。
　私たち大人は，このような子どもの脆弱性（ヴァルネラビリティ）を絶えず意識し，子ども自身が選択するうえでの条件を保障し，可能な限り対等な関係で支援するということ（アドボカシー）が求められる。とりわけ，社会的排除が生じやすい子どもには，より手厚い支援が必要となる。前述の国連の子どもの権利委員会の日本に対する総括所見においても，注意を喚起するとともに緊急的な措置を求める課題のひとつとして，「差別の禁止」にかかわる勧告が出されている。反差別法の制定と子どもを差別する規定の撤廃，とりわけアイヌ民族を含む民族的少数者に属する子ども，部落の子ども，韓国・朝鮮などの非日系の子ども，移民労働者の子ども，レズビアン，ゲイ，バイセクシュアル，トランスジェンダーおよびインターセックスの子ども，婚外子および障がいの

ある子どもに対する事実上の差別の撤廃と，意識喚起プログラムおよび人権教育を含む措置の強化が促されている。

　実践にあたって，一側面で子どもをみずに，人間としての全体像でみて，エンパワーメントすることを保障する必要がある。また，何か人権擁護や支援が必要な事態があっても，個人の尊厳は損なわれず，乗り越えていけるという力（レジリエンシー）を育むようなしくみも，社会レベルでつくることが求められる。

　ところで，皆さんは子どもの権利条約の内容を知っていただろうか。また，権利条約に書かれてある権利を自分にかかわることとして考えたり，学んだ経験はあるだろうか。ある大学の教員養成課程で調査したところ，6割が「知らない」と答えており，そのうち9割以上が「自分に関係のある内容として学んでいない」と答えていた。国際条約の締約国は国内における広報義務があるものの，それがあまり十分ではないことがわかる。

　しかし，大人が子ども期に人権が保障された経験がないからといって，子どもに人権を保障できないというわけではない。むしろ，人権について学びながらその理念を具体化する実践を重ねることによって，大人も同時進行で人権感覚を育むことができ，大人自身の生き方が深化し，成熟した生き方となる。人権を理念に据えた大人とのかかわりが子ども期から保障されていれば，社会全体の人権文化がより確かなものとなるだろう。

4．家庭，家族をどのように捉えるか

　子どもの人権に密接にかかわる家族をどう捉えるかは，福祉をどう考えるかということと密接にかかわっている。

　日本が1979（昭和54）年に批准している「国際人権規約」経済的，社会的及び文化的権利に関する国際規約（A規約），同規約の市民的及び政治的権利に関する国際規約（B規約）における子どもと家族の記述にも注目したい。A規約の第10条1項で「できる限り広範な保護及び援助が，社会の自然かつ基礎的な単位である家族に対し，特に，家族の形成のために並びに扶養児童の養育及び教育について責任を有する間に，与えられるべきである」とし，3項で「保

護及び援助のための特別な措置が，出生その他の事情を理由とするいかなる差別もなく，すべての児童及び年少者のためにとられるべきである」と定めている。また第11条1項において「この規約の締約国は，自己及びその家族のための相当な食糧，衣類及び住居を内容とする相当な生活水準についての並びに生活条件の不断の改善についてのすべての者の権利を認める」としている。つまり，人権としての家族と，国家の取り組みの重要性が示されている[1]。一方で，家族は個人的な選択のようでありながら国家の影響を強く受けており，家族を福祉の中でどう位置づけるかは難しい。

　また，家族は一般的に肯定的なイメージで語られることが強い。テレビや雑誌を少し意識してみるだけでそれはよくわかるだろう。様々な問題を「家族でのりきろう」，「家族の絆」といったフレーズはいたるところにみられている。結婚に結びつく「恋愛（異性愛を前提とした）」や「出産や子育て」も，「素晴らしく」「人間的に成長する」と理想的に語られることが多い。それは同時に，恋愛をしない，結婚を選択しない（またはできない）者を無自覚に排除，差別しているのだが，そのことに気づかないほど家族の個性的なイメージは強力である。

　みえにくくされているものは他にもある。それは，「家族であれば（言葉はなくとも）わかりあえる」「家族だから甘えていい」「相手の人間関係を含めて相手を丸ごと受け入れる＝愛情」といった，家族であること＝同質性を強要してよいという考え方であり，家族の中では許されると捉える人は少なくない。そこには，互いが自立した個ではない，共依存関係が生まれやすい。本来であれば，社会福祉政策がもっと担わなければならない役割を，家族が自己責任のもとに担わされているという現実がある。そして，性別役割分業に基づいた女性の無償労働が，それを肩代わりしているというしくみがある。ドメスティック・バイオレンス（DV）や子ども虐待の問題は，家族の自己責任のもとで解決しようとして噴出した人権侵害としての側面もある[2]。私たちが家族を無条件に「よいもの」とされる社会的しくみや背景に意識的になること，その問題を理解すること，さらに自分自身の家族の捉え方をみつめることによって，子ども家庭福祉の抱える問題と解決への道筋がみえてくるのではないだろうか。

5.「誰のために」「何のために」この実践があるのか
　　──省察と共有を

　各章で子ども家庭福祉の現状と課題をみてきたが，あなたはどのような感想をもっただろうか。最初に本書を手にしたときに比べると，子ども家庭福祉への理解がより深まったのではないだろうか。しかし，この小さな本の中には収まりきれないほど，たくさんの子ども家庭福祉の現実がある。

　これまでの歴史を振り返ってもそうであったように，今後もそのあり方について，様々なスタンスでの対話が重ねられる中で伸展していくものである。これからの子ども家庭福祉をつくっていく，私たち一人一人に求められていることとは何だろう。

　今，福祉や教育分野に限らず，「誰のために」「何のために」政策や実践があるのかがみえづらい社会になりつつある。そして，第1章の図1-1にも示されているような不安定な社会を私たちは生きている。これまでも繰り返し述べてきているように，絶えず人権を理念とし，実践を通してどのように具体化できるかということを模索し続けることが重要となる。

　それは，様々な局面における判断能力と対応能力を身につけていくことで，より確かなものとなるのではないだろうか。

　例えば，日々の実践の中で，①子どもをどうみるか，子どもが何か問題となるような行動をした場合，その様子をどのように分析するのかというときに求められるだろう。子どもの自己肯定に基づく自己決定を保障するにあたって，どのように「子ども観」の捉え直しをすればよいのか，また子どもに，権利に関する学習・体験をどのように保障すればよいのか，子どもの脆弱性（ヴァルネラビリティ）を十分にふまえた保障とは何か…といった実践にはとっさの判断が求められるが，日々の業務に追われ，積み重ねにならないことが多い。その都度，理念と照らし合わせてどうだったか，どのように判断し，対応すべきだったかの省察を積み重ねていくことで深化していくのではないだろうか。

　それは②子ども家庭福祉にかかわる運営や，地域との連携をするにあたっても，同様である。子ども家庭福祉の現実をみて，人権基準に照らして何が課題

なのか，本来どうあるべきかを，職場内外で様々なスタンスの他者との対話の積み重ねによって理論化し，共有することが重要となる。

そして③福祉や教育にかかわる労働では，目の前の取り組みに忙殺され，「誰のために」「何のために」，この仕事や実践があるのかということがみえにくくなることも多い。だからこそ物事を社会科学的に捉えることが，①にあっても②にあっても，言語化や理論化は必須となる。それは最初からできるわけではなく，一人では限界がある。可能であれば同僚と，難しいようなら職場外の仲間（学生時代を過した仲間を含む）とともに，絶えず自己研鑽を重ねていく必要がある。新聞や関連した書籍から情報を収集し，様々な角度から物事を見ることを習慣づけてほしい。

最後に，政策上や実質的にも，福祉や教育にかかわって大きな分岐点にある時代を私たちは生きている。真田是は，社会福祉は社会問題，政策主体と社会運動の3つの要素によってつくりあげられると主張している[3]。社会福祉政策は，政策主体である国家の利害関係によってつくられるが，社会問題をもつ住民からの改善要求の運動も影響を受けつつ，かたちづくられていくとした。

つまり，国の政策として決まったことだからといって，トップダウンで受けとめていくのではなく，人権という理念を拠り所に，子ども家庭福祉の現実から浮かびあがってくる課題をみつめ，理念を実践で具体化し，時に抗いながら社会福祉政策に発展させていくというボトムアップの方向性を，様々なスタンスの個人とつながりながら模索していくことが，これまで以上に求められている。

■引用・参考文献
1) 小川政亮著作集編集委員会編『小川政亮著作集4─家族・子どもと社会保障』大月書店，2007
2) 橋本紀子他編『ハタチまでに知っておきたい性のこと　第3版』大月書店，2025
3) 総合社会福祉研究所編『真田是著作集』，2012

付録：こども基本法　令和4年法律第77号　（最終改正　令和6年9月25日）

第1章　総則
（目的）
第1条　この法律は、日本国憲法及び児童の権利に関する条約の精神にのっとり、次代の社会を担う全てのこどもが、生涯にわたる人格形成の基礎を築き、自立した個人としてひとしく健やかに成長することができ、心身の状況、置かれている環境等にかかわらず、その権利の擁護が図られ、将来にわたって幸福な生活を送ることができる社会の実現を目指して、社会全体としてこども施策に取り組むことができるよう、こども施策に関し、基本理念を定め、国の責務等を明らかにし、及びこども施策の基本となる事項を定めるとともに、こども政策推進会議を設置すること等により、こども施策を総合的に推進することを目的とする。

（定義）
第2条　この法律において「こども」とは、心身の発達の過程にある者をいう。
2　この法律において「こども施策」とは、次に掲げる施策その他のこどもに関する施策及びこれと一体的に講ずべき施策をいう。
　一　新生児期、乳幼児期、学童期及び思春期の各段階を経て、おとなになるまでの心身の発達の過程を通じて切れ目なく行われるこどもの健やかな成長に対する支援
　二　子育てに伴う喜びを実感できる社会の実現に資するため、就労、結婚、妊娠、出産、育児等の各段階に応じて行われる支援
　三　家庭における養育環境その他のこどもの養育環境の整備

（基本理念）
第3条　こども施策は、次に掲げる事項を基本理念として行われなければならない。
　一　全てのこどもについて、個人として尊重され、その基本的人権が保障されるとともに、差別的取扱いを受けることがないようにすること。
　二　全てのこどもについて、適切に養育されること、その生活を保障されること、愛され保護されること、その健やかな成長及び発達並びにその自立が図られることその他の福祉に係る権利が等しく保障されるとともに、教育基本法（平成18年法律第120号）の精神にのっとり教育を受ける機会が等しく与えられること。
　三　全てのこどもについて、その年齢及び発達の程度に応じて、自己に直接関係する全ての事項に関して意見を表明する機会及び多様な社会的活動に参画する機会が確保されること。
　四　全てのこどもについて、その年齢及び発達の程度に応じて、その意見が尊重され、その最善の利益が優先して考慮されること。
　五　こどもの養育については、家庭を基本として行われ、父母その他の保護者が第一義的責任を有するとの認識の下、これらの者に対してこどもの養育に関し十分な支援を行うとともに、家庭での養育が困難なこどもにはできる限り家庭と同様の養育環境を確保することにより、こどもが心身ともに健やかに育成されるようにすること。
　六　家庭や子育てに夢を持ち、子育てに伴う喜びを実感できる社会環境を整備すること。

（国の責務）
第4条　国は、前条の基本理念（以下単に「基本理念」という。）にのっとり、こども施策を総合的に策定し、及び実施する責務を有する。

（地方公共団体の責務）
第5条　地方公共団体は、基本理念にのっとり、こども施策に関し、国及び他の地方公共団体との連携を図りつつ、その区域内におけるこどもの状況に応じた施策を策定し、及び実施する責務を有する。

（事業主の努力）
第6条　事業主は、基本理念にのっとり、その雇用する労働者の職業生活及び家庭生活の充実が図られるよう、

必要な雇用環境の整備に努めるものとする。
(国民の努力)
第7条 国民は，基本理念にのっとり，こども施策について関心と理解を深めるとともに，国又は地方公共団体が実施するこども施策に協力するよう努めるものとする。
(年次報告)
第8条 政府は，毎年，国会に，我が国におけるこどもをめぐる状況及び政府が講じたこども施策の実施の状況に関する報告を提出するとともに，これを公表しなければならない。
2　前項の報告は，次に掲げる事項を含むものでなければならない。
　一　少子化社会対策基本法(平成15年法律第133号)第9条第1項に規定する少子化の状況及び少子化に対処するために講じた施策の概況
　二　子ども・若者育成支援推進法(平成21年法律第71号)第6条第1項に規定する我が国における子ども・若者の状況及び政府が講じた子ども・若者育成支援施策の実施の状況
　三　こどもの貧困の解消に向けた対策の推進に関する法律(平成25年法律第64号)第8条第1項に規定するこどもの貧困の状況及びこどもの貧困の解消に向けた対策の実施の状況

第2章　基本的施策
(こども施策に関する大綱)
第9条 政府は，こども施策を総合的に推進するため，こども施策に関する大綱(以下「こども大綱」という。)を定めなければならない。
2　こども大綱は，次に掲げる事項について定めるものとする。
　一　こども施策に関する基本的な方針
　二　こども施策に関する重要事項
　三　前2号に掲げるもののほか，こども施策を推進するために必要な事項
3　こども大綱は，次に掲げる事項を含むものでなければならない。
　一　少子化社会対策基本法第7条第1項に規定する総合的かつ長期的な少子化に対処するための施策
　二　子ども・若者育成支援推進法第8条第2項各号に掲げる事項
　三　こどもの貧困の解消に向けた対策の推進に関する法律第9条第2項各号に掲げる事項
4　こども大綱に定めるこども施策については，原則として，当該こども施策の具体的な目標及びその達成の期間を定めるものとする。
5　内閣総理大臣は，こども大綱の案につき閣議の決定を求めなければならない。
6　内閣総理大臣は，前項の規定による閣議の決定があったときは，遅滞なく，こども大綱を公表しなければならない。
7　前2項の規定は，こども大綱の変更について準用する。
(都道府県こども計画等)
第10条 都道府県は，こども大綱を勘案して，当該都道府県におけるこども施策についての計画(以下この条において「都道府県こども計画」という。)を定めるよう努めるものとする。
2　市町村は，こども大綱(都道府県こども計画が定められているときは，こども大綱及び都道府県こども計画)を勘案して，当該市町村におけるこども施策についての計画(以下この条において「市町村こども計画」という。)を定めるよう努めるものとする。
3　都道府県又は市町村は，都道府県こども計画又は市町村こども計画を定め，又は変更したときは，遅滞なく，これを公表しなければならない。
4　都道府県こども計画は，子ども・若者育成支援推進法第9条第1項に規定する都道府県子ども・若者計画，こどもの貧困の解消に向けた対策の推進に関する法律第10条第1項に規定する都道府県計画その他法令の規定により都道府県が作成する計画であってこども施策に関する事項を定めるものと一体のものとして作成することができる。

5　市町村こども計画は，子ども・若者育成支援推進法第9条第2項に規定する市町村子ども・若者計画，こどもの貧困の解消に向けた対策の推進に関する法律第10条第2項に規定する市町村計画その他法令の規定により市町村が作成する計画であってこども施策に関する事項を定めるものと一体のものとして作成することができる。

(こども施策に対するこども等の意見の反映)
第11条　国及び地方公共団体は，こども施策を策定し，実施し，及び評価するに当たっては，当該こども施策の対象となるこども又はこどもを養育する者その他の関係者の意見を反映させるために必要な措置を講ずるものとする。

(こども施策に係る支援の総合的かつ一体的な提供のための体制の整備等)
第12条　国は，こども施策に係る支援が，支援を必要とする事由，支援を行う関係機関，支援の対象となる者の年齢又は居住する地域等にかかわらず，切れ目なく行われるようにするため，当該支援を総合的かつ一体的に行う体制の整備その他の必要な措置を講ずるものとする。

(関係者相互の有機的な連携の確保等)
第13条　国は，こども施策が適正かつ円滑に行われるよう，医療，保健，福祉，教育，療育等に関する業務を行う関係機関相互の有機的な連携の確保に努めなければならない。
2　都道府県及び市町村は，こども施策が適正かつ円滑に行われるよう，前項に規定する業務を行う関係機関及び地域においてこどもに関する支援を行う民間団体相互の有機的な連携の確保に努めなければならない。
3　都道府県又は市町村は，前項の有機的な連携の確保に資するため，こども施策に係る事務の実施に係る協議及び連絡調整を行うための協議会を組織することができる。
4　前項の協議会は，第2項の関係機関及び民間団体その他の都道府県又は市町村が必要と認める者をもって構成する。

第14条　国は，前条第1項の有機的な連携の確保に資するため，個人情報の適正な取扱いを確保しつつ，同項の関係機関が行うこどもに関する支援に資する情報の共有を促進するための情報通信技術の活用その他の必要な措置を講ずるものとする。
2　都道府県及び市町村は，前条第2項の有機的な連携の確保に資するため，個人情報の適正な取扱いを確保しつつ，同項の関係機関及び民間団体が行うこどもに関する支援に資する情報の共有を促進するための情報通信技術の活用その他の必要な措置を講ずるよう努めるものとする。

(この法律及び児童の権利に関する条約の趣旨及び内容についての周知)
第15条　国は，この法律及び児童の権利に関する条約の趣旨及び内容について，広報活動等を通じて国民に周知を図り，その理解を得るよう努めるものとする。

(こども施策の充実及び財政上の措置等)
第16条　政府は，こども大綱の定めるところにより，こども施策の幅広い展開その他のこども施策の一層の充実を図るとともに，その実施に必要な財政上の措置その他の措置を講ずるよう努めなければならない。

第3章　こども政策推進会議　略
附則　略

さくいん

あ行

- 機会の制限 …………… 3
- 棄児養育米給与方 ……… 23
- 虐待と非行 …………… 85
- キャフィ（Caffey, J.）… 49
- 国親思想 ……………… 85
- 経済的支援 30, 73, 107, 122
- 経済的暴力 …………… 55
- ケンプ（Kempe, H.）22, 49

- ICF（国際生活機能分類）
  ……………………… 114
- 赤沢鍾美 ……………… 24
- 新しい社会的養育ビジョン
  ……………………… 107
- アドボカシー ………… 6, 18
- アメリカ独立宣言 ……… 14
- 育児休業・介護休業法 139
- 育児不安 ……………… 34
- 意見表明等支援員 112, 182
- 石井十次 ……………… 23
- 石井亮一・筆子 ……… 25
- 池上雪枝 ……………… 24
- いじめ ………………… 1
- イスタンブール条約 …… 55
- 糸賀一雄 ……………… 30
- 医療化 ………………… 127
- インクルーシブ教育システ
  ム …………………… 121
- ウーリー（Wooly, P.）… 49
- ウェルビーイング ‥ 49, 143
- エンゼルプラン ……… 130
- 親支援 ………………… 13
- 親育ち ……………… 40, 43

か・け

- 柏倉松蔵 ……………… 26
- 家族システム ………… 92
- 学校をプラットホームとし
  た支援 ……………… 157
- 家庭支援専門相談員 … 179
- 家庭養護 ……………… 100
- 感化院 ……………… 24, 26, 90

こ

- 広汎性発達障害 ……… 86
- 合理的配慮 …………… 122
- 国際人権規約 ……… 15, 206
- 国際法 ………………… 12
- 国内法 ……………… 12, 134
- 子育て世代包括支援セン
  ター …………… 129, 146, 156
- 子育て不安 …………… 34
- 子どもアドボカシー …… 6
- こどもアドボケイト
  ……………………… 182, 191
- こども家庭庁 ……… 61, 143
- こども家庭センター
  …………… 129, 147, 156, 159
- こども家庭審議会 …… 147
- こども家庭ソーシャルワー
  カー ……………… 179, 191
- 子ども家庭福祉行政 … 143
- 子ども虐待 … 1, 10, 21, 50, 57, 132, 147, 151
- 子ども虐待対応の手引き
  ……………………… 53
- こども基本法 ……… 136, 142
- 子ども・子育て会議 … 148

- 子ども・子育て支援
  ……………………… 131, 148
- 子ども・子育て支援新制度
  ……………………… 119, 131
- 子ども食堂 ……… 76, 79
- 子ども手当 …………… 75
- 子どもに対する残虐行為防
  止法 ………………… 49
- 子どもの権利委員会
  ……………… 107, 133, 204
- 子どもの権利条約 … 12, 20, 22, 106, 133, 175, 204
- 子どもの代替養育に関する
  国連ガイドライン
  ……………………… 107, 175
- 子どもの非行 ………… 80
- 子どもの貧困
  …… 3, 10, 31, 56, 65, 69, 89
- 子どもの貧困と非行 …… 89
- こどもの貧困の解消に向け
  た対策の推進に関する法
  律 ………………… 65, 71
- こどもの貧困の解消に向け
  た対策に関する大綱‥ 73
- 子どもの貧困率 …… 65, 66
- 雇用と非行 …………… 89
- 孤立化の予防 ………… 44
- コルチャック（Korczak, J.）
  ……………………… 33
- 子ども・若者育成支援推進
  法 …………………… 137
- 子ども・若者支援地域協議
  会 …………………… 157
- 困難な問題を抱える女性へ
  の支援に関する法律 141

さ・し

里親 100, 103, 168, 175, 178
里親支援センター 104, 168
サブシステム……………92
自己責任………………4
自殺……………………3
次世代育成支援対策推進法
　…………………131, 139
施設養護………………99
市町村保健センター……154
児童委員…62, 99, 136, 182
児童家庭支援センター
　…………………168, 172
児童館……………47, 164
児童虐待の防止等に関する
　法律（児童虐待防止法）
　…31, 50, 61, 62, 132, 137
児童憲章……………12, 29
児童厚生施設…………164
児童指導員……………177
児童社会サービス改革プラン
　ン………………………21
児童自立支援施設…90, 167
児童自立支援専門員……178
児童自立生活援助事業
　…………………104, 160, 169
児童心理司………151, 181
児童心理治療施設………166
児童生活支援員…………178
児童相談所
　……58, 98, 108, 149, 159
児童手当…………75, 129
児童手当法……30, 75, 138
児童の遊びを指導する者
　………………………178
児童の意見聴取等の仕組み
　の整備………………112
児童の権利に関するジュ
　ネーブ宣言………12, 20

児童の権利に関する宣言
　……………………12, 20
児童買春・児童ポルノ禁止
　法……………………140
児童発達支援センター
　…………………118, 166
児童福祉司…136, 151, 179
児童福祉施設…10, 28, 90,
　98, 104, 136, 153, 160
児童福祉審議会…136, 148
児童福祉白書……………29
児童福祉法…13, 28, 61, 62,
　91, 101, 104, 107, 118,
　133, 135, 142, 143, 145
児童扶養手当………74, 129
児童扶養手当法
　………………30, 74, 138
児童保護施設……………23
児童養護施設……164, 170
渋沢栄一…………………24
社会的子育て観…………32
社会的暴力………………55
社会的養育の推進に向けて
　………………………103
社会的養護………………97
社会福祉六法…………154
社会保障審議会………148
若年妊娠…………………38
就学援助…………………75
出産の高年齢化…………40
主任児童委員……136, 182
障がい…………………113
障がい児施策……………29
障害児通所支援…………118
障害児入所支援…………118
障害児入所施設…………165
障がい者（障害者）……114
障害者基本法…………114
障害者の機会均等化に関す
　る基準規則…………124

障害者の権利に関する条約
　…………………121, 124
障害者の日常生活及び社会
　生活を総合的に支援する
　ための法律（障害者総合
　支援法）…118, 137, 176
障害者扶養共済制度…122
障がい受容のプロセス 117
小規模住居型児童養育事業
　…100, 102, 165, 169, 179
少子化対策………31, 130
少年院法…………………91
少年指導員……………178
少年非行……80, 84, 94
少年法………85, 93, 140
助産施設………………161
女性相談センター……154
自立援助ホーム………169
恤救規則…………………23
準要保護児童……………75
新エンゼルプラン……130
人権……8, 10, 11, 14, 20
親族里親………………100
身体的暴力………………55
心理的暴力………………55
心理療法担当職員……181

す-そ

スクールカウンセラー 181
スクールソーシャルワー
　カー…………………180
ステップファミリー 42, 89
ストレングス…………196
生活保護…………………73
性的暴力…………………55
性別役割分業…42, 118, 207
世界人権宣言……………14
絶対的貧困………………68
全国保育士倫理綱領…184
戦争孤児………14, 27, 81

さくいん　*215*

専門里親……………100
早期療育……………117
相対的貧困……………68
相対的貧困率………8, 65

た行

高木憲次………………26
高瀬真卿………………24
地域子育て相談機関…156
地域小規模型児童養護施設
　………………………170
注意欠陥・多動性障害（注意欠如・多動性障害）
　……………86, 87, 127
津田梅子………………25
トー横キッズ…………96
篤志家…………………21
特定少年………………94
特定妊婦……………4, 64
特別支援教育…………120
特別児童扶養手当
　…………………129, 138
特別児童扶養手当等の支給に関する法律……30, 138
留岡幸助………………24
ドメスティック・バイオレンス（DV）……1, 48, 54, 58, 98, 154, 181, 185, 207

な行

日本国憲法…12, 73, 75, 133
乳児院………………161
認定こども園…………163
ネットいじめ…………84
ネット犯罪……………84
ノーマライゼーション　124
野口幽香………………25

は行

バーナードホーム……21

パーマネンシー保障…107
配偶者からの暴力の防止及び被害者の保護等に関する法律（DV防止法）
　……………54, 132, 140
配偶者暴力相談支援センター（DVセンター）
　………………58, 61, 154
バタード・ウイメンズ・ムーブメント………………50
発達障がい
　………86, 100, 115, 127
発達障がいと非行………86
反抗挑戦性障害……87, 88
ひきこもり地域支援センター…………………157
非行と家族システム……92
非行臨床………………93
被措置児童等虐待
　………………107, 136
人づくり政策…………29
ひとり親家庭
　………10, 41, 99, 154, 180
貧困の世代的再生産……71
ファミリーソーシャルワーカー…………………179
ファミリーホーム
　…100, 102, 165, 169, 179
福祉事務所
　………………62, 76, 145, 154
福祉専門職………176, 182
福祉専門職の労働環境…188
福祉専門職養成………187
フランス人権宣言………14
浮浪児…………………28
保育教諭…………177, 186
保育士………177, 186, 188
保育所………………162
放課後児童支援員……178
暴走族…………………83

保健所………………154
母子及び父子並びに寡婦福祉法………………29, 138
母子支援員……………178
母子生活支援施設……162
母・父子自立支援員　180
母子保健法
　……29, 117, 139, 146, 154

ま行

マグナ・カルタ…………14
マルトリートメント……49
民法………………133, 140
面前DV…………………55
森島峰…………………25

や行

ヤングケアラー………2, 7
養育里親………………100
養子縁組里親…………100
要保護児童　62, 76, 104, 136
要保護児童対策地域協議会
　………132, 151, 155, 180, 187
幼保連携型認定こども園
　………………………163
予防的事業……………99

ら行

ライフコース…43, 123, 124
ライフサイクル………128
離婚・再婚と非行………88
療育……………26, 117, 136
レジリエンス…………52

わ

ワンオペ育児………42, 44

執筆者・執筆担当

〔編著者〕

山田　勝美（やまだ　かつみ）　山梨県立大学人間福祉学部教授　　　　　序章，第13章
艮　　香織（うしとら　かおり）　宇都宮大学教育学部准教授　　　　　　　第1章，終章

〔著　者〕（執筆順）

所　　貞之（ところ　さだゆき）　城西国際大学福祉総合学部教授　　　　　第2章
大澤　亜里（おおさわ　あり）　　札幌大谷大学短期大学部准教授　　　　　第2章コラム
岡　　桃子（おか　ももこ）　　　埼玉県立大学保健医療福祉学部准教授　　第3章
堀　千鶴子（ほり　ちづこ）　　　城西国際大学福祉総合学部教授　　　　　第4章
小西　祐馬（こにし　ゆうま）　　長崎大学教育学部准教授　　　　　　　　第5章
小木曽　宏（おぎそ　ひろし）　　東京経営短期大学特任教授　　　　　　　第6章
谷口　純世（たにぐち　すみよ）　愛知淑徳大学福祉貢献学部教授　　　　　第7章
髙山由美子（たかやま　ゆみこ）　社会福祉法人救世軍社会事業団救世軍　　第7章コラム
　　　　　　　　　　　　　　　　世光寮ファミリーソーシャルワーカー
新藤こずえ（しんどう　こずえ）　上智大学総合人間科学部教授　　　　　　第8章
尾里　育士（おざと　やすし）　　東海大学児童教育学部教授　　　　　　　第9章
村田　一昭（むらた　かずあき）　愛知県立大学教育福祉学部准教授　　　　第10章
林　　知然（はやし　とものり）　山梨県立大学人間福祉学部専任講師　　　第11章
大澤　朋子（おおさわ　ともこ）　実践女子大学生活科学部准教授　　　　　第12章

シードブック
新版　子ども家庭福祉 [第2版]

2011年（平成23年）4月1日　初版発行～第3版
2019年（令和元年）11月15日　新版発行～第2刷
2025年（令和7年）2月28日　新版第2版発行

編著者　山　田　勝　美
　　　　艮　　　香　織

発行者　筑　紫　和　男

発行所　株式会社 建 帛 社
　　　　　　　　KENPAKUSHA

〒112-0011　東京都文京区千石4丁目2番15号
　　　　　TEL　(03) 3 9 4 4 - 2 6 1 1
　　　　　FAX　(03) 3 9 4 6 - 4 3 7 7
　　　　　https://www.kenpakusha.co.jp/

ISBN978-4-7679-5154-6　C3037　　　教文堂／田部井手帳
©山田勝美, 艮香織ほか, 2019, 2025.　　　Printed in Japan
（定価はカバーに表示してあります）

本書の複製権・翻訳権・上映権・公衆送信権等は株式会社建帛社が保有します。

JCOPY 〈出版者著作権管理機構　委託出版物〉
本書の無断複製は著作権法上での例外を除き禁じられています。複製される場合は, そのつど事前に, 出版者著作権管理機構 (TEL 03-5244-5088, FAX 03-5244-5089, e-mail : info@jcopy.or.jp) の許諾を得て下さい。